PREÇO DE TRANSFERÊNCIA COMO NORMA DE AJUSTE DO IMPOSTO SOBRE A RENDA

Copyright 2015 By Editora Noeses
Fundador e Editor-chefe: Paulo de Barros Carvalho
Gerente de Produção Editorial: Rosangela Santos
Arte e Diagramação: Renato Castro
Designer de Capa: Aliá3 - Marcos Duarte
Revisão: Eunice A. Jesus

CIP – BRASIL. CATALOGAÇÃO-NA-FONTE

SINDICATO NACIONAL DOS EDITORES DE LIVROS, RJ.

045p

Oliveira, Vivian de Freitas e Rodrigues de.
Preço de transferência como norma de ajuste do imposto sobre a renda
Vivian de Freitas e Rodrigues de Oliveira. – São Paulo : Noeses, 2015.

Inclui bibliografia.
368 p.
ISBN: 978-85-8310-038-6

1. Preço de transferência. 2. Imposto sobre a renda. 3. Norma Jurídica - preço de transferência. 4. Regra-matriz de incidência - imposto sobre a renda. 5. Preço de transferência - legislação brasileira. I. Título.

CDU-
338.5:336.215

Abril de 2015
Todos os direitos reservados

editora e livraria
NOESES

Editora Noeses Ltda.
Tel./fax: 55 11 3666 6055
www.editoranoeses.com.br

Vivian de Freitas e Rodrigues de Oliveira

PREÇO DE TRANSFERÊNCIA COMO NORMA DE AJUSTE DO IMPOSTO SOBRE A RENDA

2015

AGRADECIMENTOS

"Dedico este trabalho ao meu filho, Bernardo, com todo amor possível.

Agradeço aos meus pais pelo amor, por me ensinarem o valor do trabalho e da independência e por me darem exemplos diários de tudo isso. Ao Fábio, pelos anos de vidas compartilhadas.

Às minhas irmãs Juliana Hernandez, Mirela Ramos e Fernanda Oliveira e aos meus irmãos Gustavo Rodrigues e Marcelo Rodrigues, pela paciência.

Aos amigos queridos, Charles Willian McNaughton, Milena Sellmann, Tacio Lacerda Gama e Jenifer Sampaio, pelo companheirismo.

Aos times dos quais fiz e faço parte, na Embraer e na J&J do Brasil, pelo convivio diário, pelas vitorias e derrotas. Todas as batalhas ensinam.

Agradeço, por fim, ao Professor Paulo de Barros Carvalho, por tornar meu sonho real, por ser um mestre presente e inspirador. Pelo prazer e oportunidade do convívio. Minha admiração eterna"

SIGLAS E ABREVIATURAS

CAP   Custo de Aquisição ou de Produção mais tributos e lucros

CARF   Conselho Administrativo de Recursos Fiscais

CCB   Código Civil Brasileiro

CF   Constituição Federal

CIDE   Contribuição de Intervenção no Domínio Econômico

Cofins Contribuição para o Financiamento da Seguridade Social

CPC   Código de Processo Civil

CPC   Comitê de Pronunciamentos Contábeis

CPL   Custo de produção mais lucro

CPP   Código de Processo Penal

CSLL   Contribuição Social sobre Lucro Líquido

CSRF   Conselho Superior de Recursos Fiscais

CTN   Código Tributário Nacional

DDL   Distribuição Disfarçada de Lucros

DJU   *Diário da Justiça da União*

DOU   *Diário Oficial da União*

DRJ   Delegacia Regional de Julgamento

ECF   Escrituração Contábil Fiscal

ICMS	Imposto sobre Operações relativas à Circulação de Mercadorias e sobre Prestações de Serviços de Transporte Interestadual, Intermunicipal e de Comunicação
IFRS	*International Financial Reporting Standards*
IN	Instrução Normativa
IR	Imposto sobre a Renda
IRRF	Imposto sobre a Renda Retido na Fonte
ISS	Imposto Sobre Serviços
LALUR	Livro de Apuração do Lucro Real
OCDE	Organização para a Cooperação e Desenvolvimento Econômico
Pasep	Programa de Formação do Patrimônio do Servidor Público
PCI	Preço sob Cotação na Importação
Pecex	Preço sob Cotação na Exportação
PIC	Preços Independentes Comparados
PIS	Programa de Integração Social
PPA	*Purchase Price Alocation*
PRL	Preço de Revenda menos Lucro
PVA	Preço de Venda por Atacado e a Varejo
PVEx	Preço de Venda nas Exportações
PVV	Preço de Venda a Varejo
RE	Recurso Extraordinário
REsp	Recurso Especial
RFB	Receita Federal do Brasil
RMIT	Regra-Matriz de Incidência Tributária
RTT	Regime Tributário de Transição
SRF	Secretaria da Receita Federal

PREÇO DE TRANSFERÊNCIA COMO NORMA DE AJUSTE DO IMPOSTO
SOBRE A RENDA

STF   Supremo Tribunal Federal

STJ   Superior Tribunal de Justiça

TRF   Tribunal Regional Federal

SUMÁRIO

AGRADECIMENTOS... V

SIGLAS E ABREVIATURAS.. VII

PREFÁCIO.. XVII

INTRODUÇÃO.. XXI

1 PREMISSAS DE DESENVOLVIMENTO E CONCEITOS FUNDAMENTAIS DO PREÇO DE TRANSFERÊNCIA COMO NORMA DE AJUSTE DO IMPOSTO SOBRE A RENDA.......................... 01

1.1 Premissas fundamentais..................................... 01

    1.1.1 Direito e linguagem na visão constructivista lógico-semântica...................................... 03

1.2 Noção de sistema... 08

    1.2.1 Sistema constitucional tributário............... 09

    1.2.2 Sistema contábil.................................... 12

1.3 Norma jurídica de preço de transferência......... 14

1.3.1 Notas introdutórias 14

1.3.2 Classificação das normas jurídicas de preço de transferência 14

1.3.2.1 Norma de estrutura e norma de comportamento 17

1.3.2.2 Norma geral, abstrata, individual e concreta 19

1.3.2.3 Norma primária e secundária 19

1.3.3 Diferença entre conceito e definição 21

1.3.4 Definição da norma jurídica do preço de transferência 22

1.4 Princípios aplicados ao preço de transferência. 27

1.4.1 Notas introdutórias 27

1.4.2 Princípio da legalidade 29

1.4.3 Princípio da tipicidade 38

1.4.4 Princípio da igualdade 41

1.4.5 Princípio da capacidade contributiva 45

1.4.6 Princípio da vinculação do ato administrativo 54

1.4.7 Princípio *arm's length* no modelo OCDE 59

1.5 Da "tradução" – diferenças entre linguagem contábil e linguagem do direito tributário 65

1.6 Ato de vontade na criação do preço de transferência 69

2 DO IMPOSTO DE RENDA 75

2.1 Notas introdutórias 75

2.2 Regra-matriz de incidência do imposto sobre a

renda 76

2.2.1 Conceito constitucional de renda 77

2.2.2 Critério material.. 83

2.2.3 Critério espacial 86

2.2.4 Critério temporal... 88

2.2.5 Critério pessoal 91

2.2.6 Critério quantitativo..................................... 93

2.3 Princípios aplicáveis ao imposto sobre a renda 98

2.3.1 Princípio da generalidade 99

2.3.2 Princípio da universalidade........................ 100

2.3.3 Princípio da progressividade...................... 102

2.4 As normas de ajustes – do contábil para o fiscal 104

3 DA CONVERGÊNCIA DE NORMAS CONTÁBEIS 107

3.1 Notas introdutórias.. 107

3.2 A convergência para IFRS – International Financial Reporting Standards............................. 109

3.3 O "FCONT" como tradução para o balanço societário 114

3.4 O LALUR e o balanço fiscal 120

3.5 Revogação do RTT – Regime Tributário de Transição pela Medida Provisória n. 627/2013, convertida na Lei n. 12.973/2014 126

4 DO PREÇO DE TRANSFERÊNCIA 135

4.1 Notas introdutórias.. 135

4.2 Conceito de preço de transferência................... 138

4.3 Distribuição Disfarçada de Lucros – DDL 141

4.4 Preço de transferência na legislação brasileira 148

4.5 Métodos para determinação dos preços de transferência no Brasil 151

4.5.1 Métodos de importação 153

4.5.1.1 PIC – Preços Independentes Comparados 153

4.5.1.2 PRL 20 – Preço de Revenda menos Lucro 156

4.5.1.3 CPL – Custo de Produção mais Lucro 161

4.5.1.4 PCI – Preço sob Cotação na Importação 161

4.5.2 Métodos de exportação 163

4.5.2.1 PVEx – Método de Venda nas Exportações 167

4.5.2.2 PVA – Método do Preço de Venda por Atacado e a varejo no país de destino, menos lucro 167

4.5.2.3 PVV – Método do Preço de Venda a Varejo no país de destino, diminuído do lucro 168

4.5.2.4 CAP – Método do Custo de Aquisição ou de Produção mais tributos e lucros 168

4.5.2.5 Pecex – Preço sob Cotação na Exportação 169

4.6 Métodos para determinação dos preços de transferência no modelo OCDE 170

4.6.1 Métodos OCDE – breve visão 171

4.6.1.1 *Comparable Uncontrolled Price* ou método do preço comparável de mercado...... 173

4.6.1.2 *Resale Price Method* ou método do preço de revenda minorado...... 174

4.6.1.3 *Cost Plus Method* ou método do custo majorado...... 174

4.6.1.4 *Transactional Net Margin Method* ou método da margem líquida da operação 175

4.6.1.5 *Profit Split Method* ou método do fracionamento dos lucros 175

4.6.2 Política de preço de transferência no modelo OCDE...... 176

4.6.2.1 Análise de indústria 177

4.6.2.2 Análise funcional 178

4.6.2.3 Análise econômica 179

4.6.2.4 Síntese conclusiva...... 180

4.7 Preço de transferência: presunção ou ficção jurídica...... 181

4.7.1 Presunção jurídica...... 183

4.7.2 Ficção jurídica...... 189

4.7.3 Preço de transferência como ficção jurídica 193

4.8 Safe Harbour...... 196

4.9 Alterações da Lei n. 12.715/2012 (conversão da MP n. 563/2012)...... 200

4.10 Estrutura lógica da norma de preço de transferência...... 203

4.11 Evasão e elusão fiscal. Ilicitude e possibilidade de controle 207

4.11.1 Simulação, dolo, fraude à lei e abuso de direito: hipóteses de evasão fiscal?........... 211

4.11.2 Aplicação da norma antielusiva................. 225

4.11.3 *Holdings* em países com tributação favorecida 226

4.11.4 Lista de paraísos fiscais e regimes fiscais privilegiados (IN n. 1.037/2010) 229

4.12 Da inconstitucionalidade das normas de preços de transferência....................................... 230

CONSIDERAÇÕES FINAIS.. 235

ANEXO 1.. 249

REFERÊNCIAS BIBLIOGRÁFICAS.......................... 335

PREFÁCIO

Vivian de Oliveira é a autora deste trabalho sobre "preços de transferência". Em texto denso, inspirado por sua ótima e bem vivida experiência profissional, articula enunciados e constrói um discurso homogêneo, cheio de observações agudas, a ponto de despertar, na mente de quem lê, o vivo interesse por assunto de aparência tão técnica e complexa. Esse aspecto confere ao escrito dimensão diferente de outras manifestações doutrinárias a respeito da matéria. Ela mesma o confessa, dizendo que a ideia de escrever sobre o tema adveio da necessidade de conjugar os desafios da carreira com os obstáculos e as superações da vida acadêmica, tendo em vista a elaboração de sua tese de doutoramento.

Com efeito, organizar proposta doutoral é algo que supõe planejamento, concentração e, principalmente, longo período de preparação teórica. E Vivian assim o fez: dedicou-se à pesquisa, formulando premissas e estruturando a argumentação para cumprir, um a um, todos os créditos exigidos pelo Programa, porém de maneira peculiar, pois se encantou com o *giro linguístico*, com as reflexões de Vilém Flusser, com as incomparáveis lições de Lourival Vilanova, imergindo totalmente nos parâmetros do método conhecido por Constructivismo Lógico-Semântico. Creio que foi nesse espaço que pavimentou o projeto de associar tais categorias às contingências práticas que a atividade diária incessantemente propõe, provocando reações rápidas em sentenças fulminantes de decisão. Todos nós, a qualquer momento, temos que decidir, mas na vida profissional tais participações são medidas incisivas e inevitavelmente avaliadas em função de objetivos anteriormente estipulados. Não há condições para consultas mais demoradas, no feitio de meras reflexões. É justamente nessa perspectiva que uma formação intelectual mais apurada faz a diferença: aquele que tenha conhecimentos aprofundados, conceitos bem elucidados, linha de pensamento que deslize com fluência e naturalidade por um eixo estável, apoiado em proposições aptas para suportar a progressão do raciocínio; este, tenho inteira convicção, chegará a bom termo e suas conclusões serão notadas, anotadas e reconhecidas.

É precisamente o caso da Autora. Em momento algum separou sua conduta profissional da importante sustentação teórica que adquiriu ao superar as exigências do Programa de Pós-graduação em Direito da PUC/SP, satisfeitas, aliás, em trajetória firme, decidida, ultrapassando as dificuldades normais da vida em família, bem como as vicissitudes inerentes ao ambiente de trabalho, com as turbulências naturais que sabemos existir. É, realmente, um percurso difícil!

Analisando seu trabalho e, obviamente, honrado pelo convite de prefaciá-lo, direi que parte das premissas da filosofia da linguagem e do giro linguístico tem como objetivo ordenar o raciocínio de tal modo que se possa reconhecer estarmos diante de norma, como tantas outras, prescritora da forma de apuração do imposto sobre a renda das pessoas jurídicas, na modalidade chamada "lucro real". O escrito passa pela consideração das políticas de preços de transferência nos modelos da OCDE, como maneira de demonstrar que há consistência entre aquilo que o contribuinte deve provar à autoridade fiscal e o princípio *"arm´s lenght"*, sempre com o acento crítico de quem lê, interpreta e compreende o direito posto, para poder falar sobre ele em nível de metalinguagem. É preciso esclarecer que a consideração é sumária, redutora

XVIII

de complexidades, para tornar possível surpreender a mensagem em sua expressão mais simples.

No Brasil, a norma de preços de transferência nada mais é do que ficção jurídica sobre a qual há ajuste entre os preços registrados em termos contábeis, efetivamente praticados pelas partes relacionadas, e aqueles que serão objeto de incidência, na composição do chamado "balanço fiscal", base de cálculo do imposto sobre a renda.

O estudo evolui para a conclusão inevitável de que se trata de norma inconstitucional, na medida em que tributa com base em ficção jurídica. A regra brasileira não reflete e não busca refletir sobre as condições de mercado, a fim de que haja manutenção de tais condições nas relações comerciais entre as partes envolvidas. Na verdade, o modelo brasileiro, por meio de fórmulas matemáticas, fixa lucratividades mínimas e dedutibilidades máximas para obter a apuração do imposto sobre a renda, o que representa apenas uma acomodação entre o lucro contábil e o lucro fiscal. O raciocínio desenvolvido pressupõe o entendimento de como a linguagem do direito tributário dialoga com a linguagem da contabilidade, considerando que são sistemas distintos que se conectam quando a linguagem do direito tributário, fazendo as vezes de metalinguagem, refere-se à linguagem da contabilidade, na condição de linguagem objeto, tomada como ponto de partida para o cálculo do que o sistema do direito entende como variação de patrimônio tributável pelo imposto sobre a renda.

É necessário lembrar que entre os pressupostos adotados, as normas relativas aos preços de transferência são tidas como aquelas que compõem o conjunto de proposições que prescrevem a forma de apuração do lucro das pessoas jurídicas.

O livro discute assunto da maior atualidade. Sua compreensão depende da análise de momento especial vivido pelo Brasil, com a implantação, ainda que parcial, do IFRS e a separação e independência do direito tributário em relação à contabilidade, passando pelo nascimento e extinção do chamado "RTT – Regime Tributário de Transição", processo que culminou com a publicação da Lei nº 12.973, em 2014, marco importante para a história da experiência jurídica brasileira e relevantíssimo no horizonte profissional dos interessados.

Ora, o texto da Professora Vivian de Oliveira, além de coeso e instigante, vazado num Português de alto padrão técnico-jurídico, tem fundamentos científicos sólidos e mantém-se numa linha filosófica que pode ser identificada do começo ao fim. Isso é tudo o que se espera de uma tese de doutorado que se pretenda séria, profunda e, ao mesmo tempo, accessível a quantos se proponham ler e atingir o conteúdo de seu pensamento. Julgo não me exceder, salientando que, nesta obra, faz-se presente aquilo que a Filosofia do Conhecimento proclama como o ideal do saber: a intersecção entre a teoria e a prática; a ciência e a experiência.

É uma satisfação acompanhar a trajetória de alguém, como Vivian, que enfrenta as dificuldades, aceita as condições muitas vezes adversas do ambiente acadêmico, e as suplanta com vigor e serenidade, obtendo, com todos os méritos, o tão importante grau de doutora em direito.

Estão de parabéns, portanto, a Autora, a Instituição que lhe outorgou o título e a Editora Noeses, pela oportuna edição desta obra.

São Paulo, 28 de março de 2015.

Paulo de Barros Carvalho

Professor Emérito e Titular da PUC/SP e da USP

INTRODUÇÃO

Abordar o tema "preço de transferência" é sempre desafiante, quer pela complexidade, quer pela escassez de produção acadêmica sobre um assunto tão relevante no trato das questões tributárias dentro de corporações transnacionais.

Creditamos essa convivência sem grandes traumas à forma como a legislação brasileira dispõe sobre a questão, atribuindo-lhe contornos de um ajuste de demonstrações contábeis para demonstrações fiscais, sem longos aprofundamentos sobre o fundamento de validade das normas que estabelecem que transações entre partes relacionadas devem ser praticadas sob as regras de mercado aplicáveis entre partes não relacionadas.

O instituto dos "preços de transferência" no Brasil cuida de materializar regras para o cálculo do imposto sobre a renda das pessoas jurídicas, prescrevendo ajustes sempre que houver excesso de dedutibilidade de despesas ou pouca receita tributável.

Reconhecemos as normas relativas aos preços de transferência como normas que compõem o conjunto de proposições jurídicas que prescrevem a forma de apuração do lucro das pessoas jurídicas.

E, neste ponto, o direito comparado faz-se importante, visto que poucos temas são tão diversos em outros ordenamentos jurídicos quanto à forma que as Autoridades Fiscais utilizam para zelar pela manutenção da renda tributável pelo imposto sobre ela incidente.

Há uma forte cultura de que os institutos são próximos, como se houvesse uma "tradução" daquele modelo OCDE (Organização para a Cooperação e Desenvolvimento Econômico), por parte das normas brasileiras, o que, de fato, não é verdade.

Isso porque a OCDE possui um modelo estruturado sobre o assunto, com diretrizes a serem seguidas pelos países signatários. Muitos sustentam que o Brasil não segue o "modelo" da OCDE por não ser membro da organização; no entanto, acreditamos que o modelo brasileiro é muito adequado ao perfil tanto do Fisco Nacional quanto dos contribuintes.

Trabalhando com ambos os modelos, é possível perceber que não haveria espaço, no Brasil, para normas com uma carga de subjetividade tão forte quanto ao modelo de cálculo de preços de transferência no regime OCDE.

O contato com a experiência em países que legislam no sentido das diretrizes da OCDE possibilita uma compreensão ampla do tema e a certeza de que, independentemente de ser uma questão de tempo e evolução das relações "Fisco x contribuintes", o perfil das normas de preços de transferência no Brasil é harmônico e coerente com as demais normas do sistema, o que quer dizer que, analisando a fundo o tema e trabalhando com ele no Brasil e em países de modelo OCDE, não é possível imaginar que aquela estrutura fosse aplicada aqui com sucesso; não da forma como se portam contribuintes e Fisco no Brasil: como rivais.

Ademais, a aplicação de princípios como legalidade e outros dele decorrentes, como tipicidade e vinculação do ato administrativo, da forma como prevê nosso ordenamento jurídico, não permitiria a aplicação de uma legislação com tipos "abertos" como aqueles previstos no modelo OCDE.

XXII

PREÇO DE TRANSFERÊNCIA COMO NORMA DE AJUSTE DO IMPOSTO
SOBRE A RENDA

Portanto, nessa oportunidade, tentaremos trazer um pouco de ambas as estruturas de normas sobre preços de transferência – Brasil e OCDE; analisaremos sucintamente cada uma delas; e discorreremos sobre as aplicações e implicações práticas da utilização de cada um dos métodos, dentro das respectivas previsões legais.

É importante, no entanto, ter em mente que o instituto "preço de transferência", embora tenha a mesma denominação no Brasil e nos países com modelo OCDE, é instituto muito distinto, que compõe conjunto de normas diferentes.

Faz-se necessário ainda esclarecer que este texto tem como intuito trazer uma abordagem dissonante do tema, no sentido de caminhar para a construção de normas que fixam preços artificialmente, discordando, portanto, das teorias dominantes no sentido de que preço de transferência é uma busca pelo princípio *arm's length*, que fundamenta o modelo OCDE.

Partimos da premissa de que preço de transferência é o conjunto de normas que, junto com outras do ordenamento jurídico, compõem a forma de cálculo do imposto sobre a renda na modalidade "lucro real".

Trata-se de um dos elementos de apuração do imposto, assim como outros, como normas de subcapitalização e todos os "ajustes" que decorrem da passagem do balanço societário, em IFRS, para o balanço fiscal, que será base de cálculo para o imposto sobre a renda. Trataremos também de elucidar a nova estrutura de "balanços" no Brasil, após a extinção do chamado "RTT" (Regime Tributário de Transição).

Entendemos ainda que nos aprofundarmos nos métodos de cálculo desvirtuaria o intuito deste texto, que se limita a colocar sob análise uma outra perspectiva sobre o tema, que deriva do abandono da ideia de que o preço de transferência, como conjunto de normas, tenta reproduzir condições de mercado para fixar valores "reais", praticados por partes independentes, em semelhantes condições de mercado.

XXIII

O objetivo desse conjunto de normas é muito mais simples: compor a base de cálculo do imposto sobre a renda. E é dentro dessa premissa que o raciocínio se desenvolverá.

Como qualquer tema, não é possível esgotá-lo nem temos pretensão para tanto, mas certamente será possível compreender melhor as sistemáticas teóricas e práticas de um mesmo instituto, tão diferente no Brasil e no resto do mundo. Vamos tentar, ainda, fugir das discussões reiteradas sobre o tema, focando nas questões que entendemos relevantes para uma abordagem técnica sobre a questão.

1. PREMISSAS DE DESENVOLVIMENTO E CONCEITOS FUNDAMENTAIS DO PREÇO DE TRANSFERÊNCIA COMO NORMA DE AJUSTE DO IMPOSTO SOBRE A RENDA

1.1 Premissas fundamentais

Neste trabalho, é fundamental que dediquemos um capítulo à fixação de premissas, embora não seja possível desenvolver qualquer raciocínio com pretensões de cientificidade sem que haja uma delimitação muito clara com relação a de onde partiremos e onde queremos chegar.

O direito possui um problema interessante do ponto de vista metodológico, já que existe uma confusão de suporte físico entre o objeto e a ciência que o estuda.

Tanto o direito positivo como a Ciência do Direito são formados por linguagem; logo, a única maneira de diferenciar os dois é tratar de formas de linguagem diversas (prescritiva e descritiva) ou dizer que há uma distinção entre os códigos de cada um desses sistemas.

Um faz parte de um plexo cognitivo, de percepção do cientista da realidade jurídica ao seu redor; o outro possui limitações de contato com a realidade, pois as cria mediante suas próprias estruturas.

Obviamente, no caso do direito, há um nítido problema na delimitação da distinção entre teoria e prática, já que a internalização dos fenômenos ambientais é realizada através das estruturas do direito e, portanto, quando o direito age, cria-se realidade através da comunicação jurídica/linguagem.

Este estudo tem como objetivo central demonstrar que, embora seja comum pensarmos que os preços de transferência, no Brasil e no mundo, sejam paralelos ou busquem o mesmo fim, de fato apenas a mesma denominação os une.

Trata-se de conjuntos de normas completamente distintos, existentes em sistemas diversos, compondo estruturas normativas também diferentes. As distinções são muito mais relevantes e numerosas que as semelhanças. Destas, a mais contundente é apenas a denominação.

Por se tratar de normas sujeitas a princípios tão diversos, qualquer tentativa de aproximá-las tende ao fracasso. Novamente: a diferença fundamental entre ambos os institutos é o próprio sistema em que as normas que os regulam estão inseridas.

O método empírico dialético, dentro do contexto positivista, acaba por permitir essas idas e vindas, observando o sistema jurídico em uma perspectiva externa ao direito, das irritações do ambiente para as internalizações do sistema.

Logo, a pesquisa científica adota o método dogmático, e a técnica, a hermenêutica analítica. Tomamos o direito como um conjunto de normas jurídicas válidas, que se materializam na forma de enunciados prescritivos. O modo de nos aproximarmos do direito é interpretando tais enunciados, construindo o sentido dos textos. Dentro de nossa fixação de premissas, iniciamos com o conceito de norma a ser adotado neste trabalho e, ainda, o conceito de sistema, porque entendemos que o sistema em que o modelo OCDE opera é diametralmente oposto ao sistema brasileiro, em cujo modelo as normas de preços de transferência são válidas.

PREÇO DE TRANSFERÊNCIA COMO NORMA DE AJUSTE DO IMPOSTO
SOBRE A RENDA

A questão dos sistemas será útil, ainda, quando analisar-mos as comunicações entre o sistema do direito positivo e o sistema das regras contábeis.

Depois, por tomar o direito como um corpo de linguagem, aplicaremos, também, a técnica da Semiótica, tratando dos planos sintático, semântico e pragmático da norma construída.

1.1.1 Direito e linguagem na visão constructivista lógico-semântica

A filosofia da linguagem iniciou na escola do giro-linguístico; seu marco inicial foi a obra de Wittgenstein,[1] *Tractatus logico-philosophicus*, com o trecho muito conhecido "os limites do meu mundo significam os limites da minha linguagem". Nessa época, a linguagem passou pelo processo de independência em relação à realidade, até sobrepô-la. Essa fase, que chega até os dias atuais, é conhecida como "o giro linguístico", em que tudo é linguagem.

O chamado giro linguístico rompeu com a tradicional forma de conceber a relação entre linguagem e conhecimento; só há compreensão do objeto pela preexistência da linguagem. Ou seja, a linguagem deixa de ser concebida como mero instrumento que liga o sujeito ao objeto do conhecimento e passa a ser capaz de criar tanto o ser cognoscente como a realidade.

Segundo essa teoria, o homem não habita um mundo físico, mas, sim, um mundo cultural, só existente em função da linguagem, a ponto de se tornar impossível falar em homem fora dos quadrantes da linguagem.

Os acontecimentos físicos exaurem-se no tempo e no espaço. O homem só consegue construir ditos eventos por meio de linguagem. Os eventos não provam nada, simplesmente

---

1. CARVALHO, Paulo de Barros. *Apostila de filosofia do direito I*: lógica jurídica. São Paulo: PUC-SP, 2007, p. 5.

porque não falam. Sempre uma linguagem deverá resgatá-los para que eles efetivamente existam no universo humano.

Dardo Scavino[2] destaca que "a linguagem deixa de ser um meio, algo que estaria entre o sujeito e a realidade, para se converter num léxico capaz de criar tanto o sujeito como a realidade". Assim, podemos afirmar que conhecemos um objeto quando sabemos distinguir entre as proposições verdadeiras ou falsas que o descrevem, porque o objeto que conhecemos não é a coisa em si, mas as proposições que o descrevem. Assim, adotamos o posicionamento de que o mundo exterior só existirá para o sujeito cognoscente se houver uma linguagem que o constitua. Desse modo, a relação da linguagem com o mundo é que aquela é o único meio de compreender a realidade, uma vez que os signos se autossustentam, mantendo uma independência em face dos objetos que eles representam. Sendo o conhecimento produzido pelo homem, está condicionado ao contexto em que se opera, ou seja, depende do meio social, do tempo histórico e até da vivência do sujeito cognoscente.

A relação do ser cognoscente com o objeto cognoscível só ganha importância a partir do momento em que aceitamos a imprescindibilidade da manifestação em linguagem. A realidade apreendida é fruto do próprio pensamento do homem. Assim, quando o *ser* se aproxima do objeto com fins epistemológicos, em verdade está se relacionando com uma linguagem desse objeto. Ou melhor, é com a ideia, utilizando a terminologia husserliana, que o homem irá conhecer.[3]

O homem só conhece o mundo quando o constitui linguisticamente em seu intelecto.[4]

---

2. SCAVINO, Dardo. *La filosofía actual*: pensar sin certezas. Buenos Aires: Paidós, 1999, p. 12.

3. MOUSSALLEM, Tárek Moysés. *Fontes do direito tributário*. 2. ed. São Paulo: Noeses, 2006, p. 26.

4. CARVALHO, Aurora Tomazini de. *Curso de teoria geral do direito*: o constructivismo lógico-semântico. 2. ed. São Paulo: Noeses, 2011, p. 14.

PREÇO DE TRANSFERÊNCIA COMO NORMA DE AJUSTE DO IMPOSTO
SOBRE A RENDA

Alaor Caffé Alves[5] destaca que

> Conhecer é representar-se um objeto. É a operação imanente pela qual um sujeito pensante representa um objeto. É o ato de tornar um objeto presente à percepção, a imaginação ou a inteligência de alguém [...] Esse processo cognitivo está fundado, portanto, em três elementos: a representação, o objeto representado e o sujeito que representa o referido objeto.

Segundo as palavras de Miguel Reale,[6]

> conhecer é trazer para o sujeito algo que se põe como objeto, não toda a realidade em si mesma, mas a sua representação ou imagem, tal como o sujeito a constrói, e na medida das formas de apreensão do sujeito correspondente às peculiaridades objetivas.

Para Paulo de Barros Carvalho,[7] eu "conheço determinado objeto na medida em que posso expedir enunciado sobre ele, de tal arte que o conhecimento se apresenta pela linguagem, mediante proposições descritivas ou indicativas".

Todo o conhecimento se opera mediante construção linguística. O conhecimento pressupõe a existência de linguagem; esta cria ou constitui a realidade. Não é possível conhecer as coisas como elas se apresentam fisicamente, fora dos discursos a que elas se referem.

Portanto, temos por conhecimento a relação entre as significações construídas pelo homem e determinado objeto, vertidas em linguagem. O conhecimento é composto da linguagem na sua função descritiva, em geral, utilizando-se da linguagem ordinária.

Da mesma forma, a realidade só se manifesta mediante a linguagem; um evento ocorrido no mundo real só se torna fato

---

5. ALVES, Alaor Caffé. *Lógica*: pensamento formal e argumentação – elementos para o discurso jurídico. São Paulo: Edipro, 2000, p. 27

6. REALE, Miguel. *Introdução à filosofia*. 4. ed. São Paulo: Saraiva, 2007, p. 74.

7. CARVALHO, Paulo de Barros. *Direito tributário:* fundamentos jurídicos da incidência. 7. ed. São Paulo: Saraiva, 2009, p. 93.

social quando relatado em linguagem; do contrário, é como se não tivesse existido, pois todo evento se perde no tempo e no espaço.

Os sentidos e a percepção formam o conhecimento na medida em que a consciência comparece como atividade sensível e intelectual, carregada de poder de análise, de síntese e de representação.

Ou seja, todo o conhecimento é redutor de dificuldades; reduzir complexidades do objeto da experiência é uma necessidade inafastável para obter o próprio conhecimento.

A análise do próprio conhecimento, das estruturas de consciência e dos objetos e estruturas lógico-abstratas a eles inerentes é premissa do estudo linguístico do direito.

Consciência é a função pela qual o ser humano trava contato com suas vivências (olfato, visão, audição, tato, paladar). Quando se diz "consciência" é sempre a "consciência de algo".

O ato de consciência produz a forma de consciência, dotada de conteúdo (objeto). Portanto, o ser consciente não sente a sensação, mas, sim, apreende o objeto dessas formas em que a consciência se manifesta (percepção, sensação, lembrança, emoção, imaginação, vontade, pensamento, sonho, conhecimento etc.).

Não haverá consciência sem as formas que compõem seu particularíssimo modo de ser e de existir. Dissolvidas essas formas, com os respectivos objetos, desaparece também a consciência.

Portando, sob o ponto de vista da teoria geral do conhecimento, o ser cognoscente, em que a consciência comparece como atividade sensível e intelectual, é carregado do poder de análise, de síntese e de representação.

Firmada essa premissa de que o conhecimento se opera mediante construção linguística, podemos afirmar que não existe fato antes da interpretação. Isso significa que é por meio de interpretações, construções de sentido e significações que

PREÇO DE TRANSFERÊNCIA COMO NORMA DE AJUSTE DO IMPOSTO
SOBRE A RENDA

o homem chega aos eventos, aos acontecimentos do mundo circundante, sendo imprescindível a existência de um corpo linguístico para fazer a conexão entre o homem e a realidade. Todavia, não se pode afirmar que inexiste qualquer objeto físico quando não houver linguagem. O que estamos falando é que só teremos acesso às coisas que existem no mundo físico por meio da linguagem. O conhecimento pressupõe a existência de linguagem, cria ou constitui a realidade, sendo impossível conhecer as coisas como elas se apresentam fisicamente, fora dos discursos a que elas se referem.

Vilém Flusser[8] destaca que o mundo é aparentemente caótico, mas, pela linguagem, pode ser ordenado, constituindo a realidade. Haveria um mundo aparentemente caótico e um mundo real ordenado. O espírito humano avançaria da aparência para a realidade.

Portanto, o mundo não é um conjunto de coisas que primeiro se apresentam e, depois, são nomeadas ou representadas por uma linguagem. Isso que chamamos de mundo nada mais é que uma interpretação, sem a qual nada faria sentido.[9]

É fácil constatar que o mundo físico nunca foi alterado. O que se modifica é a versão sobre ele, e nada obsta, por exemplo, a que mais tarde se descubra que a Lua seja o centro do Universo. E o "mundo físico" se alterou? Efetivamente não, foi a linguagem que o modificou.

A filosofia do giro linguístico rechaça a possibilidade de uma verdade universal e objetiva, dado que a verdade é criada, e não descoberta. A verdade é criada pelo homem no interior de um sistema. A verdade é criada porque a linguagem é independente da realidade. Desconstitui-se um enunciado, não com a simples verificação empírica, mas com a produção de outro enunciado.

---

8. FLUSSER, Vilém. Língua e realidade. 3. ed. São Paulo: Annablume, 2007, p. 33.

9. TOMÉ, Fabiana Del Padre. *A prova no direito tributário*. São Paulo: Noeses, 2005, p. 5.

Portanto, o giro linguístico é importante para o Sistema da Ciência do Direito, que tem por objeto o Sistema do Direito Positivo, considerado como um conjunto de normas válidas, que se destinam a regular a conduta das pessoas, nas relações intersubjetivas, pois, sendo a Ciência do Direito que descreve esse enredo normativo, ordenando-o, declarando sua hierarquia, exibindo as formas lógicas que governam o entrelaçamento das várias unidades do sistema, oferecendo seus conteúdos de significação, necessita da linguagem, trazida pelo movimento.

1.2 Noção de sistema

Sistematizar é colocar algo em determinado grupo, é um meio de conjunturar diversas partes de um todo, fomentando, por fim, a singularização de um plural ou, conforme explicou Hugo de Brito Machado,[10] "a palavra sistema modernamente significa conjunto organizado de partes relacionadas entre si e interdependentes".

Tércio Sampaio Ferraz Jr.[11] chama o sistema de conjunto de elementos, de estrutura o complexo das relações que entre eles se estabelecem e de repertório o conjunto de elementos que o formam. Portanto, há sistema quando repertório e estrutura encontram-se sob um denominador comum.

Geraldo Ataliba[12] define sistema como o conjunto unitário e ordenado de elementos, em função de princípios coerentes e harmônicos, e sistema normativo como o conjunto ordenado e sistemático de normas, construído de acordo com os princípios coerentes e harmônicos, em função dos objetivos

---

10. MACHADO, Hugo de Brito. *Curso de direito tributário*. 30. ed. São Paulo: Quartier Latin, 2009, p. 201.

11. FERRAZ JR., Tércio Sampaio. *Introdução ao estudo do direito*: técnica, decisão, dominação. 4. ed. São Paulo: Atlas, 2006, p. 165.

12. ATALIBA, Geraldo. *Sistema constitucional tributário brasileiro*. São Paulo: Revista dos Tribunais, 1968, p. 3.

socialmente consagrados (em torno de um fundamento comum). Assim, as constituições formam um sistema.

Para Paulo de Barros Carvalho,[13] o sistema aparece como o objeto formado de porções que se vinculam debaixo de um princípio unitário ou como a composição de partes orientadas por um vetor comum. Onde houver um conjunto de elementos relacionados entre si e aglutinados perante uma referência determinada, teremos a noção fundamental de sistema.

José Artur Lima Gonçalves[14] define sistema como um "conjunto harmônico, ordenado e unitário de elementos reunidos em torno de um conceito fundamental ou aglutinante".

Verifica-se que sistema é uma expressão ambígua, assim como a maior parte dos vocábulos, podendo ser empregada para referir diversos significados, os quais, em alguns contextos, podem provocar a falácia do equívoco.

1.2.1 Sistema constitucional tributário

Definiremos sistema e ordenamento jurídico como um conjunto de elementos formando uma ideia comum. Ou seja, como objeto formado de porções que se vinculam debaixo de um princípio unitário ou como a composição de partes orientadas por um vetor comum. Onde houver um conjunto de elementos relacionados entre si e aglutinados perante uma referência determinada, teremos a noção fundamental de sistema.

Desse modo, não há distinção entre sistema e ordenamento.

Diversos são os autores[15] que insistem na distinção

---

13. CARVALHO, Paulo de Barros. *Parecer da Associação Brasileira de Franchising*, 2005, 6.

14. GONÇALVES, José Artur Lima. *Imposto sobre a renda*: pressupostos constitucionais. São Paulo: Malheiros, 2002, p. 40.

15. Tárek Moysés Moussallem (*Revogação em matéria tributária*. São Paulo: Noeses, 2005, p. 132) destaca que o sistema do direito positivo é uma subclasse

entre ordenamento e sistema, e aqueles que assim entendem consideram que o ordenamento seria o conjunto de enunciados prescritivos, o texto bruto, ao passo que o sistema seria esse texto bruto ordenado à custa de interpretação e organização das unidades normativas. Isto é, o sistema englobaria o ordenamento jurídico, mas não se restringiria a ele, abarcando também toda a contribuição do jurista e do cientista.

Seguindo o entendimento de Paulo de Barros Carvalho,[16] temos que "ordenamento jurídico e direito positivo, de um lado, sistema e Ciência do Direito, de outro, seriam binômios paralelos, em que os dois últimos termos implicam os primeiros".

Ou seja, ordenamento e sistema são a mesma coisa, um conjunto de disposições jurídicas, produzidas por um ato de autoridade, estruturadas por vínculo de subordinação e coordenação.

O sistema do direito positivo disciplina a conveniência social; suas normas estão hierarquicamente estruturadas.

Onde houver direito, haverá valor e, consequentemente, haverá o elemento axiológico.

A estrutura hierarquizada do direito positivo é um

---

do ordenamento jurídico: "[...] o ordenamento jurídico refere-se a uma série temporal de sucessivos 'sistemas do direito positivo'". Assim, ordenamento jurídico não é um conjunto de normas, mas, sim, uma sequência temporal de conjuntos de normas.

MORCHÓN, Gregorio Robles. *Teoría del derecho*: fundamentos de teoría comunicacional del derecho. Madrid: Civitas, 1998, p. 111-127. Também distingue ordenamento jurídico e sistema, com base no direito positivo, pois entende que o ordenamento seria um texto bruto, ou seja, seria um conjunto ou a totalidade das mensagens legisladas, que integrariam um domínio heterogêneo, uma vez que produzidas em tempos diversos e em diferentes condições de aparecimento. Com esse entendimento, o direito positivo seria ordenamento, mas não seria um sistema.

16. CARVALHO, Paulo de Barros. *Direito tributário*: linguagem e método. 4. ed. São Paulo: Noeses, 2011, p. 213.

axioma, e de extrema importância. Paulo de Barros Carvalho[17] destaca que sem ele nada poderíamos dizer a propósito da situação hierárquica de determinado preceito, uma vez que todas as normas jurídicas têm idênticas estruturas sintáticas (homogeneidade lógica), embora dotadas de conteúdo semântico diferente (heterogeneidade semântica). E acrescenta: "é por aceitar que a norma N' entrou pela via constitucional que reivindico sua supremacia com relação à norma N'', posta por lei ordinária". É por saber que certa norma individual e concreta veio à luz no bojo de um acórdão do Supremo Tribunal Federal que me atrevo a declarar sua prevalência em face de outro acórdão proferido por tribunal de menor hierarquia. Nesse domínio, recolhemos material precioso para o discurso crítico-descritivo da Ciência do Direito, conquanto seja necessário enfatizar que isso nada tem que ver com a temática das fontes.

Portanto, é possível ver a ordem jurídica brasileira como um sistema de normas, concebido pelo homem para motivar e alterar a conduta no seio da sociedade. As normas jurídicas formam um sistema, na medida em que se relacionam de várias maneiras, segundo um princípio unificador. Esse sistema apresenta-se composto por subsistemas que se entrecruzam em múltiplas direções, mas que se afunilam na busca do fundamento último de validade semântica, que é a Constituição. E esta, por sua vez, constitui também subsistema, sobre todos os demais, em virtude de sua privilegiada posição hierárquica, ocupando o tópico superior do ordenamento e hospedando as diretrizes substanciais que regem a totalidade da ordem jurídica nacional.

O sistema constitucional informa a organização do Estado, pois sua ordem jurídica apresenta normas dispostas numa estrutura hierarquizada, regida pela fundamentação ou derivação, que se opera tanto no aspecto material quanto no formal ou processual, o que lhe imprime possibilidade

---

17. Ibid., p. 395.

dinâmica, regulando, ele próprio, sua criação e seus modos de transformação.

Se examinarmos o sistema constitucional de baixo para cima, veremos que cada unidade normativa encontra-se fundada, material e formalmente, em normas superiores. Invertendo-se o prisma de observação, verifica-se que das regras superiores derivam, material e formalmente, regras de menor hierarquia. Todas as legislações devem estar em harmonia com o sistema constitucional.

A Constituição Federal dá fundamento de validade às demais normas jurídicas, pois ela representa o escalão de direito positivo mais elevado.

1.2.2 Sistema contábil

O sistema contábil é um sistema independente do sistema constitucional tributário, tendo em vista que possui normas próprias.

No Brasil, há as normas de IFRS, que regulam a contabilidade em padrões internacionais, a Lei n. 6.404/76, que regula os padrões contábeis válidos para Regimes Tributários de Transição – RTT, e agora as normas da Lei n. 12.973, de 13 de maio de 2014, resultado da conversão em lei da Medida Provisória n. 627/2013. Será importante mostrarmos como o raciocínio aqui desenvolvido passa pela importante modificação da nova legislação, que tratou de adotar algumas das modificações trazidas pelo IFRS, positivando-as, por meio de normas gerais e abstratas relativas ao imposto sobre a renda.

Retomando, o sistema da contabilidade tem suas regras próprias, normatizando a mutação do patrimônio das entidades. A função da contabilidade é demonstrar essa mutação, reconhecendo, evidenciando e mensurando a variação do patrimônio líquido.

Todavia, sua forma de mensuração não é a mesma utilizada pelo direito positivo, que, partindo da realidade da

PREÇO DE TRANSFERÊNCIA COMO NORMA DE AJUSTE DO IMPOSTO SOBRE A RENDA

linguagem contábil, por meio de linguagem jurídica, cria outra variação de patrimônio, aquela que o direito entende como base imponível para tributação da renda, da variação de patrimônio que o direito entende relevante.

Portanto, tanto direito positivo como a contabilidade constroem suas próprias realidades.

No momento da elaboração do balanço em IFRS, essas linguagens se comunicam, porque o direito constrói o balanço societário, e a "tradução" de uma linguagem para a outra é o FCONT, extinto a partir de 2014 para as pessoas jurídicas que anteciparem os efeitos da Lei n. 12.973 e, em 2015, obrigatoriamente para todas as pessoas jurídicas. Então, o direito positivo tributário constrói outra variação de patrimônio, traduzindo a variação societária para a variação tributária por meio do LALUR, que é a construção da base de cálculo do IR. É importante destacar que o LALUR também será extinto, dando lugar à chamada ECF – Escrituração Contábil Fiscal, novo sistema eletrônico de apuração de imposto sobre a renda, a ser entregue pela primeira vez em 2015.

São sistemas distintos, mas que se comunicam em algum momento, quando um toma o outro como linguagem objeto para a construção de uma metalinguagem.

No Brasil, essa comunicação se inicia quando o sistema do direito positivo, por meio do art. 177 da Lei n. 6.404/64, prescreve que

> Art. 177. A escrituração da companhia será mantida em registros permanentes, com obediência aos preceitos da legislação comercial e desta Lei e aos princípios de contabilidade geralmente aceitos, devendo observar métodos ou critérios contábeis uniformes no tempo e registrar as mutações patrimoniais segundo o regime de competência.

Portanto, mesmo sendo sistemas distintos, em algum momento vão se comunicar para construir metalinguagem.

1.3 Norma jurídica de preço de transferência

1.3.1 Notas introdutórias

Fixamos a premissa de que o direito é um objeto cultural, construído pelo homem por meio da atribuição de valores à linguagem do dado natural, do que resulta noutro corpo linguístico que se projeta no mundo do ser. Esse mesmo raciocínio pode ser aplicado à norma jurídica, por se referir ao sentido que obtemos a partir da leitura dos textos do direito positivo.[18] Por estar expressa em uma linguagem, sendo direcionada para ter certo sentido, asseveramos que a norma jurídica é estrutura formal, que exprime um conteúdo também cultural de expressão.[19]

A figura da norma jurídica não representa só o ponto de partida, mas a base do estudo do preço de transferência, porque qualquer conhecimento que recaia sobre o fenômeno jurídico prescinde da análise da linguagem prescritiva das normas jurídicas.

1.3.2 Classificação das normas jurídicas de preço de transferência

Lourival Vilanova[20] nos ensina que a norma jurídica

> [...] é uma estrutura lógico-sintática de significação: a norma conceptua fatos, e condutas representam-no não como desenho intuitivo, imagem reprodutiva (que somente pode ser do concreto – há normas abstratas) de fatos-eventos e fatos-condutas. Representa-os como significações objetivas – endereçadas ao

---

18. Id. *Direito tributário*: fundamentos jurídicos da incidência, cit., p. 67.

19. VILANOVA, Lourival. *Sobre o conceito do direito*. Recife: Imprenta Oficial, 1947, p. 79.

20. Id. *As estruturas lógicas e o sistema do direito positivo*. 3. ed. São Paulo: Noeses, 2005, p. 16.

PREÇO DE TRANSFERÊNCIA COMO NORMA DE AJUSTE DO IMPOSTO SOBRE A RENDA

objetivo, confirmáveis ou não nas espécies de eficácia ou ineficácia por parte das situações objetivas.

Para conseguirmos alcançar a estrutura lógica das normas jurídicas, abstraindo todo o conteúdo semântico da referida linguagem, adotaremos a metodologia da Lógica Deôntica. No entanto, a estrutura lógica só é alcançada mediante a formalização da linguagem. Nesse sentido, dispõe Lourival Vilanova:[21]

> A linguagem formalizada da lógica, como linguagem, tem seu vocabulário – os símbolos de constantes e os símbolos de variáveis – e as regras que estabelecem como construir estruturas formais adotadas não de sentido empírico, ou significações determinadas, mas dotadas de sentido sintático, regras que evitam o sem-sentido sintático (exemplificando "o sol é um se então"), e impedem o contra-sentido meramente analítico (A é não-A). E mais, as regras de transformação de uma estrutura formal em outra estrutura, com que se faz a linguagem lógica um sistema nomológico, ou seja, um sistema cujo desenvolvimento obedece à derivação dedutiva de proposições básicas situadas no interior do sistema. Diferindo, pois, de um sistema empírico, com sua linguagem material, sempre aberta ao acrescentamento de enunciados fundados na experiência, que é infinita no sentido kantiano.

A estrutura lógica inerente às normas jurídicas consiste numa proposição e no condicionamento das condutas intersubjetivas, representados por um enunciado complexo, composto de dois enunciados componentes que se ligam por meio do conectivo "se... então...".

Chega-se, assim, ao "dever-ser", sincategorema da estrutura lógica das normas jurídicas. A ligação entre a hipótese e a tese é feita por esse operador de caráter relacional, que se mantém constante em todas essas formas lógicas normativas.

A norma jurídica, conforme definido acima, como a significação estruturada construída a partir da interpretação

---

21. Ibid., p. 56.

dos enunciados prescritivos, é dividida em norma jurídica em sentido amplo, norma jurídica em sentido estrito e norma jurídica completa. Diz-se norma jurídica em sentido amplo para aludir aos conteúdos significativos das frases do direito, ou seja, a norma jurídica constitui-se de enunciados prescritivos, não enquanto manifestações empíricas do ordenamento, mas como significações que seriam constituídas pelo intérprete.[22]

Por norma jurídica em sentido estrito entende-se a unidade mínima e irredutível de significação completa do deôntico.[23] Devemos estruturá-la a partir de um juízo condicional, relacionado pelo dever-ser. O antecedente ou hipótese desse juízo condicional consiste numa proposição descritiva de um evento de possível ocorrência, que, vinculada ao consequente, mediante a implicação (dever-ser), estabelece a relação jurídica entre sujeitos de direito. É aqui que encontramos um segundo dever-ser ou dever-ser intraproposicional, que se apresenta tripartido nos modais obrigatório, proibido e permitido.

Agora, falar em norma jurídica completa significa referir-se à junção da norma primária e secundária. Para Lourival Vilanova,[24] as normas primárias são aquelas que estatuem relações deônticas direitos/deveres como consequência da verificação de pressupostos fixados na proposição descritiva de situações fácticas ou situações já juridicamente qualificadas, enquanto as normas secundárias são aquelas que preceituam as consequências sancionadoras, pressupondo o não cumprimento do estatuído na norma determinante da conduta juridicamente devida.

Dessa forma, a norma jurídica completa é a junção da norma primária com a secundária, formando uma mensagem completa, que "expressa a mensagem deôntico-jurídica

---

22. CARVALHO, Paulo de Barros. *Direito tributário*: linguagem e método, cit., p. 128.

23. Id. *Direito tributário*: fundamentos jurídicos da incidência, cit., p. 21.

24. VILANOVA, Lourival. *As estruturas lógicas e o sistema do direito positivo*, cit., p. 105.

na sua integridade constitutiva, significando a orientação da conduta, justamente com a providência coercitiva que o ordenamento prevê para o seu descumprimento".[25] Assim, temos que a estrutura da norma jurídica tributária é composta: a) pela norma primária, que tem como elemento uma hipótese tributária que descreve um fato de possível ocorrência e sua consequência, que é a materialização do fato, nascendo uma relação jurídica tributária (sujeito ativo e sujeito passivo); e b) por uma norma secundária que prescreve qual a providência sancionatória a ser tomada, aplicada pelo Estado-juiz, fazendo nascer relação jurídica processual.

Utilizando a linguagem formal da lógica deôntica, chega-se à seguinte forma simbólica: Norma primária: Se p, então deve ser q; Norma secundária: Se não-q, então deve ser y.

Em nosso trabalho, dissemos que as normas jurídicas em sentido estrito não se confundem com os enunciados prescritivos ou normas jurídicas em sentido amplo. Utilizaremos o rótulo de norma jurídica para nos referirmos à norma jurídica em sentido estrito. E, quando desejarmos nos referir ao suporte físico e ao sentido isolado dos enunciados linguísticos do direito positivo, denominá-los-emos enunciados prescritivos ou normas jurídicas em sentido amplo.

1.3.2.1 Norma de estrutura e norma de comportamento

As normas que compõem o ordenamento jurídico podem ser classificadas em duas espécies: as normas de conduta e as normas de estrutura.

As de conduta ou comportamento estão diretamente voltadas para a conduta das pessoas, nas relações de intersubjetividade. Sua função é regular diretamente as condutas dos jurisdicionados, mediante a modalização do dever-ser em

---

25. CARVALHO, Paulo de Barros. *Direito tributário*: linguagem e método, cit., p. 139.

obrigatório, proibido e permitido. Têm como fundamento de validade as normas de estrutura ou produção normativa e, desse modo, encontram-se em níveis mais baixos da pirâmide normativa. Isso se justifica se pensarmos no processo de aplicação das normas de estrutura, que resultam na criação de normas de comportamento.

É pelo ato de aplicação das normas jurídicas de comportamento que se alcança a individualização e a concreção do direito, sendo este o único caminho para a instauração de relações jurídicas, direito subjetivo e deveres jurídicos voltados para os jurisdicionados.

Já as normas de estrutura ou organização ou produção normativa estão ligadas às condutas interpessoais, porém têm como objeto os comportamentos relacionados à produção de novas normas. Dispõem sobre órgãos, procedimentos e modo como as regras devem ser criadas, transformadas ou expulsas do sistema. Alguns exemplos desse preceito normativo são as normas que conferem aos órgãos legislativos competência para a instituição de tributos, as que impõem limites na atuação estatal, bem como aquelas que determinam certo procedimento.

Paulo de Barros Carvalho[26] destaca que

> [...] são normas de conduta, entre outras, as regras matrizes de incidência tributária e todas aquelas atinentes ao cumprimento dos deveres instrumentais ou formais, também chamados de "obrigações acessórias". E são tipicamente regras de estrutura aquelas que outorgam competência, isenções, procedimentos administrativos e judiciais, as que prescrevem pressupostos etc.

Portanto, enquanto as normas de conduta estão direcionadas diretamente aos contribuintes, as normas de estrutura e seus mandamentos estão direcionados aos entes tributantes.

---

26. Id. *Direito tributário*: fundamentos jurídicos da incidência, cit., p. 42-43.

1.3.2.2 Norma geral, abstrata, individual e concreta

As normas jurídicas também podem ser classificadas de acordo com a forma como apresentam seus conteúdos significativos, os quais podem ser: abstrato, concreto, geral e individual. O abstrato e concreto são qualificativos do antecedente normativo, enquanto o geral e individual são do consequente. Assim, por ser a estrutura da norma jurídica uma estrutura hipotético-condicional, as possíveis combinações classificatórias são: i) normas gerais e abstratas (ex.: lei que institui um tributo); ii) normas individuais e abstratas (ex.: regimes especiais – parcelamento); iii) normas gerais e concretas (ex.: veículos introdutores de normas); e iv) normas individuais e concretas (ex.: sentença determinando que João pague pensão alimentícia a Maria).

A norma é "abstrata" quando o antecedente normativo contém uma classe de acontecimentos futuros, incertos e de possível ocorrência, ou seja, contém critérios de identificação do fato jurídico (ex.: industrializar produtos). É "concreta" quando o conteúdo semântico do antecedente normativo representa a classe de um acontecimento passado, devidamente identificado no tempo e no espaço, ou seja, o fato jurídico (ex.: realizou a operação de industrializar produtos). É "geral" quando o consequente contém critérios identificadores de uma futura relação jurídica; a prescrição é genérica e dirigida a todos (ex.: deve pagar tributo). E, por fim, uma norma é "individual" quando o conteúdo significativo do consequente se dirigir especificamente a uma pessoa, estabelecendo uma relação jurídica (ex.: Maria deve pagar 100 reais ao Estado de São Paulo).

1.3.2.3 Norma primária e secundária

Sendo a norma jurídica juízo hipotético-condicional, será completa quando composta pela norma primária e a norma secundária.

Para Hans Kelsen,[27] as normas primárias são aquelas que estipulam sanções diante de uma possível ilicitude, e as secundárias são as que prescrevem a conduta lícita, sendo consideradas somente como conceitos auxiliares do conhecimento jurídico.[28]

Para Hart,[29] as normas primárias são aquelas que dizem respeito às ações que os indivíduos devem ou não fazer, enquanto as secundárias especificam os modos como as regras primárias podem ser determinadas de forma concludente ou ser criadas, eliminadas ou alteradas, bem como o fato de que a respectiva violação seja determinada de forma indubitável.

Ficamos com o entendimento de Lourival Vilanova,[30] que diz serem as normas primárias aquelas que estatuem relações deônticas direitos/deveres, como consequência da verificação de pressupostos, fixados na proposição descritiva de situações fácticas ou situações já juridicamente qualificadas. Enquanto normas secundárias são aquelas em que se preceituam as consequências sancionadoras no pressuposto do não cumprimento do estatuído na norma determinante da conduta juridicamente devida.

Dessa forma, a norma jurídica completa é a junção da norma primária com a secundária, formando uma mensagem completa, que, juntas, "expressam a mensagem deôntico-jurídica na sua integridade constitutiva, significando a orientação

---

27. KELSEN, Hans. *Teoria pura do direito*. 7. ed. São Paulo: Martins Fontes, 2006, p. 4 e s.

28. Discute-se muito que, ao retomar esse assunto, no Capítulo 35 da *Teoria geral das normas* (1986, p. 188 e s.), Kelsen, após enfatizar a distinção entre "norma que prescreve uma conduta determinada" e "norma que prescreve uma sanção", retifica a qualificação que havia proposto, de sorte a denominar "norma primária" a que estabelece a conduta e "norma secundária" a prescrevedora da sanção, mesmo porque a primeira pode existir desatrelada da segunda.

29. HART, Herbert Lionel Adolphus. *El concepto de derecho*. 2. ed. Buenos Aires: Abeledo-Perrot, 1995.

30. VILANOVA, Lourival. *As estruturas lógicas e o sistema do direito positivo*, cit., p. 105.

da conduta, justamente com a providência coercitiva que o ordenamento prevê para o seu descumprimento".[31]

A norma primária veicula deonticamente a ocorrência de dado fato a uma prescrição (relação jurídica), ou seja, ela prescreve um dever, se e quando acontecer o fato previsto no suposto. A norma secundária conecta-se sintaticamente à primeira, prescrevendo: se se verificar o fato da não ocorrência da prescrição da norma primária, então deve ser uma relação jurídica que assegure o cumprimento daquela primeira, ou seja, dada a não observância de uma prescrição jurídica, deve ser aplicada a sanção. A norma secundária prescreve uma providência sancionatória, aplicada pelo Estado-juiz, no caso de descumprimento da conduta estatuída na norma primária.

1.3.3 Diferença entre conceito e definição

Antes de adentrarmos no conceito de norma jurídica, devemos estabelecer as diferenças entre conceito e definição.

Conceito é algo linguístico, ou seja, produto da linguagem, e só existe por ela. Ao conceituar uma palavra, ele jamais chega a tocar a realidade, porque sempre está ligado a um pré-juízo ou pré-conceito e nunca reproduz o objeto.

Podemos relacionar o conceito como um ato de classificação, ou seja, o conteúdo do conceito é justamente a identidade que o pensamento destaca na multiplicidade do objeto, ao lado da pluralidade e variação.[32]

O ato de classificar é intrínseco ao sujeito cognoscente, os conceitos mudam de acordo com o ponto de vista em que se perfaz a investigação. Ou seja, os conceitos se alteram de acordo com a regra do jogo.[33]

---

31. CARVALHO, Paulo de Barros. *Direito tributário*: linguagem e método, cit., p. 137-139.

32. VILANOVA, Lourival. *Sobre o conceito do direito*, cit., p.17.

33. MOUSSALLEM, Tárek Moysés. *Fontes do direito tributário*. 2. ed. São Paulo:

Definição tem como objetivo explicar o conceito, entendendo-se essa explicação como o significado das palavras empregadas no processo comunicacional por meio do emprego de outras palavras.[34]

Cabe ressaltar que toda definição de um conceito é em si mesma corte metodológico.

As definições semânticas poderão ser léxicas ou analíticas e estipulativas ou sintéticas. As léxicas indicam como é usada a palavra, reportando ao uso comum tradicional e constante do termo. As estipulativas indicam como deve ser usado determinado signo, delimita como deve ser usado um termo. Exemplo: as léxicas são as definições doutrinárias, e as estipulativas aquelas prescritas pelas normas jurídicas.

Definir, segundo Agustín Gordillo[35], significa apontar notas conceituais sobre determinado objeto. Assim, a definição visa a explicitar o conceito, pela redução ainda maior, sendo esse corte metodológico efetivado no momento da definição de certo conceito arbitrário, que depende unicamente dos valores do sujeito cognoscente.

A regra para realizar a definição correta de um conceito é interpretar o conceito e utilizar os termos chegando à definição que deseja utilizar, dentro dos limites de suas acepções.

1.3.4 Definição da norma jurídica do preço de transferência

Por ser a norma jurídica uma expressão ambígua, adotaremos o entendimento de norma jurídica como juízo hipotético (porque está na mente do intérprete) condicional (hipótese, consequência e uma implicação). É o resultado da

---

Noeses, 2006, p. 29.

34. Ibid., p. 38.

35. GORDILLO, Agustín. *Tratado de derecho administrativo*: parte geral. 4. ed. Buenos Aires: FDA, 1997, t. 1, p. 14-15.

interpretação do produto legislado, é a ideia que a leitura do texto legal transmite ao nosso intelecto.

Paulo de Barros Carvalho[36] assinala que

> Norma jurídica é uma estrutura categorial, construída epistemologicamente, pelo intérprete, a partir das significações que a leitura dos documentos do direito positivo desperta em seu espírito. É por isto que, quase sempre, não coincidem com os sentidos imediatos dos enunciados em que o legislador distribui a matéria no corpo físico da lei. Provém daí que, na maioria das vezes, a leitura de um único artigo será suficiente para a compreensão da regra jurídica. E, quando isto acontecer, o exegeta vê-se na contingência de consultar outros preceitos do mesmo diploma e, até, a sair dele, fazendo incursões pelo sistema.

Adotamos o conceito de norma como construção que se opera na mente do intérprete, que, partindo dos enunciados do direito positivo, constrói, em sua mente, a norma. É instância proposicional dos enunciados do direito positivo.

Um conceito de norma que entendemos bem didático é aquele produzido por Paulo de Barros Carvalho:[37]

> Como significações construídas a partir dos enunciados prescritivos, as normas jurídicas existem num universo de discurso que é o sistema de direito posto. [...] Todas as normas do sistema convergem para um único ponto – a norma fundamental –, que dá fundamento de validade à Constituição positiva. Seu reconhecimento imprime, decisivamente, caráter unitário ao conjunto, e a multiplicidade de normas, como entidades da mesma índole, lhe confere o timbre de homogeneidade.

Direito positivo, por sua vez, é camada de linguagem que visa a orientar condutas intersubjetivas e, como linguagem, busca fundamento de validade internamente, autorregulando-se e regulando sua criação.

---

36. CARVALHO, Paulo de Barros. *Direito tributário*: fundamentos jurídicos da incidência, cit., p. 69.

37. Ibid., p. 41.

Neste ponto, vale transcrever o interessante trecho da obra de Paulo de Barros Carvalho:[38]

> O direito positivo, sendo tomado como o conjunto de normas jurídicas válidas em determinado espaço e em certas condições de tempo, integra o mundo do dever-ser, isto é, seus enunciados são prescritivos, impondo como as coisas hão de ocorrer. Com isso, o direito cria sua própria realidade, admitindo e conhecendo como reais apenas os fatos produzidos na forma lingüística prevista pelo ordenamento.

Em dissertação de mestrado, defendemos que o direito positivo não regula seu processo de criação, cuidando apenas de avaliar se o produto – norma – é válido ou inválido.

Adotamos validade como existência da norma, como critério de pertinencialidade ao sistema do direito positivo.

Tácio Lacerda Gama[39], em sua obra *Competência tributária*, ensina-nos que validade depende do ponto de vista, ou seja, aos observadores do sistema, validade seria determinada de uma forma; aos participantes do sistema, teria outro conceito.

> [...] cabe ao observador: i. perceber se a norma jurídica existe ou não existe num sistema qualquer; ii. o critério que esse observador usa para fundamentar esse juízo é a circunstância de a norma ser não passível de apreciação pelo judiciário; iii. sustenta a compatibilidade ou incompatibilidade entre normas do sistema. Nos itens i. e ii. a análise feita no plano do ser e as afirmações do observador sujeitam-se aos juízos de verdade ou de falsidade. No item iii, as afirmações são irrelevantes, pois são feitas por um observador do sistema; cujas proposições de caráter descritivo não tem o condão de alterar a validade ou invalidade da norma no sistema jurídico.
>
> Já os sujeitos que participam do sistema do direito positivo como titulares da jurisdição podem prescrever que: i. toda norma que

---

38. Id. *Direito tributário*: linguagem e método, cit., p. 219.

39. GAMA, Tácio Lacerda. *Competência tributária*: fundamentos para uma teoria da nulidade. São Paulo: Noeses, 2009, p. 312.

PREÇO DE TRANSFERÊNCIA COMO NORMA DE AJUSTE DO IMPOSTO SOBRE A RENDA

> está num sistema corresponde a outra norma do sistema jurídico e é, por isso, presumivelmente válida; ii. se se demonstra não haver compatibilidade entre uma norma e a que prescreve a competência para editá-la, é porque a norma criada se ajusta à norma sancionatória da competência – cláusula alternativa tácita de Kelsen e a norma processual em Lourival Vilanova; iii. a norma criada pode ter sido produzida de forma lícita ou ilícita, conforme se ajuste à norma de competência ou sancionatória da competência; iv. a aplicação desta pelo participante em detrimento da vigência ou da eficácia da norma criada ilicitamente; v. o participante prescreve a licitude ou ilicitude de uma norma jurídica; vi. é pressuposto da manifestação do participante que a norma exista; por isto ele só se refere à validade ou invalidade da norma.
>
> Pois bem, separando os juízos que competem aos observadores e aos participantes, é fácil perceber que os conflitos entre duas formas de compreender o tema da validade são, em verdade, conflitos de pontos de vista.

Este trabalho abordará validade como aquela tida pelos participantes do sistema, ou seja, como existência da própria norma, como critério para condição de "ser" norma.

Norma jurídica é elemento do sistema do direito positivo, que, por sua vez, é um conjunto de normas relacionadas entre si e aglutinadas sob uma referência única.

O fechamento do sistema é a norma hipotética fundamental, que é uma necessidade da razão humana, na medida em que temos de aceitar a existência de axiomas para que aceitemos também a condição de sistema, tal como ocorre com a matemática e a física.

Trata-se da contribuição preciosa e única de Hans Kelsen para a formação e o reconhecimento do direito como sistema e para o desenvolvimento de uma ciência que cuida de descrevê-lo.

Ciência do direito e direito positivo são, conforme visto, conceitos distintos. São camadas de linguagens diferentes, que operam fundadas em premissas distintas. De um lado, linguagem descritiva de situações objetivas, metalinguagem da linguagem prescritiva do direito positivo, que se assenta, do outro lado, como linguagem objeto.

Isso quer dizer que o sistema do direito positivo é composto unicamente por normas. Todos os elementos do sistema são normas, não havendo outro elemento possível senão normas jurídicas. Essas normas se relacionam internamente, servindo de fundamento de validade umas para as outras e fundamentando a criação de outras normas. Como tudo no direito são normas, o já citado Tácio Lacerda Gama ensina que até mesmo a invalidade estaria "dentro" do sistema do direito positivo.

Embora concordemos com todas as posições adotadas por Paulo de Barros Carvalho, entendemos que o processo de criação das normas não está no sistema do direito positivo, porquanto não seja possível ter acesso à enunciação propriamente dita, apenas ao seu produto: enunciação-enunciada.

Nesse sentido, a fonte do direito positivo, sob nosso ponto de vista, seria a enunciação-enunciada, dado único a que temos acesso, como produto do processo de produção dos enunciados do direito positivo.

Adotar esse fixo e rígido modelo conduz-nos à inevitável conclusão de que até mesmo os princípios devem ser posicionados dentro dessa leitura, sendo, portanto, normas também.

Tudo no direito positivo são normas, e os princípios também são normas. No entanto, por se tratar de normas fundamentais à construção do próprio sistema, que se alimenta internamente buscando fundamento de validade em outras normas hierarquicamente superior, a construção do intérprete deverá conduzir a uma norma qualificada perante as demais, ou a uma sobrenorma. Analisaremos os princípios no próximo item.

1.4 Princípios aplicados ao preço de transferência

1.4.1 Notas introdutórias

Neste tópico, analisaremos os princípios diretamente ligados ao preço de transferência como norma de ajuste do imposto sobre a renda, quais sejam: da legalidade, da igualdade, da tipicidade, da capacidade contributiva, da vinculação do ato administrativo e do *arm's length* no modelo OCDE. Evidentemente que nem todos os princípios são necessários para a construção de todas as normas, mas há a convergência obrigatória para alguns deles, como os acima citados, para a compreensão deste trabalho.

Para Paulo de Barros Carvalho,[40]

> Utiliza-se o termo princípio para denotar as regras que falamos, mas também se emprega a palavra para apontar normas que fixam importantes critérios objetivos, além de ser usada para significar o próprio valor, independentemente da estrutura a que está agregada e, do mesmo modo, o limite objetivo sem a consideração da norma.

A palavra "princípio" é muito ampla e ambígua; em direito, utiliza-se o termo "princípios" para denotar diversos significados semânticos, a saber: a) princípio como norma: i) como norma jurídica de posição privilegiada e portadora de valor expressivo; ii) como norma jurídica de posição privilegiada que estipula limites objetivos, princípio como valor; iii) como os valores insertos em regras jurídicas de posição privilegiada, mas considerados independentemente das estruturas normativas; e b) princípio como limite objetivo: iv) como o limite objetivo estipulado em regra de forte hierarquia.

Partiremos da definição de princípios como normas qualificadas. Normas, sempre normas, mas qualificadas pela

---

40. CARVALHO, Paulo de Barros. *Curso de direito tributário*. 19. ed. São Paulo: Saraiva, 2008, p. 145.

posição que ocupam dentro do sistema. Todas as demais normas buscam fundamento de validade nessas normas qualificadas.

Se imaginarmos que o sistema do direito positivo tem a forma de uma pirâmide, em que as normas de maior hierarquia ocupam um lugar no topo, onde todas as demais buscam fundamento de validade, os princípios estariam posicionados nesse topo, nesse local onde todo o sistema converge para uma unidade, para que haja harmonia entre as construções possíveis do sistema.

Novamente, fazendo uso das lições de Paulo de Barros Carvalho,[41] temos:

> Toda vez que houver acordo, ou que um número expressivo de pessoas reconhecerem que a norma "N" conduz a um vector axiológico forte, cumprindo papel de relevo para a compreensão de segmentos importantes do sistema de proposições prescritivas, estaremos diante de um princípio. Quer isto significar, por outros torneios, que princípio é uma regra portadora de núcleos significativos de grande magnitude influenciando visivelmente a orientação de cadeias normativas às quais outorga caráter de unidade relativa, servindo de fatos de agregação para outras regras do ordenamento.

Isso quer dizer que princípios são normas, mas normas qualificadas, ou pelo reconhecimento coletivo de sua importância na formação de outras normas, ou pelo acordo de que se trata de normas basilares para o sistema. Não é demais lembrar que, sendo a norma uma construção que busca fundamento de validade em outras normas do sistema, é sempre necessário avaliar a coerência da norma construída pelo intérprete para que possamos avaliar sua coerência com o próprio sistema do direito positivo.

Diante de uma situação fática, que no presente estudo trata-se do preço de transferência como norma de ajuste do

---

41. Id. *Direito tributário*: linguagem e método, cit., p. 261.

PREÇO DE TRANSFERÊNCIA COMO NORMA DE AJUSTE DO IMPOSTO
SOBRE A RENDA

imposto sobre a renda, como intérprete, analisaremos uma concepção mais restrita para o âmbito de proteção, antecipadamente, excluiremos de sua análise alguns princípios que aparentemente menos intensamente incidam sobre a situação ou assumam uma concepção mais ampla e incluiremos todos os princípios que minimamente atuem.

1.4.2 Princípio da legalidade

Entendemos que o princípio da legalidade é o princípio basilar que norteia a forma de pensar o direito positivo no Brasil.

Está expresso na Constituição Federal, em seu art. 5º, II: "Ninguém será obrigado a fazer ou deixar de fazer alguma coisa senão em virtude de lei".

A interpretação desse princípio, expresso de forma genérica no art. 5º, II, e de forma específica no art. 150, I, ambos da Magna Carta, implica dizer que, se surgirem deveres ou obrigações por meio de outro veículo introdutor de normas que não seja a lei, então esse veículo violou o princípio da legalidade perante o sistema.

Esse princípio garante o Estado Democrático de Direito, pois só a lei é o veículo introdutor de normas competentes para prescrever direitos, deveres ou obrigações ao cidadão. Trata-se de uma efetiva garantia ao cidadão, que, constante do rol de garantias do art. 5º, está protegido por cláusula pétrea.[42]

Nenhum princípio é tão relevante quanto o princípio da legalidade, porque a própria admissão de que o sistema do direito positivo é composto unicamente por normas, relacionadas e hierarquizadas entre si e aglutinadas perante uma

---

42. Cláusulas pétreas ou intangíveis, ou ainda núcleo irreformável, consistem na vedação de alteração do texto constitucional de forma a abolir ou tendentes a abolir as matérias constantes do § 4º do art. 60 da Constituição Federal de 1988.

29

referência obrigatória, pressupõe admitir que as "normas" são construídas com fundamento na prevalência delas mesmas e na coercitividade que lhes é inerente.

Por outro turno, só faz sentido pensar em direito positivo como conjunto de normas se entendermos e aceitarmos também que essas normas são imperativas e que ninguém será obrigado a fazer ou deixar de fazer nada senão por força de tais normas.

Esse é um predicado do direito positivo: normas imperativas. Veremos, no decorrer deste trabalho, que existem outros sistemas de normas, como o sistema de normas contábeis, que não se revestem das mesmas características, diferenciando-se do sistema de normas jurídicas.

Retomando, é interessante notar que em todos os ramos do direito há a preocupação em deixar claro que o Estado Democrático de Direito em que vivemos é fundado na legalidade, como manifestação maior da proteção dos cidadãos contra o arbítrio do Poder do Estado e, ainda, a própria manifestação máxima de democracia, porquanto o poder do povo emana e em nome dele é exercido, ou seja, no fim do raciocínio, temos de admitir que a legislação estabelece as competências para fixação de normas e que são essas normas que regerão as relações intersubjetivas válidas em determinado território, em dado espaço de tempo.

Celso Antônio Bandeira de Mello[43] ensina-nos, corroborando com os argumentos acima expostos:

> Este é o princípio capital para a configuração do regime jurídico-administrativo. [...] Com efeito, enquanto o princípio da supremacia do interesse público sobre o interesse privado é da essência de qualquer Estado, de qualquer sociedade juridicamente organizada com fins políticos, o da legalidade é específico do Estado de Direito, é justamente aquele que o qualifica e que lhe dá identidade própria.

---

43. MELLO, Celso Antônio Bandeira de. *Curso de direito administrativo*. 27. ed. São Paulo: Malheiros, 2010, p. 96.

PREÇO DE TRANSFERÊNCIA COMO NORMA DE AJUSTE DO IMPOSTO SOBRE A RENDA

Alberto Xavier[44] leciona que "o direito tributário é de todos os ramos do Direito aquele em que a segurança jurídica assume a sua maior intensidade possível e é por isso que nele o princípio da legalidade se configura como uma reserva absoluta da lei formal". O princípio da legalidade no âmbito do direito tributário assume uma relevância maior que em outras áreas jurídicas, a exigir a lei formal para introdução de novas normas tributárias, a fim de realizar os ideais de segurança e justiça.

O princípio da legalidade é consagrado por nossa Constituição como um dos princípios mais importantes do ordenamento jurídico. Nesse contexto, entenderemos por lei o resultado do processo legislativo, de competência única e exclusiva do Poder Legislativo.

Roque Antonio Carrazza[45] preceitua que, "no Estado de Direito, o Legislativo detém exclusividade de editar normas jurídicas que fazem nascer, para todas as pessoas, deveres e obrigações, que lhes restringem ou condicionam a liberdade", porque o fundamento do princípio da legalidade está na soberania popular, prescrita no parágrafo único do art. 1º da Constituição Federal, no qual prescreve que "todo o poder emana do povo, que o exerce por meio de representantes eleitos ou diretamente, nos termos desta Constituição". Desse modo, reiteramos que somente a lei, como expressão da vontade geral exercida pelos representantes do povo em assembleia legislativa, é que tem o poder de cercear a liberdade e a propriedade.

Ao contribuinte está assegurado o direito de apenas ser compelido a pagar tributo ou outro dever que se manifeste de forma pecuniária, desde que uma lei assim o determine. Ou

---

44. XAVIER, Alberto. *Os princípios da legalidade e da tipicidade da tributação.* São Paulo: Revista dos Tribunais, 1978, p. 44.

45. CARRAZZA, Roque Antonio. *Curso de direito constitucional tributário.* 24. ed. rev. ampl. e atual. até a Emenda Constitucional n. 56/2007. São Paulo: Malheiros, 2008, p. 240.

seja, se houver um aumento ou uma imposição de tributo ou algum dever por outro veículo introdutor que não a lei, então essa norma introdutora, bem como a norma introduzida por ele, é inválida perante o ordenamento jurídico. Apenas a lei pode disciplinar questões sobre a criação e aumento de tributos, sendo essa lei formal, conforme analisaremos no item seguinte. Esse princípio é reforçado em matéria tributária para vedar o abuso dos governantes nas instituições e aumentos de tributos para a arrecadação de recursos.

A regra-matriz de incidência tributária deve respeitar o princípio da legalidade, não podendo ser utilizados outros enunciados, senão aqueles introduzidos por lei. E mais, tal princípio exige, ainda, que a lei deve estabelecer os elementos do fato jurídico e dados da relação obrigacional.

Segundo José Artur Lima Gonçalves,[46] em geral, não há matéria que possa escapar da disciplina estabelecida mediante a lei. Todavia, descreve um rol de exceções constitucionais: i) o *caput* do art. 48 – não serão objeto de lei as matérias de competência exclusiva do Congresso, listadas no art. 49, da Câmara, art. 51, e do Senado, art. 52, cujo veículo normativo são os decretos legislativos e as resoluções; ii) a Medida Provisória, que tem força de lei, art. 62, mas perde sua eficácia se não for convertida em lei em 30 dias, só podendo ser editada no caso de urgência e relevância; e iii) a lei delegada, que depende de resolução do Congresso, o qual lhe fixará o conteúdo e os termos do seu exercício – art. 68, § 2º.

Alberto Xavier[47] destaca ainda que

> O princípio da legalidade da tributação (*nullum tributum sine lege*) não pode caracterizar-se apenas pelo recurso ao conceito de "reserva de lei", pois não se limita à exigência de uma lei formal como fundamento da tributação. Vai mais além, exigindo uma

---

46. GONÇALVES, José Artur Lima. Op. cit., p. 80.

47. XAVIER, Alberto. *Tipicidade da tributação, simulação e norma antielisiva.* São Paulo: Dialética, 2001, p. 17.

PREÇO DE TRANSFERÊNCIA COMO NORMA DE AJUSTE DO IMPOSTO SOBRE A RENDA

lei revestida de especiais características. Não basta a lei; é necessária uma "lei qualificada". Esta "qualificação" da lei pode ser designada como "reserva absoluta da lei" o que faz com que o princípio da legalidade da tributação se exprima como um princípio da tipicidade da tributação.

Esse princípio é a base da argumentação exposta neste estudo, uma vez que a maior das razões para que o modelo OCDE não seja passível de ser aplicado no Brasil é o princípio da legalidade, da forma como conformado no sistema do direito positivo brasileiro.

Pela legalidade aplicada ao direito tributário, não é possível que tenhamos "tipos abertos" em matéria tributária. A forma como nosso sistema está conformado exige que a tributação, por afetar o patrimônio das pessoas jurídicas, seja fundada em preceitos legislativos estritos.

Em outras palavras, para que haja a produção de uma norma individual e concreta a ser inserida no sistema, que trate de um lançamento tributário, é necessário que haja a tipificação exata, o que quer dizer que uma norma individual e concreta em matéria tributária só poderá ser produzida se encontrar, em uma norma geral e abstrata, uma hipótese que traga notas perfeitas para que o processo de incidência tributária ocorra, por meio das operações lógicas da subsunção e da implicação.

A subsunção, operação mental em que o agente credenciado pelo sistema, observando uma norma geral e abstrata, constrói um fato jurídico tributário, provocando o nascimento da relação jurídica prevista no consequente, abstrato – da norma que serve como fundamento de validade – e concreto – da norma a ser inserida no sistema –, é um processo sobre o qual não se tem controle.

Não é possível controlar de que forma o agente, usando sua carga valorativa, promoverá subsunção e, consequentemente, fará nascer a relação jurídica prevista no consequente.

Mas é possível controlar o produto desse processo: a norma individual e concreta.

Entendemos que o agente, de fato, pode inserir a norma que entender pertinente no sistema, que não fará nenhuma análise prévia de conteúdo para aferir-lhe a harmonia com as demais previsões do sistema. Sendo respeitadas as competências para instituir o tributo, o lançamento será efetuado da forma como igualmente está prevista no sistema, mas com o conteúdo que o agente credenciado no sistema bem entender.

Por mais absurdo que possa parecer, é exatamente dessa forma que ocorre: um agente materializa o processo de incidência, pondo normas no sistema com os antecedentes que achar coerentes e fazendo nascer as relações jurídicas dele decorrentes, quando estamos analisando norma individual e concreta.

Ao atribuir competência para inserção de normas individuais e concretas no sistema ao agente credenciado, não lhe é outorgada nenhuma limitação inicial, apenas há uma presunção de que ele exercerá sua função administrativa da melhor forma possível e, desse modo, há presunção de legalidade na prática dos atos da administração pública, cabendo ao interessado iniciar o contraditório para desfazer tal presunção.

Em outras palavras, a linguagem do ato administrativo exarado por agente competente e dentro do procedimento correto é presuntivamente legítima, e cabe à outra linguagem posterior desconstituir tal realidade, construída pela linguagem do primeiro ato, fazendo-o por meio sempre de linguagem.

Normas são linguagens, e, dentro do sistema do direito positivo, só uma norma retira do sistema outra norma. Linguagem sobre linguagem, dentro dos conceitos estabelecidos pela legislação.

É a tão falada autorreferencialidade da linguagem do direito positivo, que se utiliza como fundamento para a

PREÇO DE TRANSFERÊNCIA COMO NORMA DE AJUSTE DO IMPOSTO SOBRE A RENDA

manutenção e criação de outras normas.

Nas normas gerais e abstratas, há um controle prévio de constitucionalidade nas Comissões de Constituição e Justiça das casas legislativas.

Mas quando se trata de norma individual e concreta, a incidência ocorre sempre por meio de um homem e, dessa forma, ocorre sem controle, com uma presunção de legalidade.

Essa legalidade é importante porque exige que haja perfeita subsunção à norma geral e abstrata para que haja construção, por meio da utilização da linguagem das provas admitidas em direito, do fato jurídico tributário.

Em matéria de preços de transferência, fundamentamos que não é possível aderir ao modelo OCDE exatamente porque a legalidade é inafastável e não podemos conceber tributação com "tipos abertos" onde não haja uma perfeita conexão da hipótese de incidência com o fato jurídico tributário construído com fundamento na norma geral e abstrata.

O modelo OCDE no Brasil se aproximaria de uma tributação por analogia, o que nosso sistema não permite.

A respeito do princípio da legalidade tributária, interessantes as lições de Paulo de Barros Carvalho:[48]

> Pela diretriz da estrita legalidade, não podem ser utilizados outros enunciados, senão aqueles introduzidos por lei. Seja a menção genérica do acontecimento factual, com seus critérios compositivos (material, espacial e temporal), seja a regulação da conduta, firmada no conseqüente, também com seus critérios próprios, vale dizer, indicação dos sujeitos ativo e passivo (critério pessoal) bem como da base de cálculo e da alíquota (critério quantitativo), tudo há de vir expresso em enunciados legais.

A tipicidade tributária, decorrente da legalidade, prevê que não há incidência sem essa subsunção. Como conceber

---

48. CARVALHO, Paulo de Barros. *Direito tributário*: linguagem e método, cit., p. 282-283.

tamanho grau de subjetividade como aquele constante no modelo OCDE quando nosso sistema normativo tributário está pautado pela legalidade estrita?

Neste ponto, vale a transcrição de importante trecho das lições de Paulo de Barros Carvalho:[49]

> A diferença entre os critérios da hipótese da regra matriz de incidência e os elementos do fato jurídico tributário está, precisamente, no grau de determinação. Naquela, encontraremos predicados ou notas individualizadoras de uma ação-tipo (critério material) e dos seus condicionantes de espaço (critério temporal) e de tempo (critério espacial), estes dois últimos, também em estado de indeterminação. Enquanto isso, no fato, depararemos com uma ação concreta, verificada num ponto do tempo e num lugar do espaço. O critério material da hipótese contém, por isso, um verbo indicador de ação futura, ao passo que o elemento material do fato trará uma ação concreta, já consolidada.

Da leitura do trecho acima transcrito, observa-se que a diferença entre a hipótese da norma geral e abstrata e o antecedente da norma individual e concreta é o grau de concretude, o grau de determinação.

Enquanto a primeira projeta-se para o futuro, em aberto, e é válida ainda que nunca haja processo de positivação nela fundado, a última nasce para objetivar a incidência, como produto do processo de incidência; traz marcas de espaço de tempo e materializa uma conduta porque deve representar o fim do processo de positivação, demonstrando ter fundamento de validade em outra norma de maior hierarquia.

Neste ponto, é importante destacar que Paulo de Barros Carvalho adota hierarquia como axioma do sistema do direito positivo, tendo a norma hipotética fundamental como ápice do processo de positivação e, de cima para baixo, admitindo a pirâmide à qual nos referimos, o processo de fundamentação.

Tudo isso para avaliar que, dentro da premissa inafastável

---

49. Ibid., p. 276.

PREÇO DE TRANSFERÊNCIA COMO NORMA DE AJUSTE DO IMPOSTO SOBRE A RENDA

da legalidade, não vemos aplicação possível do modelo OCDE, que, facilmente, teria seus lançamentos de ofício contestados sob a argumentação da ilegalidade do lançamento e da inconstitucionalidade da legislação geral e abstrata.

Apenas para finalizar, outra interessante transcrição de Paulo de Barros Carvalho[50] sobre o tema:

> Parece-me fundamental entender, quanto ao princípio da tipicidade tributária, que o exercício do poder impositivo-fiscal, no Brasil, encontra-se orientado por uma série de vetores, voltados especialmente para organizar as relações que nesse setor se estabelecem. São os chamados "princípios constitucionais tributários", na maioria explícitos, e a que deve submeter-se a legislação infraconstitucional, sempre que o tema da elaboração normativa seja a instituição, administração e cobrança de tributos. Pois bem, entre tais comandos, em posição de indiscutível preeminência, situa-se o princípio da tipicidade tributária, que se define em duas dimensões: (i) no plano legislativo, como a estrita necessidade de que a lei adventícia traga no seu bojo, de modo expresso e inequívoco, os elementos descritores do fato jurídico e os dados prescritores da relação obrigacional; e (ii) no evento aos preceitos estabelecidos na regra tributária que o prevê, vinculando-se, obviamente, à adequada correspondência estabelecida entre a obrigação que adveio do fato protocolar e a previsão genérica constante da norma abstrata, conhecimento como "regra matriz de incidência".

Da leitura do trecho acima, confirmamos a ideia inicial de que a legalidade estrita ou legalidade tributária deve operar-se tanto no campo da norma geral e abstrata como no campo da norma individual e concreta, e sempre de forma indiscutível.

É evidente que, em sendo norma de construção do intérprete, pode haver campo para discussões a respeito do teor da norma, exatamente porque se trata de algo que se opera na mente do intérprete; no entanto, não é demais lembrar que todo processo de interpretação parte de um dado objetivo: os textos de direito positivo enunciados, de forma que,

---

50. Ibid., p. 283.

quando não é possível construir a interpretação partindo daqueles enunciados, então não é possível haver norma naquele sentido.

1.4.3 Princípio da tipicidade

O princípio da tipicidade não é um princípio autônomo da legalidade, e sim a expressão mesma desse princípio quando se manifesta na forma de uma reserva absoluta da lei construída por estritas considerações de segurança jurídica.[51] Pelo princípio da tipicidade na tributação, não basta exigir lei formal e material para a criação do tributo, pois o legislador infraconstitucional, ao instituí-lo, deve esgotar a descrição de todas as situações possíveis de ocorrência no mundo real, cuja concreção será necessária e suficiente para o surgimento da relação jurídica tributária. Ou seja, a lei instituidora do tributo deve definir tipo fechado.

Roque Antônio Carrazza[52] esclarece que a tipicidade apura o alcance do princípio da legalidade, argumentando que

> Só é típico o fato que se ajusta rigorosamente àquele descrito, com todos os seus elementos, pelo legislador. Conjugados, estes princípios constitucionais impedem o emprego da analogia *in pejus* das normas tributárias ou penais-tributárias como fonte criadora de tributo e infrações (com suas respectivas sanções).

Assim, pelo princípio da tipicidade tributária, a norma deve estar pronta na lei de forma inequívoca, clara e precisa, contendo a regra-matriz de incidência tributária em todos os seus aspectos, antecedente e consequente. O legislador deve, ao elaborar a lei, definir taxativamente todas as condições necessárias e suficientes ao nascimento da obrigação tributária

---

51. XAVIER, Alberto. *Os princípios da legalidade e da tipicidade da tributação*, cit., p. 69-70.

52. CARRAZZA, Roque Antonio. *Curso de direito constitucional tributário*, cit., p.248.

PREÇO DE TRANSFERÊNCIA COMO NORMA DE AJUSTE DO IMPOSTO SOBRE A RENDA

e os critérios de quantificação do tributo, o que não acontece no caso dos preços de transferência.

Paulo de Barros Carvalho,[53] discorrendo sobre a questão da tipicidade, inevitavelmente adentra no campo da legalidade, traçando um interessante e inexorável paralelo:

> O princípio da estrita legalidade, todavia, vem acrescer os rigores procedimentais em matéria de tributo, dizendo mais: estabelece que a lei adventícia traga, no seu bojo, os elementos descritores do fato jurídico e os dados prescritores da relação obrigacional. Esse plus caracteriza a tipicidade tributária.
>
> A tipicidade tributária significa a exata adequação do fato à norma, e, por isso mesmo, o surgimento da obrigação se condicionará ao evento da subsunção, que é a plena correspondência entre o fato jurídico tributário e a hipótese de incidência, fazendo surgir a obrigação correspondente, nos exatos termos previstos na lei.

Conclui-se que o princípio da tipicidade fechada determina que o legislador de lei ordinária, competente para instituição do tributo, deve editar a norma tributária, pormenorizadamente, impedindo-se a subjetividade do administrador, no momento da sua aplicação ao caso concreto, cabendo ao administrador fazer a subsunção do fato à norma, independentemente de qualquer valoração pessoal. Com o princípio da tipicidade fechada, o princípio da legalidade formal em matéria tributária tem um alcance específico, ou seja, somente é típico o fato que se ajustar rigorosamente à descrição hipotética da norma, com todos seus elementos, impedindo-se aspectos subjetivos por parte do intérprete que porventura resultem em invasão à esfera de direitos do contribuinte de forma arbitrária, sem o seu próprio consentimento, por meio de seus representantes, seja no momento da instituição, seja no momento da aplicação da norma tributária ao caso concreto.

---

53. CARVALHO, Paulo de Barros. Entre a forma e o conteúdo na desconstituição dos negócios jurídicos simulados. *Revista de Direito Tributário*, São Paulo: Malheiros, n. 114, p. 7-24, 2011, p. 17.

A tipicidade se dá pela submissão (subsunção) completa do fato à prescrição legal, que vincula o tipo formulado e que consiste na descrição de toda a regra-matriz de incidência tributária. Novamente temos a figura do agente, ser humano, pondo normas no sistema, e o fato de que a subsunção completa ocorre na mente do intérprete.

Segundo José Artur Lima Gonçalves,[54] é característica seletiva da tipologia, ou seja, o legislador, ao formular o tipo tributário, deve: "a) selecionar as situações tipificáveis que pretende inserir em antecedente de normas de tributação e b) descrevê-las exaustivamente em normas jurídicas", dando-lhe a devida segurança.

Como visto, a função da administração é regida pela total submissão à lei. Dessa forma, cabe ao administrador receber a regra-matriz de incidência tributária elaborada pelo Legislativo e aplicá-la, pois nisso é que consiste a sua atividade. Se ele perceber que a norma não está apta para produzir seus efeitos jurídicos, compete-lhe deixar de aplicar e nada mais. Ele não pode tentar suprimir essa eventual deficiência para posterior aplicação. Não tem competência para isso.

Toda essa rigidez que o sistema constitucional reservou ao princípio da legalidade e separação de poderes é por decorrência da sistemática republicana, que exige também o princípio do consentimento, o qual está muito esquecido.

As exigências e restrições dos princípios da legalidade e tipicidade encontram base no princípio do consentimento, que é aquele que exige que o particular contribua para os gastos públicos e em que medida o fará. Esse consentimento é expresso pelo representante do povo no Legislativo; ao aprovar a lei que institui ou majora tributo, o parlamentar está consentindo, como contribuinte, para o custeio dos gastos públicos.

---

54. GONÇALVES, José Artur Lima. Op. cit., p. 82.

Pelo princípio da tipicidade, não é possível que tenhamos "tipos abertos" em matéria tributária, como ocorre no caso do preço de transferência. A forma como nosso sistema está conformado exige que a tributação, por afetar o patrimônio das pessoas jurídicas, seja fundada em preceitos legislativos estritos.

Passemos agora à análise do princípio da igualdade, que dá fundamento às normas de ajuste dos preços de transferência.

1.4.4 Princípio da igualdade

O princípio da igualdade é norteador de todas as normas do sistema do direito positivo brasileiro. É também norma, mas uma norma posicionada no topo da pirâmide sobre a qual falamos, porquanto seja fundamental na construção de muitas das outras normas do sistema.

Celso Antônio Bandeira de Mello[55] analisa o princípio da igualdade, partindo da seguinte pergunta: "Quem são os iguais e quem são os desiguais?"

Em nossa atual Constituição, o referido preceito está expresso tanto no art. 5º como no art. 150, II, no que se refere à isonomia tributária.

Para responder a essa questão, o autor analisou qual o critério legitimamente manipulável que autoriza distinguir pessoas e situações em grupos apartados para fins de tratamentos jurídicos diversos, e que espécie de igualdade veda e que tipo de desigualdade faculta a discriminação de situações e de pessoas, sem quebra e agressão aos objetivos transfundidos no princípio constitucional da isonomia.

Para isso, analisou quais as discriminações jurídicas intoleráveis.

---

55. MELLO, Celso Antônio Bandeira de. *O conteúdo jurídico do princípio da igualdade*. 3. ed. 20. tir. São Paulo: Malheiros, 2011, p. 14.

Para Hans Kelsen, são as seguintes:

> [...] a igualdade dos sujeitos na ordenação jurídica, garantida pela Constituição, não significa que estes devam ser tratados de maneira idêntica nas normas e em particular nas leis expedidas com base na Constituição. A igualdade assim entendida não é concebível: seria absurdo impor a todos os indivíduos exatamente as mesmas obrigações ou lhes conferir exatamente os mesmos direitos sem fazer distinção alguma entre eles, como, por exemplo, entre crianças e adultos, indivíduos mentalmente sadios e alienados, homens e mulheres.[56]

Partindo desse entendimento, veremos que a isonomia se dá quando a lei trata em determinados casos dos iguais de maneira igual e dos desiguais de maneira desigual.

Celso Antônio Bandeira de Mello[57] conclui que haverá ofensa ao princípio isonômico quando:

> I – a norma singulariza atual e definitivamente um destinatário determinado, ao invés de abranger uma categoria de pessoas, ou uma pessoa futura e indeterminada;
>
> II – a norma adota como critério discriminador, para fins de diferenciação de regimes, elemento não residente nos fatos, situações ou pessoas por tal modo desequiparadas;
>
> III – a norma atribui tratamentos jurídicos diferentes em atenção a fator de discrímen adotado que, entretanto, não guarda relação de pertinência lógica com a disparidade de regimes outorgados;
>
> IV – a norma supõe relação de pertinência lógica existente em abstrato, mas a diferença estabelecida conduz a efeitos contrapostos ou de qualquer modo dissonantes dos interesses prestigiados constitucionalmente; e
>
> V – a interpretação da norma extrai dela distinções, que não foram assumidas por ela de modo claro, ainda que por via implícita.

---

56. KELSEN, Hans. Op. cit., p. 190.

57. MELLO, Celso Antônio bandeira de. *O conteúdo jurídico do princípio da igualdade*, cit., p. 40.

PREÇO DE TRANSFERÊNCIA COMO NORMA DE AJUSTE DO IMPOSTO SOBRE A RENDA

Para compreendermos a tributação sobre a renda das pessoas jurídicas no Brasil, é necessário que entendamos qual o papel de cada princípio – sobre norma – na construção dessas normas.

O princípio da igualdade, em termos gerais, está enunciado no art. 5º da Constituição Federal, que determina que "todos são iguais perante a lei, sem distinção de qualquer natureza, garantindo-se aos brasileiros e aos estrangeiros residentes no País a inviolabilidade do direito à vida, à liberdade, à igualdade, à segurança e à propriedade...".

O princípio da igualdade é reproduzido expressamente, por meio de enunciados – normas em sentido amplo; em outros textos legais e em matéria tributária, é novamente repetido no art. 150, II, do Texto Maior, quando há proibição de instituição de condições desiguais para contribuintes em igual situação, em situação equivalente.

No nosso trabalho, em especial, é ainda mais importante compreendê-lo porque a ideia da fixação de um preço parâmetro para operações realizadas entre pessoas jurídicas relacionadas traz em seu fundamento de raciocínio impedir que a vinculação entre pessoas jurídicas permita que uma transação realize-se em condições diferentes ou mais favoráveis que aquelas que se realizam entre partes não relacionadas.

Em outras palavras, não realiza o princípio da igualdade que uma pessoa jurídica tenha uma renda menor a ser tributada que outra pessoa jurídica, em igual situação, porque operou parte de suas transações com partes relacionadas, ou seja, em tese, tendo o controle de ambas as pontas da operação.

Ao Fisco brasileiro cumpre zelar para que o patrimônio das pessoas jurídicas em igual situação seja onerado na mesma medida, e a fixação de preços de transferência tem essa função: permitir que o primado da igualdade se realize.

Concordamos que o princípio da igualdade é norteador da construção das normas sobre o imposto sobre a renda, na medida em que determina que os iguais serão igualmente tributados e os desiguais tributados diferentemente, na exata medida dessa diferença.

Admite-se que há diferenças entre contribuintes, por óbvio, e que tais diferenças devem balizar as diferenças da tributação, do ônus que cada contribuinte suportará em favor do Estado, e é por essa razão que os preços de transferência devem ser observados, como forma de o Estado impedir que haja "desigualdades" entre iguais.

E, de certa forma, todas as normas de cálculo do imposto sobre a renda buscam o mesmo fim, qual seja criar parâmetros comuns para que a forma de cálculo do tributo seja uniforme, respeitando as diferenças óbvias entre tipos de contribuintes.

As diferenças entre contribuintes serão fundamentais na operacionalização do cálculo, na medida em que, para cada tipo de atividade, há dedutibilidades próprias e específicas a serem consideradas. Isso porque o conceito de "despesa operacional" é vinculado ao tipo de atividade da fonte produtora da renda, e, dessa forma, há o respeito ao princípio da igualdade e também da capacidade contributiva, o que será analisado mais adiante.

O que entendemos, em verdade, é que as normas de preço de transferência não diferem das demais normas de cálculo e apuração do imposto sobre a renda. Não há grandes crises doutrinárias quanto ao conceito normativo de "despesa operacional" ou quanto à fixação de quais doações são dedutíveis ou não ou, ainda, quanto à fixação de limites de juros a serem dedutíveis na apuração de cada pessoa jurídica.

É nessa linha que pretendemos conduzir nosso raciocínio neste trabalho, no sentido de que não deve causar espanto, estranheza ou desconforto a existência de uma norma de fixação artificial de preços quando transações são realizadas entre partes vinculadas. É uma materialização do princípio da legalidade, como todas as demais.

E, para que haja materialização do princípio da igualdade, tanto pode haver uma comparação com preços de mercado como condições fixas para todos os contribuintes. Desde que todos estejam na mesma situação, não há violação do princípio da igualdade.

1.4.5 Princípio da capacidade contributiva

A capacidade contributiva é o princípio segundo o qual todos os cidadãos devem contribuir com as despesas públicas de acordo com suas capacidades econômicas.

Para Bernardo Ribeiro de Moraes,[58] "cada pessoa deve contribuir para as despesas da coletividade de acordo com a sua aptidão econômica, ou capacidade contributiva, e disso, origina-se do ideal justiça distributiva".

Segundo Fernando Vicente-Arche Domingo,[59] a capacidade contributiva é dividida em capacidade contributiva absoluta ou objetiva, que retrata a eleição, pela autoridade legislativa competente, de fatos que ostentem signos de riqueza, e a capacidade contributiva relativa ou subjetiva, que expressa a repartição do impacto tributário, de tal modo que os participantes do acontecimento contribuam de acordo com o tamanho econômico do evento.

Para Paulo de Barros Carvalho,[60] devemos entender por capacidade contributiva apenas a absoluta, e, mesmo assim, como dado pré-jurídico. Ou seja, realizar o princípio da capacidade contributiva significa a opção a que se entrega o legislador, quando elege para antecedente das normas tributárias

---

58. MORAES, Bernardo Ribeiro de. *Compêndio de direito tributário*. 6. ed. Rio de Janeiro: Forense, 1997, p. 118.

59. DOMINGO, Fernando Vicente-Arche. In: BUJANDA, Fernando Sainz de (org.). *Seminario de derecho financiero de la Universidad Complutense*. Madrid: Universidad Complutense, 1967, p. 190.

60. CARVALHO, Paulo de Barros. *Direito tributário*: linguagem e método, cit., p. 307.

fatos de conteúdo econômico que, por terem essa natureza, fazem pressupor que as pessoas que deles participam apresentam condições de colaborar com o Estado mediante parcelas de seu patrimônio.

Como se observa, esse princípio tem como objetivo buscar uma tributação ideal e equilibrada, permitindo ao Estado suprir suas necessidades, sem que isso importe na impossibilidade de os contribuintes sobreviverem com um mínimo destinado a garantir sua dignidade. Por isso, de acordo com nossa Magna Carta, o imposto sobre a renda deve respeitar o princípio da capacidade contributiva.

Esse princípio pode ser construído a partir do seguinte enunciado do direito positivo:

> Art. 145. A União, os Estados, o Distrito Federal e os Municípios poderão instituir os seguintes tributos:
>
> I - impostos;
>
> II - taxas, em razão do exercício do poder de polícia ou pela utilização, efetiva ou potencial, de serviços públicos específicos e divisíveis, prestados ao contribuinte ou postos a sua disposição;
>
> III - contribuição de melhoria, decorrente de obras públicas.
>
> § 1º Sempre que possível, os impostos terão caráter pessoal e serão graduados segundo a capacidade econômica do contribuinte, facultado à administração tributária, especialmente para conferir efetividade a esses objetivos, identificar, respeitados os direitos individuais e nos termos da lei, o patrimônio, os rendimentos e as atividades econômicas do contribuinte.
>
> § 2º As taxas não poderão ter base de cálculo própria de impostos.

Criar um vínculo lógico entre o princípio da igualdade e o princípio da capacidade contributiva é algo instintivo, porquanto seja também lógico que respeitar a capacidade

PREÇO DE TRANSFERÊNCIA COMO NORMA DE AJUSTE DO IMPOSTO
SOBRE A RENDA

contributiva tenha relação com a forma como as normas tributárias incidem, e, como já dito, não há tributação, construção de normas tributárias, sem referência obrigatória ao primado da igualdade.

No caso do imposto sobre a renda, a discussão acerca da aplicabilidade do princípio da capacidade contributiva é reduzida à medida que os enunciados da Constituição Federal são explícitos, no sentido de que os "impostos" terão caráter pessoal e serão graduados segundo a capacidade econômica do contribuinte.

Trata-se este trabalho de uma contribuição social e estaríamos diante de uma discussão longa entre Fisco e contribuintes.

Retomando, os impostos serão pessoais e graduados segundo a capacidade contributiva, o que quer dizer que na construção do antecedente da norma geral e abstrata dos impostos deve haver uma relação entre o ônus da tributação e a pessoalidade do contribuinte.

No caso dos impostos, não é permitida, na opinião de Roque Carrazza[61] em obra sobre o tema, que a tributação se assente em presunções ou ficções. Embora preços de transferência sejam construções normativas artificiais, não devem ser entendidas isoladamente porquanto componham um sistema de normas que determinam de que forma a renda, a variação de patrimônio das pessoas jurídicas tem sua evolução, seu aumento apurado pela legislação.

É evidente que há formas de apurar o aumento efetivo de qualquer grandeza; para tanto, há de se fixar um momento 1 e um momento 2, e, então, a variação entre ambos os momentos será tida pela legislação como aumento efetivo de patrimônio.

Da mesma forma, a missão da legislação do imposto sobre a renda é fixar de que forma esse aumento patrimonial

---

61. CARRAZA, Roque Antonio. *Imposto sobre a renda*: perfil constitucional e temas específicos. 4. ed. São Paulo: Malheiros, 2010.

fixado no tempo será calculado.

Durante muitos anos, a apuração do lucro das pessoas jurídicas era estritamente contábil. A contabilidade estava a trabalhar para a formação das bases utilizadas pelo direito tributário para cálculo da renda tributável produzida pela pessoa jurídica.

Por força do princípio da legalidade, a Lei das Sociedades Anônimas perfazia a função de determinar que as normas contábeis fossem aceitas como forma de cálculo da variação patrimonial, ajustando-as para fins tributários.

E, nesse contexto, não havia muitos questionamentos quanto à submissão das regras pretensamente contábeis ao princípio da capacidade contributiva. Era pacificamente aceito que os critérios contábeis eram hábeis e suficientes para o cálculo do imposto, da base de cálculo desse imposto, porquanto a "missão" da contabilidade seja acompanhar a mutação do patrimônio das pessoas jurídicas.

E essa convivência pacífica justificava-se pelo fato de que os ajustes entre apuração contábil e apuração fiscal, operados via LALUR, eram mínimos ou tidos como "coisas de contador", que, com exclusões e adições, ajustava o lucro contábil ao lucro real, base de cálculo do imposto sobre a renda e da contribuição social sobre o lucro líquido.

Ocorre que, com a convergência de normas contábeis internacionais, com a adequação da contabilidade aos padrões mundiais de apuração, esta deixou de ser instrumento exclusivo do direito tributário; dessa forma, hoje o LALUR traz ajustes complexos, que nada mais fazem que demonstrar que todo o regramento de cálculo e apuração do imposto sobre a renda, no Brasil, opera-se sobre a contabilidade, ajustada por conceitos que o legislador, com a ideia central de regulamentar, de fato, os criou. E a "ECF" – Escrituração Contábil Fiscal não mudará esse cenário. Continuaremos a ter ajustes entre o lucro líquido contábil e o lucro real, que será base de cálculo para o imposto sobre a renda, e entender a natureza desses ajustes é fundamental neste trabalho.

Sim, porque admitir que o conceito do art. 299 do Regulamento do Imposto sobre a Renda funda-se em alguma pretensa norma que perfaz o primado da capacidade contributiva é algo instintivo, mas não jurídico.

Vejamos:

> Art. 299. São operacionais as despesas não computadas nos custos, necessárias à atividade da empresa e à manutenção da respectiva fonte produtora (Lei nº 4.506, de 1964, art. 47).
>
> § 1º São necessárias as despesas pagas ou incorridas para a realização das transações ou operações exigidas pela atividade da empresa (Lei nº 4.506, de 1964, art. 47, § 1º).
>
> § 2º As despesas operacionais admitidas são as usuais ou normais no tipo de transações, operações ou atividades da empresa (Lei nº 4.506, de 1964, art. 47, § 2º).
>
> § 3º O disposto neste artigo aplica-se também às gratificações pagas aos empregados, seja qual for a designação que tiverem.

A legislação fixa que são despesas operacionais e, portanto, dedutíveis aquelas não computadas nos custos, necessárias à atividade da empresa e à manutenção da respectiva fonte produtora da renda.

Uma despesa ser considerada "dedutível" quer dizer, para o direito positivo, que, para fins de cálculo do imposto sobre a renda, aquele valor não será computado como "acréscimo patrimonial" efetivo, e sobre ele não incidirá o imposto que tem como hipótese de incidência a variação patrimonial efetiva da pessoa jurídica.

Ocorre que, nitidamente, trata-se de uma norma em sentido amplo, fundada na contabilidade, que nada tem de jurídica e não segue os princípios ou normas necessários à construção de outras normas dentro do sistema do direito positivo.

Do rol de despesas que a contabilidade prevê, para fins de apuração da base de cálculo do imposto sobre a renda, devem-se fazer adições e exclusões que não são presunções vistas sob a óptica do direito tributário – direito positivo –, mas que, se vistas sob a óptica da contabilidade, possuem esse caráter porquanto distorçam, para mais e para menos, a variação patrimonial apurada pela contabilidade, dando espaço a outra variação de patrimônio, apurada pelas normas do direito positivo, sob suas premissas.

O que entendemos é que a separação, o "divórcio" da contabilidade e do direito tributário, evidenciará que o legislador, em matéria de forma de cálculo do imposto sobre a renda, legisla e cria parâmetros para a determinação da variação patrimonial efetiva, a ser submetida à tributação, sem muitos questionamentos, e que as normas de preço de transferência são exatamente isso: criações do legislador para materializar alguns princípios (legalidade e igualdade), mas que não importam em materializar a efetiva variação patrimonial naquele dado período de tempo. Não há variação patrimonial apurada pela contabilidade, cuja função é registrar as mutações patrimoniais da pessoa jurídica.

E, nessa esteira, é importante avaliar que o direito positivo cria suas próprias realidades; portanto, "variação patrimonial", para o direito tributário, não o é para a ciência da contabilidade, e, nessa linha, não estaria esse legislador adstrito ao último (conceito contábil de variação de patrimônio) para fixar a base de cálculo do imposto sobre a renda.

Mas, neste ponto, poderíamos traçar um paralelo com o art. 110 do Código Tributário Nacional, que prescreve:

> Art. 110. A lei tributária não pode alterar a definição, o conteúdo e o alcance de institutos, conceitos e formas de direito privado, utilizados, expressa ou implicitamente, pela Constituição Federal, pelas Constituições dos Estados, ou pelas Leis Orgânicas do Distrito Federal ou dos Municípios, para definir ou limitar competências tributárias.

PREÇO DE TRANSFERÊNCIA COMO NORMA DE AJUSTE DO IMPOSTO SOBRE A RENDA

Poderíamos admitir que o lucro contábil e sua forma de apuração seriam institutos do direito privado, no caso, societário, portanto a legislação do imposto sobre a renda não poderia alterá-los para definir ou limitar competências tributárias?

A resposta a esse questionamento é o que definirá se as normas de ajuste da contabilidade para o direito tributário são ou não legais; para tanto, é necessário analisar as disposições da Lei das Sociedades Anônimas – Lei n. 6.404/76 –, o que será feito em capítulo próprio.

Apenas para exemplificar, quando as normas de direito positivo admitem gastos com publicidade como dedutíveis e não admitem que gastos com brindes tenham o mesmo tratamento, estão adotando uma ficção de que a variação de patrimônio é apurada corretamente de uma forma e não de outra, quando, de fato, não há qualquer diferenciação empírica (admitindo algum empirismo) entre a natureza de ambos os gastos.

Mas de que forma, então, o princípio da capacidade contributiva se materializa no cálculo do imposto sobre a renda das pessoas jurídicas tributadas pelo lucro real?

Em nossa opinião, a capacidade contributiva se materializa na aplicação do conceito de despesa operacional, uma vez que há uma relação intrínseca entre tal conceito e o tipo de atividade do contribuinte, de forma que contribuintes na mesma situação (mesma atividade) terão bases comparáveis para serem tributados e, em tese, bases idênticas.

Exemplificando, uma instituição financeira – banco – será tributada na mesma medida que outro banco, porquanto, por terem a mesma atividade, terão a mesma aplicação do conceito de despesa operacional e terão de realizar os mesmos ajustes, ou seja, há a materialização do princípio da igualdade e da capacidade contributiva: a) da igualdade, porque se aplicam as mesmas regras para ambos os bancos, em igual situação; e b) da capacidade contributiva, porque o conceito de despesa operacional diferencia-os dos demais contribuintes em situação diferente.

É admitindo que a forma de apuração do imposto seja suficiente para que, no específico caso do lucro real, haja a materialização do princípio da igualdade e da capacidade contributiva, poderíamos nos questionar quanto ao fato de existir apenas uma alíquota fixa para todas as atividades.

É possível uma alíquota fixa perfazer o princípio da capacidade contributiva?

Entendemos que, em se tratando de imposto sobre a renda na apuração por lucro real, sim, é possível, porque, embora a alíquota de 15% (quinze por cento) seja observada, há variação na base de cálculo do tributo, e essa variação cumpre tanto a função de materializar o princípio da igualdade quanto o da capacidade contributiva, porque o primeiro garante que os iguais sejam tratados da mesma maneira e o segundo garante que as diferenças naturais entre cada tipo de atividade sejam respeitadas.

Se o conceito de despesa operacional tem tanta importância assim, devemos avaliar quais limites constitucionais foram atribuídos ao legislador ordinário para defini-lo, tendo em vista o conceito constitucional de renda. Veremos esse ponto mais adiante.

O fato é que agora, com a separação de contabilidade e direito tributário, esse raciocínio será mais simples de ser avaliado porque as disposições de ajuste no LALUR e na ECF serão cada vez mais destoantes do lucro contábil e cada vez mais tratarão de demonstrar que o legislador ordinário em matéria de forma de cálculo do imposto sobre a renda das pessoas jurídicas não vê limites objetivos, agindo e legislando de acordo com o que entende pertinente.

Essa "discricionariedade" do legislador fica bastante clara quando analisamos, por exemplo, as pessoas físicas. A limitação com dedutibilidade de algumas despesas (educação,

PREÇO DE TRANSFERÊNCIA COMO NORMA DE AJUSTE DO IMPOSTO SOBRE A RENDA

previdência social) torna bastante claro que não há um racional lógico-jurídico que dê sustentação à norma jurídica. Há um racional, no máximo financeiro, para que se reconheça a dedutibilidade e, ao mesmo tempo, imponha-se um limite sem qualquer justificativa técnica. No final do dia, estamos diante do puro exercício de vontade do legislador.

As normas de subcapitalização inseridas pelos arts. 24 e 25 da Lei n. 12.249/2010 são a comprovação do que aqui defendemos. Não há qualquer coerência ou estudo científico que justifique o porquê da fixação dos índices utilizados pelo legislador na construção da versão brasileira das normas de subcapitalização.

Trata-se somente de uma ficção jurídica, ou seja, a construção de uma norma que nem sequer presume algo: institui uma ficção que provavelmente é uma mentira.

Analisaremos os institutos da ficção e da presunção no momento adequado.

Preços de transferência, como norma de ajuste entre os preços fixados pela contabilidade e pelos preços tidos pelo Fisco como passíveis de serem tributados, são normas tendentes à apuração da base de cálculo do imposto e não materializam o princípio da capacidade contributiva, assim como nenhuma outra norma de apuração e cálculo desse tributo possui essa função.

A respeito do princípio da capacidade contributiva, o Professor Roque Carrazza[62] ensina-nos que:

> Em suma, descumpre o princípio da capacidade contributiva lei que não mande levar em conta, no momento de sua aplicação ao caso concreto, a distinta aptidão que alguns sujeitos passivos têm, em relação aos demais, para suportar a carga financeira de impostos que alcançam diretamente a pessoa do contribuinte.

Portanto, podemos concluir que há observância dos

---

62. Ibid., p. 17.

primados da igualdade e da capacidade contributiva no que tange ao imposto sobre a renda das pessoas jurídicas apurado pela modalidade lucro real e, ainda, que devemos avaliar a constitucionalidade da exação, partindo para a análise das normas que determinam a forma de cálculo da variação patrimonial do contribuinte, que, no fim do dia, são as normas que comporão o que chamamos de lucro real, base de cálculo para o imposto sobre a renda.

Isso significa dizer que o "lucro" apurado pela legislação fiscal é aquele que deve, pelo perfil constitucional da exação, representar o acréscimo patrimonial efetivo em dado período de tempo, base de cálculo autorizada constitucionalmente para a tributação pelo imposto sobre a renda.

Será maior sua tributação quanto maior for seu lucro apurado, e todo o lucro, apurado pela mesma sistemática, será submetido a idêntica alíquota. É a materialização do princípio da igualdade.

1.4.6 Princípio da vinculação do ato administrativo

Sem adentrar nas discussões acerca do conceito de ato administrativo havidas pela doutrina, visto não ser tema do presente trabalho, ao definir um conceito o jurista elabora uma classificação, apontando os critérios que determinado objeto deve preencher para integrar a classe denotada por esta ou aquela palavra.[63]

Nesse sentido, Tácio Lacerda Gama[64] assim preceitua:

> [...] definir o significado de um termo é apontar a sua conotação, ou seja, os critérios de uso de uma expressão. É esse

---

63. O conceito de ato administrativo foi aprofundado na obra de Vivian de Freitas e Rodrigues Oliveira (*Lançamento tributário como ato administrativo*: procedimento e controle. São Paulo: Quartier Latin, 2009, p. 40-45).

64. GAMA, Tácio Lacerda. *Contribuição de intervenção no domínio econômico*. São Paulo: Quartier Latin, 2003, p. 122.

PREÇO DE TRANSFERÊNCIA COMO NORMA DE AJUSTE DO IMPOSTO SOBRE A RENDA

procedimento que torna possível aos demais intérpretes identificar a denotação de um conceito. Tomando a expressão "livro" como exemplo, podem-se apontar os seguintes critérios de uso: conjunto de enunciados, dispostos de forma organizada, que possua, no mínimo, o equivalente a 45 laudas entre textos e gravuras. Com tais critérios de uso, é possível apontar a denotação do conceito, identificando os objetos que podem e que não podem ser chamados livro.

Segundo o entendimento de Celso Antônio Bandeira de Mello,[65] o ato administrativo é conceituado como a

> [...] declaração do Estado (ou quem lhe faça as vezes, como, por exemplo, um concessionário de serviços públicos), no exercício de prerrogativas públicas, manifestadas mediante providências jurídicas complementares da lei a título de lhe dar cumprimento, e sujeitas a controle de legitimidade por órgão jurisdicional.

Lúcia Valle Figueiredo[66] define ato administrativo como

> [...] a norma concreta emanada pelo Estado, ou por quem esteja no exercício da função administrativa, que tem por finalidade criar, modificar, extinguir ou declarar relações jurídicas entre (Estado) e administrado, suscetível de ser contrastada pelo Poder Judiciário.

O ato administrativo tem presunção de legitimidade; todo ato é exercido em decorrência da competência atribuída pela Constituição Federal ou pela legislação; para inserir-se no sistema validamente, deve esgotar a premissa de presunção de legitimidade, por meio do procedimento correto e em harmonia com as demais normas do sistema.

---

65. MELLO, Celso Antônio Bandeira de. *Curso de direito administrativo*, cit., p. 352.

66. FIGUEIREDO, Lúcia Valle. *Curso de direito administrativo*. 9. ed. São Paulo: Malheiros, 2008, p. 214.

Celso Antônio Bandeira de Mello[67] destaca que os atos vinculados seriam

> [...] aqueles em que, por existir prévia e objetiva tipificação legal do único possível comportamento da Administração em face de situação igualmente prevista em termos de objetividade absoluta, a Administração, ao expedi-los, não interfere com apreciação subjetiva alguma.

A doutrina e a jurisprudência não convergem quanto ao conceito de ato administrativo vinculado, isso porque seguem o entendimento de que o ato vinculado decorreria do exercício puro da legalidade administrativa em seu sentido mais estrito.

Seguimos a premissa defendia por Gordillo e por Paulo de Barros Carvalho no campo do direito tributário, para quem nenhum ato é totalmente vinculado, nem totalmente discricionário, ou seja, em sendo a norma uma construção do intérprete, formada na mente daquele que trava contato com os textos do direito positivo, haverá subjetividade e juízo de valor pelo intérprete na constituição do ato administrativo.

Isso porque, sob nossa óptica, a norma geral e abstrata a ser aplicada ao caso concreto pelo sujeito autorizado pela lei a praticar o ato administrativo utilizará a fenomenologia da incidência das normas; a incidência é uma operação lógica entre dois conceitos conotativos (da norma geral e abstrata) e denotativos (da norma individual e concreta); é a relação entre o conceito da hipótese e o conceito do fato de dada pessoa cumprir no tempo histórico e no espaço de convívio social o que estava descrito da hipótese.

Utiliza-se também a palavra "subsunção" para fazer referência a esse processo do quadramento do fato na amplitude da norma. A subsunção é o meio pelo qual o aplicador do direito, sujeito competente previsto no ordenamento jurídico

---

67. MELLO, Celso Antônio Bandeira de. *Curso de direito administrativo*, cit., p. 410.

PREÇO DE TRANSFERÊNCIA COMO NORMA DE AJUSTE DO IMPOSTO SOBRE A RENDA

para praticar aquele ato administrativo, diante de um texto do direito positivo, de uma norma geral e abstrata, analisa o fato social e verifica se há ou não exaurimento das condições previstas na legislação como mínimas para que se considere aquele fato como previsto no antecedente daquela norma.

Portanto, qualquer aplicação do direito passa pela interpretação, até mesmo aquela aplicação de ato que, aparentemente, não preserva margem alguma de subjetividade ao sujeito competente.

Claro que, nos atos vinculados, os limites para essa interpretação são reduzidos, isso porque a norma geral e abstrata traz critérios mais rígidos para identificação da classe de fatos que se incluirão naquela previsão hipotética. Ou seja, a descrição da hipótese é mais rígida, não ao ponto de descrever o fato jurídico em sua integralidade, pois isso é impossível, mas as notas que determinam logicamente os fatos que se subsumem àquela norma são mais detalhadas, reduzindo a margem de apreciação interpretativa do administrador.[68]

Quanto ao ato discricionário, cabe destacar seus fundamentos, quais sejam: procedência da lei; impossibilidade lógica e ontológica do ser humano de prever a totalidade das condutas possíveis em face de todos os casos concretos possíveis; e impossibilidade lógica de obstá-la. Quando a lei se vale de conceitos plurissignificativos, tem-se discricionariedade.[69]

A discricionariedade é conceituada como a margem de liberdade que é dada ao administrador para eleger, segundo critérios de razoabilidade, pelo menos um dos dois comportamentos cabíveis perante cada caso concreto, a fim de cumprir o dever de adotar a solução mais adequada à satisfação da finalidade legal, quando, por força da fluidez das expressões da lei, dela não se possa extrair uma solução unívoca.

---

68. OLIVEIRA, Vivian de Freitas e Rodrigues. Op. cit., p. 66-67.

69. Ibid., p. 70.

Isso significa que a imprecisão do termo nunca é absoluta, na medida em que a interpretação é contextual e sistemática.

Desse modo, podemos afirmar que nenhum ato é totalmente discricionário, assim como nenhum ato é totalmente vinculado.

No caso em estudo, a norma geral e abstrata brasileira do preço de transferência traz critérios rígidos para identificação da classe de fatos que se incluirão na previsão hipotética, ao criar métodos de fixação de preços artificiais, para fins de cálculo do imposto sobre a renda, não se aplicando discricionariamente o modelo OCDE.

Ou seja, a norma que determina o preço de transferência, ou "preços" artificiais, pode ser lançada pelo contribuinte ou pelo Fisco; o ato administrativo, ao ser expedido pelo Fisco, trata-se de uma norma de ajuste do preço de transferência.

Isso porque nossa tese funda-se no argumento de que há um preço contábil, registrado pela contabilidade (cuja função é mensurar a variação do patrimônio das entidades), e existem regras fiscais que vão determinar quais são os preços fiscalmente admitidos pelo direito: preços mínimos e preços máximos.

De qualquer forma, o reconhecimento do ajuste para fins fiscais é um autolançamento. O contribuinte não alterará a contabilidade. O preço praticado pelas partes é o mesmo e continuará sendo. O "ajuste" existe apenas para fins tributários, de apuração de imposto sobre a renda.

Nem a contabilidade, nem as partes (que executaram a operação) serão afetadas. A linguagem do direito criará um preço artificial para aquela operação, que não estará refletido em nenhum outro sistema. Somente o direito tributário operará com aquela linguagem (norma).

O direito, assim como toda linguagem, não atinge seu objeto. Portanto, o preço daquela operação será o mesmo praticado no passado, registrado pela contabilidade, tendo o direito o papel de dispor um ajuste que não atingirá o fato contábil, prescrevendo efeitos apenas no universo do direito positivo, ou seja, inserindo norma no sistema.

Portando, o preço de transferência é sempre uma norma e, como norma, é um ato. Ou o contribuinte coloca a norma no sistema, ou o Fisco o faz, mas sempre haverá uma norma para inserir aquele ajuste entre a linguagem contábil e a linguagem fiscal para inserir a nova realidade no sistema do direito positivo.

1.4.7 Princípio *arm's length* no modelo OCDE

O princípio que iremos tratar agora não é um princípio sob a óptica da legislação brasileira, porquanto não seja possível construí-lo, como norma, partindo dos enunciados de direito positivo da legislação nacional.

No entanto, esse é o *status* de que goza nos países-membros das OCDE, de "princípio", e dessa forma será tratado, tendo como sistema de referência não o modelo brasileiro, mas o modelo OCDE, que é a forma mais coerente, se não a única, de tratá-lo.

Preço de transferência, sob a óptica do modelo OCDE, é considerado a principal "ferramenta" e principal ponto crítico das apurações internacionais de grupos transnacionais.

Não é possível avaliar a forma como o modelo OCDE encara a questão sem entender o princípio que norteia as diretrizes fixadas por ele: *arm's length principle*.

Arm's length principle, que na conhecida tradução literal quer dizer "distância de um braço", é o principal vetor que direciona toda a legislação e as diretrizes da OCDE sobre preço de transferência.

Na visão OCDE, esse princípio pode ser descrito como aquele que determina que transações entre entidades de um mesmo grupo devem – para fins fiscais – ser mensuradas com preços que seriam aplicados por partes independentes em transações similares, sob condições similares em um mercado aberto.

Esse princípio encontra-se previsto nos arts. 7° e 9° da Convenção Modelo da OCDE, que dá forma a centenas de tratados espalhados pelo mundo para evitar a bitributação.

Se preços praticados entre empresas de um mesmo grupo não são fixados de acordo com esse princípio, ou seja, não reproduzem situações e condições de mercado entre partes não relacionadas, os riscos tributários de grupos de empresas e as receitas obtidas nos respectivos países podem ser muito distorcidos.

Isso quer dizer que se trata também de uma ferramenta de planejamento tributário, quando operada em regimes idênticos ou muito próximos, por exemplo, o regime da OCDE. Corretamente manejado, o preço de transferência pode transferir receita para países com tributação mais baixa para um tipo específico de operação e, da mesma forma, concentrar receitas em países que tributem a renda de forma mais suave.

Paulo de Barros Carvalho,[70] em um artigo sobre o tema, destacou que tal princípio possibilita que as empresas vinculadas, ao realizar exportações e importações, sejam tratadas como entidades não relacionadas, atribuindo, assim, os lucros que aufeririam se praticassem aquelas operações com empresas não ligadas. São suas palavras:

> [...] o preço *"arm's length"* é o valor que teria sido convencionado entre partes não relacionadas, integrantes de operações similares, em condições semelhantes. Significa que, para determinar-se a verdadeira renda tributável de um contribuinte vinculado a outra empresa, devem ser aplicados os

---

70. CARVALHO, Paulo de Barros. Preço de transferência no direito tributário brasileiro. In: PEIXOTO, Marcelo Magalhães; FERNANDES, Edison Carlos (coord.). *Tributação, justiça e liberdade*: homenagem a Ives Gandra da Silva Martins. Curitiba: Juruá, 2005, p. 548.

PREÇO DE TRANSFERÊNCIA COMO NORMA DE AJUSTE DO IMPOSTO SOBRE A RENDA

mesmos padrões de contribuintes que transacionam "à distancia de um braço" com empresa a eles não-relacionadas.

Ricardo Mariz de Oliveira[71] aponta duas materializações da adoção do princípio *arm´s lenght* no Brasil, não ligadas às normas de preço de transferência. O primeiro caso é em convenções para evitar a dupla tributação, nas quais há algumas normas relacionadas com a matéria e que seguem as recomendações da OCDE apenas em parte, mas o suficiente para adoção do princípio, ainda que também essas convenções não reflitam esse princípio em toda a sua inteireza. O segundo caso, indicado pelo autor, seria a adoção do princípio *arm's lenght* nas normas que prescrevem as DDL.

Reconhece que a Lei n. 9.430/96 não adotou o princípio em questão, para situações de preços de transferência; ao contrário, a lei adotou e descreveu regras e métodos rígidos e únicos, os quais, em determinadas situações, podem conduzir aos valores que terceiros independentes praticariam, mas, em outras situações, não conduzem a esse resultado, concluindo que, estruturalmente, a Lei n. 9.430/96 não adotou na plenitude o sistema *arm's lenght*, e que, quando houver respeito ao princípio em questão, isso ocorrerá por coincidência, sempre casuística e acidental.

Em nossa opinião, no primeiro caso citado pelo autor, a adoção "parcial" do princípio pela legislação brasileira resulta em sua não adoção para critérios práticos. Não por outra razão o Brasil foi denunciado pela Alemanha por descumprir os termos do tratado internacional para evitar a bitributação. E no segundo caso, não entendemos que haja princípio *arm's lenght* para operações ocorridas dentro do território brasileiro, mormente porquanto o princípio regulamenta as disposições de preços de transferência, e, ainda que se possa fazer um paralelo com as normas de DDL (Distribuição Disfarçada de Lucros), não se trata, em substância, da mesma coisa.

---

71. OLIVEIRA, Ricardo Mariz de. *Fundamentos do imposto de renda*. São Paulo: Quartier Latin, 2008, p. 839.

Da mesma forma, para Paulo de Barros Carvalho,[72] mesmo o Brasil não sendo membro da OCDE, adota as diretrizes dessa organização, incluindo a aplicação do princípio *arm's length*.

Reforçamos nosso posicionamento pedindo vênia ao Ilustre Professor, de quem ousamos discordar como condição para manutenção da coerência de nosso discurso.

Admitir que o Brasil adota o princípio *arm's length* seria admitir que as normas de ajuste vigentes em nosso ordenamento jurídico, de fato, convirjam no sentido de buscar um preço praticado entre partes independentes, numa operação análoga àquela avaliada. Isso não ocorre no Brasil. As normas brasileiras apenas fixam preços artificiais que não buscam um paralelo com questões comerciais. Nem sequer é facultado ao contribuinte produzir prova nesse sentido.

Prosseguindo com os autores que se dedicaram ao tema, Luís Eduardo Schoueri ensina-nos que:[73]

> [...] essencial para aplicação do princípio é a comparação. Deve-se comparar uma transação entre partes vinculadas (transação controlada) com aquelas celebradas entre partes independentes (transação independente), em iguais termos e condições. Transação independente não é, necessariamente, uma transação concreta. Ao contrário, muitas vezes não se encontram transações efetivas comparáveis às transações controladas. Neste caso, faz-se necessário o emprego de métodos que, em resumo, investigam como partes independentes teriam negociado, naquelas situações.

É importante destacar que a positivação do princípio *arm's length* pela legislação brasileira é discutida na doutrina,

---

72. CARVALHO, Paulo de Barros. Preço de transferência no direito tributário brasileiro. In: PEIXOTO, Marcelo Magalhães; FERNANDES, Edison Carlos. *Tributação, justiça e liberdade*: homenagem a Ives Gandra da Silva Martins, cit., p. 548.

73. SCHOUERI, Luís Eduardo. *Preços de transferência no direito tributário brasileiro*. 2. ed. São Paulo: Dialética, 2006, p. 293.

PREÇO DE TRANSFERÊNCIA COMO NORMA DE AJUSTE DO IMPOSTO SOBRE A RENDA

como já colocado neste trabalho, por ocasião da análise da posição de Paulo de Barros Carvalho.

Luís Eduardo Schoueri[74] entende que o princípio foi positivado, por ser uma extensão do princípio da capacidade contributiva e, consequentemente, do princípio da igualdade.

Seguindo o entendimento oposto, não é possível definir nem compreender o princípio *arm's length* adotando o ponto de vista da legislação brasileira simplesmente porque se trata de outra linguagem, outro ordenamento jurídico. Neste ponto, abrimos parêntese para lembrar as lições de Paulo de Barros Carvalho, no sentido de que o direito positivo é uma camada de linguagem e, dessa forma, embora se comunique com outros sistemas, deles difere. Isso quer dizer que o direito positivo brasileiro não possui mesma linguagem que o direito positivo vigente em outro país.

Da leitura de parte da doutrina, o caminho que nos parece mais adequado é aquele trilhado por Paulo Ayres Barreto, para quem o princípio *arm's length* não foi positivado no direito brasileiro. Transcrevemos abaixo interessante trecho da obra do citado jurista:[75]

É abissal a distância entre a disciplina dos preços de transferência no Brasil e no regime adotado pelos países-membros da OCDE. [...] Dentre as apontadas (diferenças), a que se nos afigura como de maior relevo é precisamente a não adoração da regra do não favoritismo ou padrão "arm's length". [...] Nos termos em que plasmadas estão as normas que regulam os preços de transferência, da comparação entre os preços pactuados e aqueles apurados mediante aplicação dos métodos positivados, obtém-se não o preço que teria sido acordado entre partes não relacionadas, mas um outro preço, influenciado pelos critérios definidos na própria lei, os quais,

---

74. Ibid.

75. BARRETO, Paulo Ayres. *Imposto sobre a renda e preços de transferência*. São Paulo: Dialética, 2001, p. 153.

longe de identificar um preço sem interferência, levam a um outro valor, que pode ser significativamente superior ou inferior ao de mercado, dando ensejo a ajustes que distorcem a base calculada do imposto sobre a renda, infirmando a materialidade do fato jurídico previsto no antecedente da norma geral e abstrata.

De fato, da análise da legislação brasileira historicamente e, ainda, analisando as disposições relativas ao imposto sobre a renda, não se conclui, claramente, que o princípio *arm's length* tenha sido positivado no direito brasileiro, ainda que haja menção a tal princípio na exposição de motivos da Lei n. 9.430/96.

Entendemos, como já dito, que a legislação brasileira não busca uma recomposição de condições de mercado, mas ajustes para atingir uma lucratividade mínima; busca um preço fiscal, em contraposição ao preço utilizado na contabilidade. As normas de preço de transferência no Brasil foram alteradas pelas disposições da Medida Provisória n. 563, convertida na Lei n. 12.715/2012, introduzindo mais dois métodos para as chamadas *commodities*, com cotação em bolsa de valores, além de alterar as regras para os mútuos *intercompanies* e "legalizar" o método de cálculo do PRL, distorcido pela Instrução Normativa n. 213.

Partindo da premissa de que a norma é uma construção do intérprete, o qual, em contato com os enunciados do direito positivo, a constrói em sua mente, entendemos que não é possível, partindo dos enunciados do direito positivo em vigor no Brasil, construir norma no sentido da positivação do princípio *arm's length*.

Portanto, com base nos textos normativos em vigor, podemos concluir apenas que o legislador brasileiro criou métodos de fixação de preços artificiais, para fins de cálculo do imposto sobre a renda. Não há qualquer relação com condições de mercado, e a análise de como se opera o modelo OCDE dará a correta dimensão da diferença que os separa.

Ainda que a nova legislação sobre preço de transferência tenha prescrito novos métodos para cálculos de *commodities*, que são fixados de acordo com a cotação em bolsa de valores, o fato é que a impossibilidade de o contribuinte produzir provas no sentido contrário ao prescrito na legislação evidencia que o preço é artificial.

1.5 Da "tradução" – diferenças entre linguagem contábil e linguagem do direito tributário

Para chegar ao valor do imposto de renda a ser pago pelas pessoas jurídicas, o direito funda-se na contabilidade, partindo dos esquemas contábeis para avaliar de que forma esse tributo será quantificado.

Todavia, não podemos nos esquecer de que o sistema do direito e o sistema contábil são sistemas diversos, que utilizam o mesmo objeto para criar suas realidades.

Explicando melhor, Vilém Flusser,[76] em seu livro *Língua e realidade*, destaca que, durante o processo de tradução, há a aparente passagem do intelecto de uma língua para outra. Enquanto o tradutor está no âmbito de uma língua, seu pensamento possui um significado determinado, mas, durante o processo de tradução, há o fenômeno da suspensão do pensamento, pairando o tradutor sobre o abismo do nada. O "sou" nesse momento há somente no sentido de poder ser. Toda tradução é um aniquilamento, que pode ser superado pela tradução realizada. O salto de língua a língua, atravessando o abismo do nada, cria no intelecto uma sensação de irrealidade. A possibilidade da tradução representa para o intelecto a vivência da relatividade da realidade. A passagem de uma língua para outra significa sair de uma realidade conhecida para outra, havendo entre ambas o abismo do nada, o aniquilamento do pensamento.

---

76. FLUSSER, Vilém. Op. cit., p. 76-187.

Afirma ainda que: "quando traduz, o intelecto ultrapassa o horizonte da língua, aniquilando-se nesse processo: o intelecto vive a dissolução da realidade".[77]

A tradução é uma das poucas possibilidades, talvez a única praticável, de o intelecto superar os horizontes da língua. Durante esse processo ele se aniquila provisoriamente, ao abandonar o território da língua original, para condensar-se de novo ao alcançar a língua da tradução. Cada língua tem uma personalidade própria, proporcionado ao intelecto um clima específico de realidade.

O mesmo ocorre com a linguagem contábil e a linguagem do direito positivo; embora as linguagens recaiam sobre um mesmo "objeto", a contabilidade tem a função de mensurar a variação patrimonial das entidades, e o direito positivo "traduz" essa variação de patrimônio para uma linguagem própria, internalizando-a em seu sistema, criando, dessa forma, um paralelo no sentido de que não há nada entre as duas linguagens.

Para Vilém Flusser,[78] a multiplicidade das línguas revela a relatividade das "categorias do conhecimento". Há tantos sistemas categoriais e, portanto, tantos sistemas de conhecimento quantas línguas existem ou podem existir. Toda vez que o intelecto troca de língua a realidade é diferente. Cada língua por si é o lugar onde os dados brutos e o intelecto se realizam. Ou seja, toda língua tem dois horizontes, a saber: os dados brutos que tendem a realizar-se nela e os intelectos que nela pensam. A ciência, que erroneamente se diz válida para todas as línguas, é ela própria uma língua a ser traduzida para as demais a fim de realizar-se nelas.

A multiplicidade de línguas prova que é ocioso falar em realidade extralinguística e demonstra a relatividade do conhecimento, o qual está limitado, por definição, ao campo

---

77. Ibid., p. 80.

78. Ibid., p. 76

PREÇO DE TRANSFERÊNCIA COMO NORMA DE AJUSTE DO IMPOSTO
SOBRE A RENDA

de uma única língua, já que o conhecimento é uma função das categorias daquela língua.

Trazendo para o sistema da contabilidade e o sistema do direito, a variação de patrimônio apontada pela contabilidade, e pela legislação societária de 31 de dezembro de 2007 (congelada pelo RTT – Lei n. 11.638/2007) pelas normas de IFRS, é "traduzida" para representar uma variação do patrimônio utilizada pelo direito positivo para determinar a incidência do imposto sobre a renda, mas, em verdade, não há nada entre as duas camadas de linguagem.

A nova sistemática de passagem, de tradução, do balanço contábil para o balanço fiscal, por meio da Lei n. 12.973/2014, em nada alterou essa realidade. Persiste a dualidade de linguagens e, portanto, de realidades e a tentativa de se criar uma "tradução" entre ambas.

Ou seja, cada linguagem cria sua realidade; portanto, a linguagem da contabilidade, assim como a linguagem do direito positivo, cria a sua própria realidade. O fato de o Regulamento do Imposto sobre a Renda e a Lei das Sociedades Anônimas remeterem o cálculo do imposto sobre a renda na modalidade lucro real à apuração contábil daquele sujeito passivo não quer dizer que haja uma relação direta e expressa entre uma coisa e outra.

Novamente fazendo uso das lições de Paulo de Barros Carvalho,[79] insta ponderar sobre o vínculo entre o sistema do direito positivo e o sistema da contabilidade:

> O real, com a multiplicidade de suas determinações, só é suscetível de representação intuitiva, porém aberta para receber inúmeros recortes cognoscitivos. Com tais ponderações, torna-se hialina a afirmativa de que, a partir de um mesmo evento, poderá o jurista construir o fato jurídico; como também o contabilista, o fato contábil; e o economista, o fato econômico. Tudo, portanto, sob a dependência do corte que se deseja promover com aquele evento.

---

79. CARVALHO, Paulo de Barros. Entre a forma e o conteúdo na desconstituição dos negócios jurídicos simulados. *Revista de Direito Tributário*, cit., p. 18.

O sistema da contabilidade tem suas regras próprias, normatizando a mutação do patrimônio das entidades. A função da contabilidade é demonstrar essa mutação, reconhecendo, evidenciando e mensurando a variação do patrimônio líquido.

Todavia, sua forma de mensuração não é a mesma utilizada pelo direito positivo, que, partindo da realidade da linguagem contábil, por meio de linguagem jurídica, cria outra variação de patrimônio, aquela que o direito entende como base imponível para tributação da renda, da variação de patrimônio que o direito entende relevante.

Logo, tanto o direito positivo como a contabilidade constroem suas próprias realidades, que, para o direito positivo, em algum momento comunicam-se, quando o direito toma aqueles enunciados contidos nas demonstrações financeiras e, apropriando-se deles, constrói uma forma normativa de quantificar a variação do patrimônio, não mais das "entidades", mas para os "contribuintes", sujeitos passivos das normas do imposto sobre a renda.

No momento da elaboração do balanço em IFRS, essas linguagens se comunicam porque o direito, nos termos do direito posto, constrói o balanço societário, e a "tradução" de uma linguagem para a outra é o FCONT. E, então, o direito positivo tributário constrói outra variação de patrimônio, traduzindo a variação societária para a variação tributária por meio do LALUR, que é a construção da base de cálculo do IR. Para as pessoas jurídicas que fizerem a adoção da Lei n. 12.973/2014, ainda assim teremos um balanço em IFRS e um outro balanço, jurídico, apurado com base na nova legislação de imposto sobre a renda.

A criação da ECF – Escrituração Contábil Fiscal não alterou essa realidade, apenas suprimiu um balanço "intermediário", comumente chamado de balanço societário, reunindo-o com o chamado balanço fiscal.

PREÇO DE TRANSFERÊNCIA COMO NORMA DE AJUSTE DO IMPOSTO SOBRE A RENDA

São sistemas distintos, mas que se comunicam em algum momento, quando um toma o outro como linguagem objeto para a construção de uma metalinguagem.

1.6 Ato de vontade na criação do preço de transferência

Para entendermos o papel da vontade na criação do direito e, consequentemente, na criação do preço de transferência, partimos da premissa de que a interpretação é a forma de criação e aplicação do direito, ou seja, conforme já visto nos itens acima, do direito como objeto cultural que precisa de uma linguagem para criar sua realidade, estrutura criada para organizar o caos, segundo entendimento de Vilém Flusser.[80]

Portanto, por meio da interpretação, chega-se à aplicação do direito e sua criação.

Quando falamos em ato de vontade, referimo-nos ao "querer", o mesmo querer que Kelsen excluiu de seu corte metodológico, que antecede o "dever-ser".

Abrindo um parêntese para falar um pouco da vontade defendida por Kelsen, segundo o autor, a vontade é uma forma subjetiva interna que se manifesta pelo ato de vontade, ato esse que se exprime através da linguagem. Entre a linguagem e o próprio ato, supõe-se a existência de uma estrutura de sentido.

Kelsen[81] faz a distinção muito definida entre vontade (ser) e norma (dever-ser); para ele, o sentido normativo não tem por fundamento a vontade. A vontade cria a norma jurídica, mas não é o seu fundamento.

---

80. FLUSSER, Vilém. Op. cit., p. 33.

81. KELSEN, Hans. Op. cit., p. 5.

O direito está profundamente ligado à vontade, por isso faz-se necessário entrar no plano pragmático, que marca o início do pós-positivismo, examinando as relações de sentido a partir das posições hermenêuticas filosóficas, após o giro linguístico-filosófico iniciado por Wittgenstein.

A vontade jamais pode ser subjetivada em termos absolutos conforme defendia Kelsen, pois a vontade é a expressão existencial de um ser concreto e histórico; ela não é uma abstração, é um processo em função da decisão e da ação do ser humano.

A vontade tem de estar sempre dimensionada dentro do contexto da linguagem, que, por sua vez, está vinculada à sociedade.

Voltando à "vontade" como "querer", a teoria de Gregório Robles[82] enquadra-se perfeitamente em nosso raciocínio:

> Ao contrário de outros tipos de texto que mencionamos, o texto jurídico é sempre um texto aberto, porque vai sendo paulatinamente criado e recriado mediante decisões concretas. Cada decisão produz um novo texto, que se incorpora ao já existente, renovando dia a dia o ordenamento jurídico.

Gregório Robles trabalha o conceito de "querer", da "vontade" que produz normas, como "teoria da decisão".

Ensina-nos que a decisão básica é a decisão constituinte de uma nova ordem jurídica. É um ato de fala que cria um novo ordenamento, o que o constitui.

Sua teoria caminha no sentido de que a "decisão" a que se refere é vista sob dois aspectos: o ato volitivo e o que foi decidido ou desejado como produto que se plasmou no texto.

Aplicando ao sistema do direito, temos que legislar é ato de vontade, e, para tanto, o universo das normas é dividido em dois: normas lícitas e normas ilícitas.

---

82. MORCHÓN, Gregorio Robles. *O direito como texto*: quatro estudos da teoria comunicacional do direito. São Paulo: Manole, 2005, p. 33.

PREÇO DE TRANSFERÊNCIA COMO NORMA DE AJUSTE DO IMPOSTO SOBRE A RENDA

Na licitude está o valor positivo que a sociedade atribui às condutas que julga valoradas, que entende serem permitidas ou obrigatórias.

Na ilicitude estão as condutas proibidas, ou seja, a sociedade transmite a mensagem de que tais condutas não são positivas, são valoradas negativamente.

É na raiz do direito positivo, na divisão do universo das normas jurídicas em lícitas e ilícitas que o valor se traduz.

Essa ideia não é nova, já pensada por Paulo de Barros Carvalho:[83]

> Ao escolher, na multiplicidade intensiva e extensiva do real-social, quais os acontecimentos que serão postos na condição de antecedente de normas tributárias, o legislador exerce uma preferência: recolhe um, deixando todos os demais. Nesse instante, sem dúvida, emite um juízo de valor, de tal sorte que a mera presença de um enunciado sobre condutas humanas em interferência subjetiva, figurando na hipótese da regra jurídica, já significa o exercício da função axiológica de quem legisla. [...] Valor é um vínculo que se institui entre o agente do conhecimento e o objeto, tal que o sujeito, movido por uma necessidade, não se comporta com indiferença, atribuindo-lhe qualidades positivas ou negativas.

Evidentemente que Kelsen, quando expôs a teoria do universo do "dever-ser", não ignorou os valores, apenas os afastou para fins didáticos. Mas não podemos ignorar que antes do dever-ser, há um "querer", que é o ato de produção das normas, o ato de vontade.

Esse ato de vontade é a própria causalidade jurídica, que determina que dada uma hipótese deve ser um consequente. Quem determina essa relação de causalidade é o legislador, é a força da norma que põe a causalidade jurídica no ordenamento.

---

83. CARVALHO, Paulo de Barros. *Direito tributário*: linguagem e método, cit., p. 134.

Em raciocínio contínuo, a força da norma é posta pelo próprio direito, que cria suas realidades, mas a subsunção, como operação lógica, existe dentro da cabeça de um ser humano, que, em contato com um texto de direito positivo ou com um fato social, põe a norma no sistema, vertendo em linguagem competente a ocorrência do fato jurídico tributário e fazendo nascer a relação jurídica prevista no consequente.

Não se trata de uma relação inexorável. O direito só trata de relações possíveis. As impossíveis ou obrigatórias não estão no campo do direito positivo, porquanto não seja possível intervir nesse tipo de conduta, da mesma forma que somente as condutas intersubjetivas são reguladas pelo direito.

Mas o fato é que é a vontade que movimenta as normas, porque o direito é objeto cultural, produto da ação do homem.

O ordenamento jurídico, posto pela vontade do homem, no entanto, autorregula-se, e, dessa forma, há relações e conexões entre as normas para que haja coerência. Essa coerência pode ser vista no processo de fundamentação e positivação.

As normas retornam às de maior hierarquia para buscar fundamento de validade e descem das gerais e abstratas para as individuais e concretas para dar concretude ao direito, lembrando que o direito não atinge seu objeto, apenas o influencia.

Mas por que admitir que a produção de uma norma passa por um ato de vontade é relevante? Porque entendemos que toda a forma de cálculo do imposto sobre a renda, todos os ajustes estabelecidos pela legislação, todos os conceitos que determinam de que forma chegaremos à base de cálculo para incidência da alíquota, incluindo o preço de transferência, são determinados por atos de vontade, assim como toda e qualquer norma.

Em outra oportunidade, já defendemos que o direito positivo não controla o processo de produção das normas, mas apenas o produto: normas jurídicas. Olha para o produto do

PREÇO DE TRANSFERÊNCIA COMO NORMA DE AJUSTE DO IMPOSTO SOBRE A RENDA

processo de produção das normas e avalia as marcas de espaço e tempo na construção delas, e, então, é possível apurar a legalidade ou a constitucionalidade daquele enunciado prescritivo.

Esse pensamento mantém íntima relação com o ato de vontade: é o ato de vontade que põe a norma no sistema, e, por isso, controlar o processo de construção da norma é efetivo partindo do produto para o processo, e não quando se inicia no processo.

Há na Constituição Federal a determinação de que o imposto onere acréscimo patrimonial; há competência estabelecida para que a União tribute rendas e proventos de qualquer natureza, mas é na forma de cálculo do tributo que reside a "quantificação", a forma como esse acréscimo será calculado.

E o direito funda-se na contabilidade para essa determinação, partindo dos esquemas contábeis para avaliar de que forma esse tributo será quantificado.

O que queremos dizer é que as normas de preço de transferência não são diferentes de outras que fixam ajustes no cálculo do lucro real, sobre o qual incidirá a alíquota do imposto sobre a renda.

Até mesmo a fixação do conceito de "despesa operacional" é ato de vontade. Não está na Constituição Federal a forma como o imposto será calculado, apenas que ele deverá incidir sobre acréscimo patrimonial efetivo.

Agora, de que forma esse acréscimo patrimonial efetivo será calculado é o ponto central deste trabalho. Há violação do conceito para fins de análise de constitucionalidade? Não nos parece.

Antes da convergência de normas contábeis – ponto que será tratado mais adiante –, a contabilidade servia o direito. Agora, após a Lei n. 11.638/2007, a contabilidade deixou de servir o direito e passou a ter função própria, que é mensurar a evolução do patrimônio das pessoas jurídicas, de forma uniforme, permitindo que usuários da informação em qualquer lugar do mundo compreendam e possam comparar entidades com parâmetros iguais.

Dentro desse cenário, os "ajustes" entre a apuração contábil e a fiscal serão cada vez maiores e, então, ficará mais claro que as disposições que o legislador utiliza para determinar a forma de cálculo do imposto sobre a renda servem para materializar o imposto, torná-lo apurável, e que há abertura no Texto Constitucional para tanto.

2. DO IMPOSTO DE RENDA

2.1 Notas introdutórias

Adentramos agora em parte relevante do trabalho, que consiste em compreender de que forma o imposto sobre a renda das pessoas jurídicas tributadas pelo lucro real é calculado, como se operam as regras de cálculo e determinação desse imposto, que, fundadas em outra ciência – a contabilidade –, tratam de registrar a evolução do patrimônio das pessoas jurídicas, submetendo os lucros à tributação do imposto propriamente dito, do adicional e da contribuição social sobre o lucro líquido; esta última, fora de nosso estudo.

No capítulo anterior, analisamos de que forma essa sistemática de cálculo contribui para que haja respeito aos princípios da legalidade, igualdade e capacidade contributiva, dentre outros.

Concluímos que o fato de a forma de cálculo ser a mesma contribui para que o princípio da igualdade se aperfeiçoe e as diferenças entre o que pode ser deduzido ou não, que dependem do tipo de atividade exercida, avaliam a capacidade contributiva.

Cumpre-nos, agora, avaliar de que forma essas deduções ocorrem e como essa sistemática, fixada livremente pelo legislador ordinário partindo das apurações contábeis, opera-se.

É importante termos em mente que a análise da forma como a legislação fixa os critérios de cálculo e ajustes (do "contábil para o fiscal") é fundamental para que consigamos traçar um paralelo entre esses ajustes e as normas de preços de transferência, uma vez que, a nosso ver, um ajuste determinado para tornar uma doação dedutível ou indedutível possui a mesma natureza jurídica do ajuste dos preços de transferência, ou seja, trata-se do legislador pensando como nivelar contribuintes, criando regras idênticas para que todos consigam calcular sua variação patrimonial e, dessa forma, consigam submeter à tributação grandezas obtidas após um mesmo cálculo – materialização do princípio da igualdade –, e tudo isso decorre de lei – materialização do princípio da legalidade.

Entender por que a fixação do conceito de despesa operacional é tão produto da vontade do legislador quanto às margens fixas dos métodos dos preços de transferência é fundamental para que possamos compreender que não há paralelo entre as normas brasileiras e o modelo OCDE e que não deve causar estranheza que haja arbitrariedade ou fixação de normas por força de um ato de vontade, na forma de cálculo do imposto sobre a renda, uma vez que convivemos com certa harmonia nesse ambiente do império da vontade do legislador.

2.2 Regra-matriz de incidência do imposto sobre a renda

Sempre que partimos para o estudo de determinado tributo, entendemos que o melhor ponto de partida é analisarmos a regra-matriz de incidência, fixada constitucionalmente.

E a missão de analisar o imposto sobre a renda é das mais árduas, visto que já executada por mestres como Roque Antonio Carrazza,[84] Ricardo Mariz de Oliveira[85] e Roberto

---

84. CARRAZZA, Roque Antonio. *Imposto sobre a renda*: perfil constitucional e temas específicos, cit.

85. OLIVEIRA, Ricardo Mariz de. *Fundamentos do imposto de renda*, cit..

PREÇO DE TRANSFERÊNCIA COMO NORMA DE AJUSTE DO IMPOSTO
SOBRE A RENDA

Quiroga Mosquera.[86]

Posto isso, partiremos das lições de tais professores para entender o complemento do critério material, conceito de renda e de evolução de patrimônio, para, então, passarmos a avaliar o papel da contabilidade na fixação das regras de cálculo e, ainda, como esse papel alterou-se desde a edição da Lei n. 11.638/2007 até os dias de hoje, com a edição da Lei n. 12.973/2014.

É importante, ainda, delimitarmos que o objeto desse estudo é o imposto sobre a renda das pessoas jurídicas apurado por meio da sistemática do "lucro real". Lucros presumido e arbitrado não serão por nós avaliados, assim como também não avaliaremos regimes simplificados de tributação.

O principal ponto a ser estudado em matéria de imposto sobre a renda é o tão falado conceito constitucional de renda.

Há na Constituição Federal um conceito de renda delimitado?

Veremos, a partir deste ponto, se esse conceito existe e, se sim, como é possível construí-lo.

2.2.1 Conceito constitucional de renda

O conceito constitucional de renda importa em conflitos previsíveis quando de sua materialização ou regulamentação pelo legislador ordinário. Sua elucidação é capítulo fundamental em qualquer estudo que considere a análise do imposto que o tem como materialidade.

O conceito constitucional de renda depreende-se da Constituição Federal? É possível, a partir dos enunciados do direito positivo presentes no Texto Maior, construir um conceito constitucional de renda?

---

86. MOSQUERA, Roberto Quiroga. *Renda e proventos de qualquer natureza*: o imposto e o conceito constitucional. São Paulo: Dialética, 1996.

Para responder a esse questionamento, temos de voltar ao conceito de norma.

Norma é construção do intérprete, operação mental, que entendemos seguir o esquema de interpretação elaborado por Paulo de Barros Carvalho,[87] para quem existem quatro estágios para o processo gerador de sentido, e, admitindo-o como premissa, entendemos que a Constituição Federal traz, sim, o conceito de renda, que não é um enunciado, mas deve ser construído.

Conforme gráfico desenvolvido por Paulo de Barros Carvalho,[88] para facilitar o entendimento:

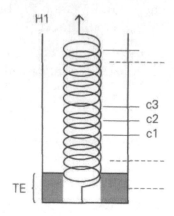

plano do conteúdo (função hermenêutica - compreensão) **S3/S4**

processo gerador de sentido (função hermenêutica - interpretativa) – S2 plano de expressão (função hermenêutica - leitura) – S1

TA

Onde: TA = texto em sentido amplo; TE = texto em sentido estrito; Hl = horizontes da nossa cultura.

---

87. CARVALHO, Paulo de Barros. *Direito tributário*: fundamentos jurídicos da incidência, cit., p. 88.

88. Id., *Curso de direito tributário*, cit., p. 133.

PREÇO DE TRANSFERÊNCIA COMO NORMA DE AJUSTE DO IMPOSTO SOBRE A RENDA

Observa-se a existência dos quatro planos da linguagem, representados por S1, S2, S3 e S4, partindo da interpretação do plano da literalidade textual (S1), que compõe o texto em sentido estrito (TE), passando, mediante o processo gerador de sentido, para o plano do conteúdo dos enunciados prescritivos (S2), até atingir a plena compreensão das formações normativas (S3), e a forma superior do sistema normativo (S4), cujo conjunto integra o texto em sentido amplo (TA). Esse processo interpretativo encontra limites nos horizontes da nossa cultura (H1), pois, fora dessas fronteiras, não é possível à compreensão. Na visão hermenêutica adotada, a interpretação exige uma pré-compreensão que a antecede e a torna possível.

O legislador constituinte não atribuiu liberdade ao legislador constituído para que alterasse os conceitos e limites da Carta Constitucional.

Tanto é verdade que a rigidez do Texto Maior faz com que o intérprete deva iniciar seu trabalho de análise partindo da Constituição, buscando a construção de sentido em suas disposições, sempre que possível.

Em outra fala, o ponto de partida para a construção do conceito constitucional de renda devem ser as disposições do art. 153, III, da Carta Constitucional, sob pena de incorrer em inconstitucionalidades e submeter à tributação, importância que "renda" não tem.

Além do referido artigo, a palavra "renda" está disposta nos seguintes artigos da Constituição Federal: 7º, XII; 30, III; 43, § 2º, IV; 48, I; 150, VI, "a" e "c"; 150, §§ 2º e 3º; 151, II; 157, I; 159, § 1º; 201 e 201, IV; e, no ADCT, no seguintes artigos: 72, I, II e V; 72, § 5º, e 79.

Todas as acepções da palavra "renda" expressas na Constituição Federal foram analisadas por Roberto Quiroga Mosquera,[89] que chegou às seguintes conclusões:

---

89. MOSQUERA, Roberto Quiroga. Op. cit., p. 67-69.

VIVIAN DE FREITAS E RODRIGUES DE OLIVEIRA

[...] c) a primeira acepção que encontramos da palavra "renda" é no sentido de identificá-la como sinônimo de receitas tributárias e demais ingressos públicos. Esta acepção não é aquela trazida pelo art. 153, III, da Carta Magna; d) a segunda acepção que o Texto Constitucional indicou para a palavra "renda" é no sentido de entendê-la como renda regional ou renda "per capita"; e) a terceira acepção de "renda" está indicando esse vocábulo como rendimento. Dessa significação é que se poderá aclarar o entendimento de "renda" propriamente dito; f) a quarta significação que complementa o sentido do vocábulo "renda" como rendimento, conforme citado no item "e" acima, é que a Lei Máxima define o referido termo como rendimento proveniente do trabalho, ou seja, como algo que deriva de uma atividade produtiva do ser humano, atividade esta que apresenta um plexo de direitos elencados no Texto Maior em seu artigo 7º. Aludida significação atribuída pelo legislador constituinte resulta numa definição denotativa ao indicar as coisas que se enquadram na palavra respectiva (rendimentos do trabalho). Ao mesmo tempo poder-se-ia entender que o legislador definiu como "renda" de forma contextual, vez que mesclou os conceitos do aludido vocábulo com o significado da palavra "rendimento". Por fim, adotou-se constitucionalmente uma definição do termo pela sua causa de produção, já que "renda" traduz rendimentos provenientes, decorrentes, produto do trabalho; g) a quinta acepção da palavra "renda" é com algo produto do capital ou, melhor dizendo e aproveitando-se da definição do termo com rendimento, "renda" é o rendimento produto do capital. Essa significação deflui com clareza do Texto Constitucional quando este trata da remuneração das obrigações da dívida pública que estão consubstanciadas em títulos pelas pessoas políticas. No mesmo caminho, se analisarmos o disposto no art. 7º, inciso XI da Carta Suprema, identificaremos a palavra "renda" como produto do capital, mais propriamente com o lucro auferido pelas empresas, valor esse o qual o trabalhador tem assegurada uma participação; [...]

Segundo o autor, o termo "renda" envolve necessariamente a noção de acréscimo patrimonial, calculado ao fim de determinado período, em decorrência seja do trabalho, seja da remuneração do capital, seja de ambos.

O primeiro passo para fixar o conceito de "renda" é diferençá-lo de todos os demais signos presuntivos de riqueza que constituem a materialidade dos demais impostos da

PREÇO DE TRANSFERÊNCIA COMO NORMA DE AJUSTE DO IMPOSTO
SOBRE A RENDA

Constituição.[90] Logo, renda não é importação, exportação, operação financeira, não é propriedade, veículo automotor etc.

"Renda" também não se confunde com "faturamento". Aliás, neste ponto, vale ressaltar o posicionamento do Supremo Tribunal Federal no julgamento da inconstitucionalidade da base de cálculo do PIS e da Cofins, em que se consolidou o entendimento, por meio dos Recursos Extraordinários ns. 357.950/RS, 358.273/RS, 390.840/MG, todos da relatoria do Ministro Marco Aurélio, e 346.084-6/PR, do Ministro Ilmar Galvão, da inconstitucionalidade da ampliação da base de cálculo das contribuições destinadas ao PIS e à Cofins, promovida pelo § 1º do art. 3º da Lei n. 9.718/98:

> CONSTITUCIONALIDADE SUPERVENIENTE - ARTIGO 3º, § 1º, DA LEI Nº 9.718, DE 27 DE NOVEMBRO DE 1998 - EMENDA CONSTITUCIONAL Nº 20, DE 15 DE DEZEMBRO DE 1998. O sistema jurídico brasileiro não contempla a figura da constitucionalidade superveniente. TRIBUTÁRIO - INSTITUTOS - EXPRESSÕES E VOCÁBULOS - SENTIDO. A norma pedagógica do artigo 110 do Código Tributário Nacional ressalta a impossibilidade de a lei tributária alterar a definição, o conteúdo e o alcance de consagrados institutos, conceitos e formas de direito privado utilizados expressa ou implicitamente. Sobrepõe-se ao aspecto formal o princípio da realidade, considerados os elementos tributários. CONTRIBUIÇÃO SOCIAL - PIS - RECEITA BRUTA - NOÇÃO - INCONSTITUCIONALIDADE DO § 1º DO ARTIGO 3º DA LEI Nº 9.718/98. A jurisprudência do Supremo, ante a redação do artigo 195 da Carta Federal anterior à Emenda Constitucional nº 20/98, consolidou-se no sentido de tomar as expressões receita bruta e faturamento como sinônimas, jungindo-as à venda de mercadorias, de serviços ou de mercadorias e serviços. É inconstitucional o § 1º do artigo 3º da Lei nº 9.718/98, no que ampliou o conceito de receita bruta para envolver a totalidade das receitas auferidas por pessoas jurídicas, independentemente da atividade por elas desenvolvida e da classificação

---

90. Importante destacar que o "caminho" para a compreensão da questão não foi por nós descoberto. Muito pelo contrário. O "caminho" consta da obra de Roque Antonio Carrazza, que, sem nenhuma pretensão de copiá-la, utilizamos como fundamento para nossos estudos, não apenas pela qualidade, mas pela riqueza em conhecimento e informações que fornece ao leitor interessado.

contábil adotada. (RE 346084, Relator(a): Min. ILMAR GALVÃO, Relator(a) p/ Acórdão: Min. MARCO AURÉLIO, Tribunal Pleno, julgado em 09/11/2005, DJ 01-09-2006 PP-00019 EMENT VOL-02245-06 PP-01170.)

Retomando a linha do raciocínio, "renda" também não é o mesmo que "rendimentos", assim entendidos como ganhos, isoladamente considerados.

"Renda", para nosso trabalho, deve ser entendida como um acréscimo patrimonial como um *plus*, um efetivo incremento, a ser apurado em dado período de tempo, fixado pela legislação.

José Artur Lima Gonçalves,[91] em resumida síntese sobre o conceito constitucional de renda, assim descreve: "(i) saldo positivo resultante do (ii) confronto entre (ii.a) certas entradas e (ii.b) certas saídas, ocorridas ao longo de um dado (iii) período".

Especificamente com relação às pessoas jurídicas, o conceito constitucional de renda importa em um estudo valioso.

Isso porque a modalidade de apuração do imposto, "real", é aquela da qual, do total de entradas das pessoas jurídicas, da "receita bruta", são permitidas deduções, exclusões e, da mesma forma, à qual são obrigatórias algumas adições, que, no final da apuração, importarão na renda tributável, no "lucro" da pessoa jurídica.

Portanto, o conceito constitucional de renda, para que se possa materializá-lo a contento, para as pessoas jurídicas, deverá ser considerado pela legislação, especialmente na discriminação de quais despesas são dedutíveis ou não. O que se visa tributar nas pessoas jurídicas é o "lucro" e não simplesmente a "renda".

---

91. GONÇALVES, José Artur Lima. Op. cit., p. 179.

PREÇO DE TRANSFERÊNCIA COMO NORMA DE AJUSTE DO IMPOSTO
SOBRE A RENDA

2.2.2 Critério material

Conforme já dito, o imposto sobre a renda é previsto no art. 153, III, da Constituição Federal de 1988, juntamente com os demais tributos de competência da União Federal.

O § 2º do mesmo artigo traz os princípios que o legislador constitucional originário entendeu pertinentes para nortearem a atividade do legislador derivado, a saber: "§ 2º O imposto previsto no inciso III: I - será informado pelos critérios da generalidade, da universalidade e da progressividade, na forma da lei; [...]".

Muito embora nossa Constituição seja exaustiva e rígida, estamos longe de poder abstrair, com mediana clareza, os conceitos necessários à construção da norma em sentido estrito com facilidade.

Considerando que o Texto Maior data do ano de 1988 e o Código Tributário Nacional foi inserido no ordenamento em 1966, poderíamos esperar contradições ou conflitos entre ambos os textos, no tocante ao imposto sobre a renda, quando, então, pelo critério do sistema constitucional tributário, o Código Tributário Nacional não seria recepcionado no limite das normas que fossem conflitantes.

No entanto, relativamente ao imposto em análise, não há ampliação dos limites dados ao legislador infraconstitucional, de forma que o art. 43 do Código Tributário Nacional determina:

> Art. 43. O imposto, de competência da União, sobre a renda e proventos de qualquer natureza tem como fato gerador a aquisição da disponibilidade econômica ou jurídica:
>
> I - de renda, assim entendido o produto do capital, do trabalho ou da combinação de ambos;
>
> II - de proventos de qualquer natureza, assim entendidos os acréscimos patrimoniais não compreendidos no inciso anterior;

§ 1º A incidência do imposto independe da denominação da receita ou do rendimento, da localização, condição jurídica ou nacionalidade da fonte, da origem e da forma de percepção;

§ 2º Na hipótese de receita ou de rendimento oriundos do exterior, a lei estabelecerá as condições e o momento em que se dará sua disponibilidade, para fins de incidência do imposto referido neste artigo.

Analisando as prescrições da Constituição, verificamos que o conceito constitucional de "renda" é um dos temas que geram discussões no âmbito interpretativo do direito tributário, especialmente por ausência de uma fixação "explícita", com o perdão do pleonasmo, por parte do legislador constituinte.

No entanto, o conceito constitucional de renda não é, especificamente, o objeto deste trabalho, de forma que adotaremos, para o desenvolvimento deste, o conceito de renda fixado por Roque Carrazza,[92] como mutação patrimonial positiva apurada no determinado espaço de tempo, questão já enfrentada no item anterior.

Passemos a construir a regra-matriz de incidência do imposto sobre a renda, atribuindo especial atenção ao IR pessoa jurídica.

O critério material é o que informa o núcleo da conduta descrita no antecedente das normas tributárias, representado, em termos morfológicos, por um verbo pessoal e um complemento. Nesse sentido, leciona Paulo de Barros Carvalho, citando Roque Antonio Carrazza[93], que o critério material de qualquer tributo é formado por um verbo pessoal de

---

92. CARRAZZA, Roque Antonio. *Imposto sobre a renda*: perfil constitucional e temas específicos, cit., p. 42.

93. Id., ibid., p. 257.

PREÇO DE TRANSFERÊNCIA COMO NORMA DE AJUSTE DO IMPOSTO
SOBRE A RENDA

predicação incompleta, o que importa a obrigatória presença de um complemento. E completa que,

> [...] para definição do antecedente da norma padrão do tributo, quadra advertir que não se pode utilizar o verbo da classe dos impessoais (como haver), ou aqueles sem sujeito (como chover), porque comprometeriam a operatividade dos desígnios normativos, impossibilitando ou dificultando seu alcance [...]. É forçoso que se trate de verbo pessoal e de predicação incompleta, o que importa a obrigatória presença de um complemento.[94]

Como critério material, parte o antecedente da norma jurídica em sentido estrito, temos auferir "rendas e proventos de qualquer natureza", consoante se depreende do Texto Constitucional.

"Rendas e proventos de qualquer natureza" são ganhos econômicos do contribuinte gerados por seu capital, por seu trabalho ou pela combinação de ambos e apurados após o confronto das entradas e saídas verificadas em seu patrimônio, em determinado período de tempo.

Neste ponto, faz-se necessária a ressalva no sentido de que parte da boa doutrina entende que a expressão "rendas e proventos de qualquer natureza" seria aplicável, em princípio, somente às pessoas físicas.

Roberto Quiroga[95] ensina-nos que "proventos" são rendimentos percebidos a título de aposentadoria e que, adjetivado pela expressão "de qualquer natureza", amplia o alcance da expressão para atingir dinheiros, remunerações, valores, quantias, recebidos de qualquer espécie, de qualquer origem, sem que haja necessidade de tais acréscimos derivarem do trabalho ou do capital (aposentadoria, inclusive) do contribuinte.

---

94. Ibid..

95. MOSQUERA, Roberto Quiroga. Op. cit., p. 42.

Para as pessoas jurídicas, especificamente objeto de nosso estudo, a hipótese de incidência do imposto sobre a renda seria o acréscimo de patrimônio, a disponibilidade de riqueza nova, sem que essa "riqueza nova" seja confundida com "faturamento". Meros ingressos, sem incremento patrimonial não são considerados novas riquezas.

O "lucro", entendido como essa nova riqueza, deve ser apurado tendo como parâmetro o patrimônio da mesma empresa, no ano exercício anterior. Sem sistema de referência, todo conhecimento é desconhecimento, ou seja, sem o ano exercício anterior para fixar um parâmetro, é impossível averiguar, de fato, qual o acréscimo patrimonial que representa "lucro tributável".

Não por outra razão, Roque Carrazza ensina-nos que o correto seria apurar o lucro de uma pessoa jurídica comparando-se sua data de criação e sua extinção.

Este lucro tributável seria, portanto, o resultado positivo apurado pela pessoa jurídica após a dedução dos custos, gastos e despesas necessários à manutenção da fonte produtora.[96]

2.2.3 Critério espacial

Fixada a hipótese do imposto sobre a renda pessoa jurídica, ainda nos atendo à análise do antecedente, temos o critério espacial; é por meio deste que se identifica a localização no espaço em que o ordenamento jurídico atribui àquele fato a aptidão de ensejar a produção de normas jurídicas *lato sensu* que tenham por mandamento regular relações intersubjetivas, e, neste ponto, observa-se a incidência do primeiro princípio específico deste tributo: a universalidade.

A universalidade quer dizer que serão consideradas, para fins de tributação da renda, tanto das pessoas físicas como das

---

96. CARRAZZA, Roque Antonio. *Imposto sobre a renda*: perfil constitucional e temas específicos, cit., p. 48.

PREÇO DE TRANSFERÊNCIA COMO NORMA DE AJUSTE DO IMPOSTO SOBRE A RENDA

pessoas jurídicas, as rendas universais, ou seja, em havendo condição de "contribuinte" por parte das pessoas jurídicas e físicas, serão consideradas para fins de tributação a totalidade das rendas auferidas em qualquer local do mundo. A esta sistemática, em direito internacional tributário, atribui-se o nome de "worldwide income tax".

No ordenamento jurídico brasileiro, somente ao imposto sobre a renda é atribuído o caráter de universalidade, o que o torna apto a alcançar fatos imponíveis ocorridos fora do território brasileiro, desde que a pessoa jurídica, por exemplo, mantenha a condição de "residente" ou equiparada a tanto.[97]

Ao contribuinte é atribuído, portanto, o dever instrumental de declarar a totalidade de suas rendas, auferidas em qualquer lugar do mundo, e submetê-las à tributação no Brasil.

A crítica a este modelo não se encontra na consideração universal da renda, mas na impossibilidade de dedução dos prejuízos suportados por sucursais, filiais, coligadas e controladas.

Mas este não é o ponto deste trabalho, ficando apenas o registro que a "importação" única e exclusivamente dos "lucros e rendimentos" obtidos no exterior provoca distorções no sistema de tributação internacional das pessoas jurídicas.

A universalidade, como princípio, será abordada mais profundamente no item posterior.

Passando à análise do último dos critérios do antecedente da regra-matriz de incidência, analisemos o átimo temporal relevante para aperfeiçoar a incidência da exação.

---

97. Importa, nesse caso, a condição de "estabelecimento permanente", próprio do Direito Tributário Internacional. O assunto encontra-se enfrentado de forma profunda na obra *Pluritributação internacional sobre as rendas das empresas*, do Professor Heleno Tôrres (2. ed. São Paulo: Revista dos Tribunais, 1997).

2.2.4 Critério temporal

O aspecto temporal é extremamente importante, pois lida com o momento em que se dá a ocorrência do fato jurídico tributário e, como consequência, o nascimento da obrigação tributária.

Paulo de Barros Carvalho[98] ensina:

> O comportamento de uma pessoa, consistência material linguisticamente representada por um verbo e o seu complemento, há de estar delimitado por condições espaciais e temporais, para que o perfil típico esteja perfeito e acabado, como descrição normativa de um fato. Seria absurdo imaginar uma ação humana, ou mesmo qualquer sucesso da natureza, que se realize independentemente de um lugar e alheio a determinado trado de tempo.

Portanto, todo fato ocorre em determinado momento, trazido pela norma tributária, e, nesse preciso instante, acontece o fato descrito, passando a existir o liame jurídico que amarra devedor e credor em função de um objeto.[99] O critério temporal demarca o exato instante em que se considera ocorrido o fato jurídico tributário.

Para que o direito reconheça um fato como jurídico, incumbe ao utente identificar, no antecedente normativo, as notas que permitam apurar o momento em que se reputa ocorrida a materialidade contida na regra-matriz, ou seja, o instante em que aquele acontecimento passa a ser juridicamente relevante.[100]

---

98. CARVALHO, Paulo de Barros. *Curso de direito tributário*, cit., p. 181.

99. Ibid., p. 264.

100. A lei pode prevê determinado momento para a completude do fato jurídico tributário diverso daquele do critério material; por exemplo, no ICMS o critério material é realizar operação de circulação de mercadoria, portanto o momento seria naturalmente aquele em que o negócio é realizado, em que a compra e venda é realizada. Mas não é o da lei de ICMS que prescreve como sendo o critério temporal a saída da mercadoria do estabelecimento.

PREÇO DE TRANSFERÊNCIA COMO NORMA DE AJUSTE DO IMPOSTO SOBRE A RENDA

Muito se discute quando o assunto é o critério temporal do imposto sobre a renda. Tal critério temporal já foi apontado como "complexo", ou seja, que se aperfeiçoava durante o ano-exercício, findando-se em 31 de dezembro de cada ano.

No entanto, dentro das premissas que adotamos, entendemos que o ano-exercício completo é relevante e fundamental para a formação do "*quantum*" tributável. No entanto, relevante, tributariamente, será somente e tão somente o total do acréscimo patrimonial da pessoa jurídica ou física no último átimo do período.

Não se pode ignorar que o fato jurídico aperfeiçoa-se durante o lapso temporal do ano exercício, previsto pela legislação como o lapso temporal a ser considerado para verificação do acréscimo patrimonial. No entanto, faz-se necessário, para fins de tributação, eleger um único momento em que este acréscimo patrimonial será relevante.

Assim, atualmente, para as pessoas jurídicas, vige o regime de período-base trimestral, para o lucro presumido e arbitrado, e, para o lucro real, a lei dá a opção de um único período base anual encerrado dia 31 de dezembro; todavia, com esta opção, fica o contribuinte obrigado a efetuar o recolhimento de quotas mensais de antecipação calculadas mês a mês, e, no final do período anual, faz-se a composição de todas as quotas, podendo gerar restituições ou compensações.[101]

Para escolher melhor regime jurídico, é necessário analisar cada uma deles:

a) o regime trimestral tem como vantagem o pagamento do IR feito trimestralmente, enquanto, no regime anual, deve-se recolher mensalmente as quotas previstas em lei, exceto nos casos de provar contabilmente o prejuízo fiscal de 1º de janeiro do ano até o último dia de cada mês;

---

101. Art. 1º da Lei n. 9.430/96.

b) no regime anual, a vantagem é que se declara anualmente, enquanto no trimestral quatro demonstrações financeiras de encerramento, uma em cada trimestre, mais complexas que os balancetes mensais. Ainda no anual, é possível ter um maior controle perante o imposto sobre a renda, principalmente das ocorrências inesperadas ou derivadas de erros nos cálculos; já no trimestral, a cada trimestre se inicia uma nova vida de pessoa jurídica perante o fisco, podendo haver compensações entre os trimestres, dentro dos limites previstos em lei.[102]

O fato jurídico tributário não é algo que se posterga no tempo. Ou houve a ocorrência daquele fato que é capaz de desencadear o fenômeno da tributação, ou ele é irrelevante para o direito positivo.

A circunstância de a pessoa jurídica declarar o imposto e, eventualmente, antecipá-lo mensalmente ou trimestralmente, não desfaz a questão de não ser tal fato jurídico complexo.

Como já dissemos, período base e todas suas ocorrências são importantes para o direito positivo, mas somente serão relevantes, sob a óptica da incidência do tributo, os acréscimos patrimoniais que forem verificados no término de cada período base escolhido, anual ou trimestral.

À evidência que não se pretende finalizar a análise da questão, muito menos resolvê-la definitivamente. Não é a pretensão deste trabalho fazê-lo. Dentro da filosofia que permeia o estudo, por questão de coerência sistêmica e postura científica, temos que manter uma linha de raciocínio coerente e clara, de forma que admitir que são relevantes para o direito os acréscimos patrimoniais observados no último átimo temporal é necessidade do próprio discurso.

Superados os critérios do antecedente da norma do imposto sobre a renda, adentremos ao estudo do consequente da mesma norma, composto de critérios pessoais e quantitativos.

---

102. OLIVEIRA, Ricardo Mariz de. Op. cit., p. 497.

2.2.5 Critério pessoal

O critério pessoal é formado de sujeito ativo e sujeito passivo. Segundo Geraldo Ataliba,[103] "o sujeito ativo é o credor da obrigação tributária. É a pessoa a quem a lei atribui a exigibilidade do tributo. Só a lei pode designar o sujeito ativo. Esta designação compõe a hipótese de incidência tributária, integrando seu aspecto pessoal".

Em regra geral, o sujeito ativo é a pessoa titular da competência tributária (União, Estados, Distrito Federal e Municípios), respeitadas as hipóteses de capacidade tributária ativa.

O sujeito passivo é definido por Paulo de Barros Carvalho[104] como sendo a pessoa física ou jurídica, privada ou pública, de quem se exige o cumprimento da prestação pecuniária, nos nexos obrigacionais e insuscetíveis de avaliação patrimonial, nas relações que vinculam meros deveres instrumentais ou formais.

A realização da relação jurídica tributária implica uma correlação de deveres e obrigações recíprocas. Assim, o sujeito ativo, o credor, o Estado (União, Estados, Distrito Federal e Municípios) têm o direito subjetivo de exigir de outro, sujeito passivo, cidadão, já no papel de contribuinte, uma prestação em dinheiro.

No caso em análise, por sujeito ativo temos a União, ente competente para tributar a renda e proventos de qualquer natureza das pessoas jurídicas e físicas.

Como sujeito passivo, temos as pessoas já referidas, físicas e jurídicas, que ostentem a condição de residentes no Brasil ou equiparadas a tanto.

---

103. ATALIBA, Geraldo. *Hipótese de incidência tributária*. 6. ed. São Paulo: Malheiros, 2007, p. 83.

104. CARVALHO, Paulo de Barros. *Curso de direito tributário*, cit., p. 304.

Para a tributação dos não residentes, há dois critérios de tratamento para os rendimentos produzidos. Em ambos os critérios, o não residente é tratado diversamente dos sujeitos residentes. O primeiro critério é o da tributação exclusiva na fonte, que incide sobre os rendimentos brutos provenientes de fontes nacionais.

O segundo critério para tributação da renda dos não residentes é a equiparação aos residentes, sujeitando-os a regras a estes aplicáveis. Este último caso ocorre quando o sistema tributário considera os rendimentos auferidos pelos não residentes, por meio de estabelecimento permanente, filial ou sucursal, submetendo todos ao regime do lucro de empresas.[105]

Importante destacar que não há vínculo entre a nacionalidade da pessoa física e sua condição de sujeito passivo do imposto sobre a renda. O critério adotado é o da residência no País ou não, diverso do critério da nacionalidade.

Para as pessoas jurídicas, o critério de nacionalidade, inicialmente, foi previsto na Constituição de 1988, que trouxe, no art. 171, I, as disposições de que são empresas brasileiras aquelas constituídas sob as leis brasileiras e que tenham sua sede e administração no País. A regra foi alterada pela Emenda Constitucional n. 06/95.

Permanece, no entanto, a previsão da Lei das Sociedades Anônimas (Lei n. 6.404/73), que prescreve que são nacionais as sociedades organizadas na conformidade da lei brasileira, possuindo sede e administração no País.

Em suma, utilizando a definição de Heleno Tôrres,[106] para quem são

> [...] sociedades nacionais as que atendam a um duplo requisito, e, por conseguinte, são sociedades estrangeiras em relação ao

---

105. O assunto é mais profundamente abordado em Heleno Taveira Tôrres (*Pluritributação internacional sobre as rendas das empresas*, cit.).

106. Ibid., p. 168.

Brasil, as sociedades que não tenham sido organizadas em harmonia com a lei brasileira ou que, muito embora tenham sido, mantenham no exterior a sede da sua administração.

Logo, o conceito de sociedade residente no Brasil não deve confundir-se com o de sociedade brasileira.

A definição dos critérios de nacionalidade das pessoas jurídicas é relevante para a definição do critério pessoal da regra-matriz de incidência.

2.2.6 Critério quantitativo

Como critério quantitativo, temos a alíquota e a base de cálculo.

A base de cálculo, seguindo a linha dos ensinamentos de Geraldo Ataliba, deve materializar a hipótese de incidência, infirmando-a, confirmando-a ou afirmando-a, para que seja possível, inclusive, analisar a espécie tributária.

Paulo de Barros Carvalho, mencionando Heleno Taveira Tôrres,[107] esclarece o papel do critério quantitativo na norma tributária:

> [...] a base de cálculo é a grandeza instituída na consequência da regra matriz tributária, e que se destina, primordialmente, a dimensionar a intensidade do comportamento inserto no núcleo do fato jurídico, para que, dimensionando-se à alíquota, seja determinado o valor da prestação pecuniária.

A base de cálculo é a quantificação possível da hipótese de incidência, que, nos impostos, deve guardar coerência e incidir sobre um signo presuntivo de riqueza, dado externo e objetivo que permite a tributação.

---

107. Ibid., p. 235.

Alfredo Augusto Becker[108] destaca que a base de cálculo é aquilo que permite identificar o gênero do tributo.

Em notas de atualização à obra de Aliomar Baleeiro, Misabel Abreu Machado Derzi[109] afirma que a base de cálculo de um tributo é uma obra de grandeza que passa no consequente normativo e que é composta por dois elementos: o primeiro, o método de conversão, que é a ordem de grandeza (altura, peso, valor, metro etc.) selecionada pelo legislador entre os atributos do fato descrito na hipótese; o segundo, o fato, que será medido e transformado em cifra pelo método de conversão. A base de cálculo, afirma, presta-se à mensuração do fato descrito na hipótese, possibilitando, assim, a quantificação do dever tributário, sua graduação proporcional à capacidade contributiva do sujeito passivo e a definição da espécie tributária. Nesse tocante, a autora formula uma crítica à concepção segundo a qual a base de cálculo só possuiria a função de permitir a apuração do montante a pagar. Para ela, essa concepção reduz a base de cálculo ao método de conversão e, assim, deixa de identificar na base de cálculo o aspecto material do fato descrito na hipótese. Com isso, perde-se a possibilidade de ter na base de cálculo um critério que permita caracterizar o tipo de tributo instituído pela norma.

Ao contrário da base de cálculo, a alíquota[110] é mero componente aritmético para a determinação da quantia que será o objeto da prestação tributária, tendo a função objetiva na composição daquela multiplicação, que rende o preciso valor da dívida. Ao lado da função objetiva, existem outras. Por meio de técnicas de manipulação do sistema de alíquotas (proporcionalidade, progressividade, alíquota zero etc.), o legislador realiza o princípio da igualdade tributária e atende a

---

108. BECKER, Alfredo Augusto. *Teoria geral do direito tributário*. 4. ed. São Paulo: Noeses, 2007, p. 261.

109. BALEEIRO, Aliomar. *Direito tributário brasileiro*. Rio de Janeiro: Forense, 2007, p. 65.

110. CARVALHO, Paulo de Barros. *Curso de direito tributário*, cit., p. 342.

PREÇO DE TRANSFERÊNCIA COMO NORMA DE AJUSTE DO IMPOSTO SOBRE A RENDA

interesses de índole extrafiscal. Além disso, mantendo as alíquotas dos diferentes tributos sob determinados limites, evita-se que a tributação assuma o perfil do confisco.

A alíquota é um termo de mandamento da norma tributária que incide quando se consuma o fato jurídico, dando nascimento à obrigação tributária concreta. Assim, como a base de cálculo, é obrigatória a presença da alíquota, pois, ao serem conjugadas, nascerá o valor da dívida a ser exigida pelo sujeito ativo em cumprimento da obrigação que nascera pelo acontecimento do fato típico.[111]

O importante é não esquecer que a função objetiva da alíquota é sua conjugação com a base de cálculo, formando o quanto é devido. A alíquota pode variar, inclusive, no mesmo tributo, como é o caso das alíquotas progressivas, mas não lhe deve imprimir feições confiscatórias. Vale ressaltar, ainda, que a alíquota também está submetida ao princípio da estrita legalidade, devendo, portanto, ser fixada por meio de lei.

No imposto sobre a renda pessoa jurídica, a base de cálculo que confirma a hipótese de incidência é exatamente o total do lucro, entendido como variação positiva entre entradas, custos e despesas necessárias à manutenção da fonte produtora. Acréscimo patrimonial efetivo.

O valor do lucro é a única base de cálculo possível para o imposto sobre a renda de pessoa jurídica, e sua forma de apuração advém das normas contábeis, que servem como dado objetivo, como linguagem, para que o direito tributário incida.

Neste ponto, é necessário fazermos uma pausa: é na forma de cálculo da base tributável que as normas de "ajuste" são utilizadas, para fazer a passagem do lucro contábil para o lucro fiscal; portanto, é neste momento que os ajustes decorrentes das aplicações das fórmulas matemáticas de preços de transferência serão relevantes.

---

111. ATALIBA, Geraldo. *Hipótese de incidência tributária*, cit., p. 342.

Para as pessoas jurídicas, a alíquota é de 15% (quinze por cento), variando apenas a forma de cálculo da base imponível e existem três formas de apurar a base de cálculo: real, presumida e arbitrada.

O lucro presumido é aquele que se origina num "acordo" entre Estado e contribuinte, os quais passam a admitir, como presunção, que o percentual de lucro das pessoas jurídicas é predeterminado pela legislação e sobre ele incidirá a alíquota, independentemente de tal presunção de lucro se verificar ou não de fato.

Esta modalidade de apuração do lucro é uma opção conferida a alguns contribuintes, que devem manifestar seu interesse todos os anos perante a Receita Federal do Brasil.

Algumas atividades, independentemente do "faturamento", não podem optar pelo lucro presumido, sendo elas:

> a) entidades financeiras;
>
> b) empresas que aufiram lucros, rendimentos ou ganhos de capital oriundos do exterior;
>
> c) empresas que usufruam benefícios fiscais de isenção ou redução do imposto de renda, calculados com base no lucro da exploração (empresas geralmente sediadas nas áreas da SUDENE e SUDAM);
>
> d) empresas de prestação de serviço de assessoria creditícia, mercadológica, gestão de crédito (*factoring*); e
>
> e) as imobiliárias de construção, incorporação, compra e venda de imóveis que tenham registro de custo orçado, nos termos das normas aplicáveis a essas atividades.

Na maioria dos casos, presume-se um percentual de lucro de 32% (trinta e dois por cento), sobre o qual incide a alíquota.

PREÇO DE TRANSFERÊNCIA COMO NORMA DE AJUSTE DO IMPOSTO SOBRE A RENDA

O quadro abaixo resume as alíquotas presumidas do imposto sobre a renda, modalidade lucro presumido:

ATIVIDADES	Percentuais	Percentuais Reduzidos Receita Anual até R$ 120.000,00*
Serviços de transporte de cargas.	8,0	Atividades que não podem beneficiar-se da redução do percentual
Sobre a receita bruta dos serviços hospitalares.	8,0	
Sobre a receita bruta de construção por empreitada, quando houver emprego de materiais em qualquer quantidade (Ato Declaratório Normativo COSIT n. 06/97).	8,0	
Loteamento de terrenos, incorporação imobiliária e venda de imóveis construídos ou adquiridos para revenda.	8,0	
Serviços de transporte de passageiros.	16,0	
Revenda de combustíveis derivados de petróleo e álcool, inclusive gás.	1,6	
Prestadoras de serviços relativos ao exercício de profissões legalmente regulamentadas, inclusive escolas (S/C do antigo regime do DL n. 2.397).	32,0	
Intermediação de negócios, inclusive corretagem (seguros, imóveis, dentre outros) e as de representação comercial.	32,0	16,0
Administração, locação ou cessão de bens imóveis, e móveis.	32,0	16,0
Construção por administração ou por empreitada unicamente de mão de obra	32,0	16,0
Prestação de serviços de gráfica, com ou sem fornecimento de material, em relação à receita bruta que não decorra de atividade comercial ou industrial.	32,0	16,0
Prestação de serviços de suprimento de água tratada e coleta de esgoto e exploração de rodovia mediante cobrança de pedágio (Ato Declaratório COSIT n. 16/2000).	32,0	16,0
Diferencial entre o valor de venda e o valor de compra de veículos usados.	32%	16,0%

O lucro arbitrado entendemos ser uma penalidade atribuída aos contribuintes, que não possuem outras formas de possíveis de apuração, diante da ausência de registros contábeis aptos a permitir a apuração e verificação do *quantum* tributário a ser alcançado pelo imposto.

Digressões à parte, a forma de apuração que realmente é interessante ao presente trabalho é o lucro real.

Na modalidade lucro real, as empresas devem promover um encontro de contas entre as entradas, receitas, e os custos e despesas, calculando o que seria um verdadeiro acréscimo patrimonial, apto a ser tributado pela alíquota de 15% (quinze por cento).

O lucro real permite ao contribuinte que demonstre ao Fisco seu verdadeiro lucro, e, caso não haja lucro, não "nascerá" a obrigação de recolher o tributo devido, diante da ausência de fato jurídico tributário.

Longe de entender que a sistemática do lucro real é isenta de problemas, admitimos que é a forma mais justa e que maior respeito mantém aos ditames constitucionais, na medida em que permite ao contribuinte deduzir seus custos para a manutenção da atividade produtiva, despesas necessárias à execução de suas atividades e, ainda, outras deduções que, ao final da apuração, traduzirão uma situação mais próxima do verdadeiro acréscimo patrimonial a ser submetido à tributação.

2.3 Princípios aplicáveis ao imposto sobre a renda

Ingressamos, portanto, em parte relevante do trabalho, que se dedica ao estudo sucinto dos três princípios informadores do imposto sobre a renda pessoa física e jurídica: generalidade, progressividade e universalidade.

Adotamos, inicialmente, a premissa de que normas são construções do intérprete, de forma que falar em norma "implícita" é incorrer em pleonasmo.

No entanto, os textos do direito positivo adotam alguns enunciados expressos, normas em sentido amplo, que se prestam à construção de normas em sentido estrito.

PREÇO DE TRANSFERÊNCIA COMO NORMA DE AJUSTE DO IMPOSTO SOBRE A RENDA

Já fixamos que princípio, neste trabalho, será adotado como norma em sentido amplo. E no caso dos três princípios em análise, além de servirem de norte para a construção de regra-matriz de incidência do imposto sobre a renda, são também normas em sentido amplo, na medida em que se encontram expressamente mencionados pelo legislador constitucional no art. 153, § 2º, I.

Analisemos cada um dos princípios mencionados.

2.3.1 Princípio da generalidade

"Generalidade", sob nossa óptica, remete ao princípio da isonomia, que impede que pessoas em idêntica situação recebam tratamento diferenciado. O princípio da isonomia proclama, precisamente, que os iguais devem ser igualmente tratados, permitindo-se diferenciação apenas no limite desta diferença.

Ricardo Mariz de Oliveira[112] destaca que o princípio da generalidade "significa tratar todas as situações sob uma norma geral, no sentido de ser aplicável a todos os contribuintes e em contraposição à seletividade."

"Generalidade", portanto, consiste nesta obrigação de que todos os que realizarem o fato jurídico tributário de auferir rendas e proventos de qualquer natureza, sejam submetidos à tributação, tenham este acréscimo patrimonial alcançado pela exigência do imposto.

A questão da generalidade importa neste sentido, em norma em sentido amplo que se presta à construção de outras normas e, ainda, converge para a materialização do primado da isonomia e da igualdade.

_____
112. *Fundamentos do imposto de renda*, cit., p. 253.

2.3.2 Princípio da universalidade

O direito tributário brasileiro, até dezembro de 1995, aplicava o princípio da universalidade apenas às pessoas físicas; para as pessoas jurídicas, aplicava-se o princípio da territorialidade. Após a publicação da Lei n. 9.249/95, o princípio da universalidade passou a ser aplicado também às pessoas jurídicas, de modo que passaram a ser tributadas pelas rendas produzidas no exterior.[113]

Cabe destacar que a aplicação do princípio da universalidade não afastou o princípio da territorialidade. Heleno Tôrres[114] destaca que "o princípio da universalidade pressupõe a territorialidade, que servirá como critério de conexão para determinar o regime jurídico próprio das rendas produzidas no interior do Estado brasileiro, seja por residentes ou não residentes".

A universalidade proclama que o imposto sobre a renda deve considerar, para apuração do acréscimo patrimonial, a totalidade de entradas, de receitas, auferidas em qualquer ponto do mundo, em qualquer situação, desde que haja a condição de residente por parte do contribuinte. Ou seja, todo o patrimônio do contribuinte deve ser considerado em sua integralidade, sem fracionamento, incluindo os fatores positivos e negativos que compõem o patrimônio no início e no final do período de apuração, assim como todos os fatores que aumentam ou diminuem o patrimônio dentro do período de tempo fixado pela lei.[115]

---

113. CARVALHO, Paulo de Barros. O princípio da territorialidade no regime de tributação da renda mundial (universalidade). *Revista de Direito Tributário*, São Paulo: Malheiros, p. 76-79, [s.d.].

114. TÔRRES, Heleno Taveira. *Pluritributação internacional sobre as rendas das empresas*, 1997, cit., p. 78.

115. OLIVEIRA, Ricardo Mariz de. *Fundamentos do imposto de renda*, cit., p. 255.

PREÇO DE TRANSFERÊNCIA COMO NORMA DE AJUSTE DO IMPOSTO
SOBRE A RENDA

Ricardo Mariz de Oliveira[116] afirma que,

> [...] ao considerar a universalidade patrimonial inicial e a universalidade patrimonial final de um determinado período de tempo, necessariamente a diferença entre elas será composta pela totalidade (universalidade) de fatores positivos e negativos que afetaram esse patrimônio (universalidade jurídica) durante esse mesmo período.
>
> A consequência é que o fato gerador do imposto de renda devido ao final desse período será informado, e a sua base de cálculo composta, por essa multidão de fatores positivos e negativos ocorridos durante o período, do seu início ao seu fim.

Portanto, com a integração do princípio da universalidade ao da territorialidade, não houve qualquer alteração substancial, apenas deve se considerar como fato jurídico tributário da produção de renda pessoa jurídica a produção de rendimentos ocorridos fora do território nacional.

A universalidade é tendência contemporânea dos Estados,[117] especialmente os exportadores de capital, a adoção do princípio da universalidade do imposto sobre a renda, como critério de conexão para os rendimentos de residentes ou de não residentes aos primeiros equiparados.

O Estado Brasileiro tributa a renda dos residentes nas formas usualmente conhecidas e tributa a renda dos não residentes, exclusivamente na fonte ou na forma de "estabelecimento permanente", como já esclarecido acima no item 3.3.

Como o imposto sobre a renda deve atender ao primado da generalidade, naturalmente que a universalidade é medida de materialização do primeiro, uma vez que exige que, para a apuração do acréscimo, do real "plus", todas as rendas sejam consideradas, evitando, desta forma, manipulações de

---

116. Ibid., p. 256.

117. A expressão "Estados" é nesse item adotada como países soberanos, nomenclatura própria de Direito Internacional.

contribuintes entre países diversos, para evitar a tributação da renda.

Novamente citando Heleno Tôrres,[118] o princípio da universalidade

> [...] compartilha a aplicação do princípio da isonomia de uma íntima conexão com o princípio da capacidade contributiva, porque à exigência da identificação da renda mundial produzida por um sujeito, como reflexo da efetividade do princípio da capacidade contributiva, consuma-se uma igualdade com o sujeito que ontem rendas exclusivamente de fontes internas; do contrário, este pagaria mais imposto do que aqueles que produzissem rendimentos dentro e fora do território, caso ficassem limitados a uma tributação sobre as rendas exclusivamente territoriais.

Evidentemente que à universalidade sobrepõe-se a bitributação internacional da renda, especialmente das pessoas jurídicas multinacionais, que atuam em diversos países.

No entanto, o Brasil é signatário de inúmeros tratados com diversos países do mundo, visando criar facilidades recíprocas e minorar o efeito da bitributação.[119]

2.3.3 Princípio da progressividade

Concluímos os princípios com a progressividade.

Dissemos que a generalidade e a universalidade atuam em paralelo com o princípio da isonomia, pois também contribuem para evitar tratamentos desiguais a situações equivalentes, ou seja, contribuem para que aumentos patrimoniais iguais sejam tratados igualmente, que, por sua vez, convergem para o princípio da igualdade. A progressividade é exatamente aquela citada medida de diferença, intrínseca ao

---

118. TÔRRES, Heleno Taveira. *Pluritributação internacional sobre as rendas das empresas*, cit., p. 87.

119. Para acesso aos países com os quais o Brasil mantém acordos de bitributação, ver *site* da Receita Federal do Brasil: <www.receita.fazenda.gov.br>.

PREÇO DE TRANSFERÊNCIA COMO NORMA DE AJUSTE DO IMPOSTO
SOBRE A RENDA

princípio da igualdade; trata-se da medida da desigualdade que autoriza tratamento desigual em situações proporcionalmente diferentes.

Em outras falas, a progressividade preconiza que aqueles que auferem mais renda devem suportar maior peso de tributação e aqueles que ganham o mínimo vital devem ser isentos do dever de pagar imposto sobre a renda.

Outro princípio materializado pela progressividade é o da capacidade contributiva. Aqueles que detêm maior capacidade contributiva devem suportar maior tributação. E que não se argumente que o preceito constitucional aplicável prescreve "sempre que possível". Parafraseando Roque Carrazza, "a Constituição Federal não dá conselhos. Orienta condutas de forma prescritiva".

Entendemos que, para a materialização do princípio da progressividade, no imposto sobre a renda modalidade de apuração lucro real, seria necessário que existissem mais alíquotas porquanto a manutenção de forma de cálculo da base fixa e alíquotas unitárias seja coerente sob o ponto de vista do primado da igualdade, mas seja violador, em última análise, da capacidade contributiva.

Assim, entendemos que progressividade, generalidade e universalidade são pilares que servem para sustentar o imposto sobre a renda, harmonizando-o com a função constitucional que o legislador constituinte lhe atribuiu no momento da instituição da Carta de 1988, e todos servem para materializar a isonomia e a capacidade contributiva, todos os princípios que convergem para o primado da igualdade.

Admitir a incidência dos princípios acima listados não importa reconhecer que não se apliquem ao imposto sobre a renda a totalidade dos demais princípios previstos no Texto Constitucional. A interpretação harmônica é o exato trabalho do intérprete.

2.4 As normas de ajustes – do contábil para o fiscal

Adentramos agora em parte relevante do trabalho: o que significa uma norma de ajuste do sistema da contabilidade para o sistema do direito tributário.

É preciso pontuar que a Lei das Sociedades Anônimas – Lei n. 6.404/76 –, em seu art. 177, determina:

> Art. 177. A escrituração da companhia será mantida em registros permanentes, com obediência aos preceitos da legislação comercial e desta Lei e aos princípios de contabilidade geralmente aceitos, devendo observar métodos ou critérios contábeis uniformes no tempo e registrar as mutações patrimoniais segundo o regime de competência.
>
> § 1º As demonstrações financeiras do exercício em que houver modificação de métodos ou critérios contábeis, de efeitos relevantes, deverão indicá-la em nota e ressaltar esses efeitos.
>
> § 2º A companhia observará exclusivamente em livros ou registros auxiliares, sem qualquer modificação da escrituração mercantil e das demonstrações reguladas nesta Lei, as disposições da lei tributária, ou de legislação especial sobre a atividade que constitui seu objeto, que prescrevam, conduzam ou incentivem a utilização de métodos ou critérios contábeis diferentes ou determinem registros, lançamentos ou ajustes ou a elaboração de outras demonstrações financeiras. (*Redação dada pela Lei nº 11.941, de 2009.*)
>
> § 3º As demonstrações financeiras das companhias abertas observarão, ainda, as normas expedidas pela Comissão de Valores Mobiliários e serão obrigatoriamente submetidas a auditoria por auditores independentes nela registrados. (*Redação dada pela Lei nº 11.941, de 2009.*)

PREÇO DE TRANSFERÊNCIA COMO NORMA DE AJUSTE DO IMPOSTO SOBRE A RENDA

§ 4º As demonstrações financeiras serão assinadas pelos administradores e por contabilistas legalmente habilitados.

§ 5º As normas expedidas pela Comissão de Valores Mobiliários a que se refere o § 3º deste artigo deverão ser elaboradas em consonância com os padrões internacionais de contabilidade adotados nos principais mercados de valores mobiliários. (*Incluído pela Lei nº 11.638, de 2007.*)

§ 6º As companhias fechadas poderão optar por observar as normas sobre demonstrações financeiras expedidas pela Comissão de Valores Mobiliários para as companhias abertas. (*Incluído pela Lei nº 11.638, de 2007.*)

Dessa forma, a linguagem do direito traz para o universo das normas jurídicas as regras contábeis, determinando que o direito partirá das regras contábeis para, ajustando as demonstrações financeiras, chegar a uma contabilidade tributária, por meio da qual a variação de patrimônio tributário pelo imposto sobre a renda será calculada e tributada.

A norma jurídica tributária será uma norma que ajustará a variação do patrimônio das entidades, calculado por meio de regras contábeis, e o "ajuste" é representado por essa norma, que prescreverá a base de cálculo do tributo, consequente da norma jurídica tributária ou "base calculada", nos dizeres de Aires Barreto.[120]

A alíquota incidirá sobre uma base calculada, que, no caso do imposto sobre a renda, é o resultado de adições e exclusões que se operam sobre o resultado contábil, conforme o art. 177 da Lei das S.A. determina.

---

120. BARRETO, Aires F. *Base de cálculo, alíquota e princípios constitucionais.* São Paulo: Max Limonad, 1998.

O signo "ajuste", neste trabalho, será admitido com a amplitude semântica de indicar o exato momento em que o direito tributário, tomando como metalinguagem a contabilidade, constrói uma nova linguagem para instituir a norma individual e concreta que define se há ou não imposto sobre a renda a ser recolhido aos Cofres Públicos e demonstrando quais as adições e exclusões compuseram a base calculada daquela pessoa jurídica.

3. DA CONVERGÊNCIA DE NORMAS CONTÁBEIS

3.1 Notas introdutórias

Adentramos agora em parte relevante do trabalho: a aproximação da linguagem do direito tributário com a linguagem da contabilidade. É impossível avaliar a expressão "norma de ajuste do imposto sobre a renda" sem avaliar o que se está "ajustando".

Retomando, o que se pretende elucidar é o fato jurídico tributário que está descrito na norma que toma como antecedente o fato contábil, juridicizando-o, e avaliar que essa juridicização passa, necessariamente, pela utilização de uma ficção. Essa ficção é a norma de ajuste do preço contábil para o preço fiscal, e a atual distância entre os dois mundos existe porque, em decorrência da convergência de normas contábeis, o fato jurídico tributário e o fato contábil caminham para direções opostas em algumas situações e, na maioria delas, distinguem-se.

Avaliar o processo de convergência das normas contábeis para o padrão internacional de IFRS é, no mínimo, entender por que e desde quando direito tributário e contabilidade passaram a utilizar linguagens que não mais provocam o mesmo efeito em termos de quantificação de patrimônio de uma pessoa jurídica.

Insta esclarecer que, antes da convergência de normas contábeis, o chamado "ajuste" do imposto sobre a renda já existia, mas ainda assim releva entender onde a contabilidade está hoje, o que descreve, que tipo de regra impõe etc.

Discorrendo sobre o processo de convergência, Alexandro Broedel[121] ensina-nos:

> Antes do processo de convergência às normas internacionais que hoje vivemos, cada país havia desenvolvido seus próprios critérios para realizar o processo contábil. Não temos conhecimento de países distintos que desenvolveram processos contábeis idênticos. No entanto, podemos classificar os processos contábeis encontrados nos diversos países em dois grandes modelos: o europeu continental e o anglo-saxão. No modelo europeu continental a contabilidade não possui como prioridade informar usuários externos à empresa, que dependem de informações públicas para adquirir ações e títulos de dívida em mercados organizados. Tal ausência de preocupação com os usuários externos advém da forma como a economia estava organizada nesses países, onde o mercado de capitais não era fonte essencial de financiamento para os empreendimentos. O objetivo principal da contabilidade financeira nesses países é informar o Estado, principalmente por meio das autoridades fiscais. Já no mundo anglo-saxão, em situação diametralmente oposta, a contabilidade é realizada com o intuito de informar investidores que dependem da informação financeira pública para orientar suas decisões. Nesses países a preocupação fiscal é secundária para a contabilidade financeira.
>
> [...]
>
> A mensuração nos países de tradição europeia continental tende a seguir critérios rígidos e fixados pela autoridade fiscal. [...] O modelo contábil brasileiro, por razões históricas e culturais, aproximava-se mais do modelo europeu continental, essencialmente fiscalista e pouco focado para a contabilidade societária. O distanciamento que esse modelo gerava em relação à realidade das empresas era tão grande que expressões do tipo "esse número não é real, é só contábil" eram frequentemente usadas. O

---

121. LOPES, Alexandro Broedel. O novo regime jurídico das demonstrações financeiras das companhias abertas brasileiras – algumas implicações para o direito societário. In: KUYVEN, Luiz Fernando Martins. *Temas essenciais de direito tributário*: estudos em homenagem a Modesto Carvalhosa, São Paulo: Saraiva, 2012, p. 440-441.

PREÇO DE TRANSFERÊNCIA COMO NORMA DE AJUSTE DO IMPOSTO SOBRE A RENDA

> modelo IFRS, por outro lado, é eminentemente baseado na contabilidade inglesa, tendo por objetivo a produção de informações úteis aos usuários externos atuantes em mercados de capitais ativos.

Passemos a analisar, portanto, a convergência internacional da contabilidade para que possamos compreender o porquê da distância, cada vez maior, entre a mutação patrimonial refletida pela contabilidade e a variação patrimonial efetiva, tributada pelo direito positivo tributário.

3.2 A convergência para IFRS – *International Financial Reporting Standards*

Por óbvio que o objeto deste trabalho não é discorrer, sob o ponto de vista de ciência do direito, sobre as regras e o sistema contábil, mas certamente é impossível abordar o tema sem uma avaliação do cenário dos "princípios de contabilidade geralmente aceitos", indicados pela Lei das S.A.

O assunto ganha maior musculatura ainda quando avaliamos que o movimento da uniformização das normas contábeis é o primeiro após muitos anos de regras contábeis estáticas, sem qualquer alteração.

A convergência das normas contábeis é movimento mundial que visa permitir que qualquer investidor, em qualquer lugar do mundo, seja capaz de analisar as demonstrações financeiras de uma pessoa jurídica, compreendendo-a perfeitamente, não obstante tal companhia esteja em outro país, sujeita às normas contábeis locais.

Ricardo Mariz de Oliveira,[122] discorrendo sobre o tema, ensina-nos:

---

122. OLIVEIRA, Ricardo Mariz. Lucro societário e lucro tributável – alterações da Lei nº 6.404 – uma encruzilhada para o contábil e o fiscal. In: KUYVEN, Luiz Fernando Martins. *Temas essenciais de direito tributário*: estudos em homenagem a Modesto Carvalhosa. São Paulo: Saraiva, 2012, p. 262-264.

O que se verificou, a partir da Lei n° 11.638/07, foi uma profunda mudança em conceitos básicos da própria contabilidade mercantil brasileira, rompendo com práticas que até então eram adotadas para a demonstração do patrimônio líquido das entidades e dos seus lucros. Tal rompimento atingiu até os Princípios Fundamentais de Contabilidade aprovados pela Resolução n° 750, de 1993, do Conselho Federal de Contabilidade, que outrora eram chamados "princípios contábeis geralmente aceitos" e assim estão referidos no art. 177 da própria Lei n° 6.404/76.

[...]

Com efeito, desde época imemorial o lucro sujeito à incidência tributária é o apurado na contabilidade comercial, a partir do qual são feitos ajustes de natureza exclusivamente fiscal, determinados pela legislação do IRPJ (e mais recente pela da CSL) com vista à quantificação das respectivas bases de cálculo. Tais ajustes, como se sabe, são os de receitas não tributáveis ou com tributação diferida, e os de custos ou despesas não dedutíveis ou com dedução diferida, assim como os dedutíveis até certo limite de valor ou sob determinadas condições, e também aqueles que recebem algum tratamento especial, inclusive a título de incentivo fiscal, procedendo-se, por fim, à compensação de prejuízos fiscais de períodos-base anteriores.

Ocorre que as modificações na contabilidade, estribadas na Lei n° 11.638/07, não mais permitem a partida, pura e simplesmente, do lucro líquido contábil, com vistas ao cálculo do lucro tributável.

Isto ficou assim em virtude de que tanto as normas contábeis, inclusive e especialmente as normas jurídicas sobre contabilidade refletidas na Lei n° 6.404/76, quanto as normas tributárias estavam construídas sobre alicerces comuns, os quais faziam com que elas caminhassem lado a lado, sem muitos conflitos, e distanciando-se apenas quando as leis tributárias determinassem algum tratamento fiscal a este ou àquele componente do lucro, diferente do que figurava na contabilidade.

A contabilidade, vista como "padrão", é importante para permitir que essa visão seja possível, e a convergência de todo padrão para um único modelo é o fim que se pretende alcançar com a alteração da forma de reconhecimento, mensuração e evidenciação do patrimônio da pessoa jurídica.

PREÇO DE TRANSFERÊNCIA COMO NORMA DE AJUSTE DO IMPOSTO
SOBRE A RENDA

A contabilidade, como padrão, é citada na Lei das Sociedades Anônimas, especificamente no art. 177, já citado em nosso trabalho.

Em relação ao tema, vale a transcrição também do art. 6º do Decreto-Lei n. 1.598/77, que determina: "Art. 6º Lucro real é o lucro líquido do período de apuração ajustado pelas adições, exclusões ou compensações prescritas ou autorizadas por este Decreto."

Na mesma linha, o § 1º do art. 37 da Lei n. 8.981, de 20 de janeiro de 1995, também esclarece que se deve partir da apuração do lucro líquido, segundo as leis comerciais, para se chegar à determinação do lucro real:

> Art. 37. [...]
>
> § 1º A determinação do lucro real será precedida da apuração do lucro líquido **com observância das disposições das leis comerciais** (grifos nossos).

Finalmente, também corroborando esse entendimento, pode ser citado o inciso XI do art. 67 do mesmo Decreto-Lei n. 1.598/77, que assim determina:

> Art. 67. Este Decreto-Lei entrará em vigor na data da sua publicação e a legislação do imposto sobre a renda das pessoas jurídicas será aplicada, a partir de 1º de janeiro de 1978, de acordo com as seguintes normas:
>
> [...]
>
> XI – o lucro líquido do exercício deverá ser apurado, a partir do primeiro exercício social iniciado após 31 de dezembro de 1977, **com observância das disposições da Lei nº 6.404, de 15 de dezembro de 1976**. (grifos nossos).

A forma como o direito positivo trata a realidade das demonstrações fiscais não é a mesma com relação à qual esse padrão mundial pretende mensurar o patrimônio das pessoas jurídicas.

Discorrendo sobre o tema, Alexsandro Broedel e Roberto Quiroga Mosquera[123] elaboraram interessante quadro sobre essas diferenças entre a realidade jurídica e a visão da contabilidade:

Item	Visão Jurídica	Visão Contábil
Ação preferencial resgatável	Título de capital	Passivo
Arrendamento financeiro	Propriedade da arrendadora	Ativo da arrendatária
Cessão de recebíveis	Transfere a propriedade	Transferência dos riscos e benefícios
Moeda de preparação das demonstrações contábeis	Real	Moeda do ambiente econômico da empresa
Valor do ativo	Custo Fiscal	Valor justo – circulante
Ágio rentabilidade futura	Amortização	*Impairment*
Reconhecimento de receitas	Documento fiscal	Realização econômica
Adquirente em uma cominação de negócios	Forma	Essência
Entidade	Pessoa jurídica	Entidade econômica
Hedge	Ativos e passivos reconhecidos – Ligados à atividade operacional da empresa	Definição mais ampla
Ajuste a valor presente	Pouco relevante	Muito relevante
Provisões	Legal	Construtivas
Demonstração consolidada	Não gera efeitos (dividendos, tributos etc.)	Foco

Ao comentar a tabela exemplificativa acima transcrita, os autores[124] afirmam:

> Uma análise precipitada da tabela 2 poderia gerar a impressão de que há um conflito entre a Contabilidade e o Direito. Essa visão não é adequada. O que temos, de fato, é uma independência

---

123. LOPES, Alexandro Broedel; QUIROGA, Roberto. *Sinopses jurídicas*. São Paulo: Impressão Régia, 2010, p. 36.

124. Ibid., p. 26.

PREÇO DE TRANSFERÊNCIA COMO NORMA DE AJUSTE DO IMPOSTO SOBRE A RENDA

> do processo contábil em relação ao tratamento jurídico. A contabilidade deixa de ser acessória ao entendimento jurídico e passa a ser independente. [...] Ocorre que agora o critério de decisão para a contabilidade não é mais a formalização jurídica do contrato e sim sua essência econômica – assim entendida pela contabilidade. É assim que podemos afirmar que todo direito – do ponto de vista jurídico – será um ativo para a contabilidade.

Essa análise evidencia que, antes da vigência da Lei n. 11.638/2007, contabilidade e legislação fiscal conviviam em harmonia, a primeira seguindo a segunda e tomando-a como modelo, o que não ocorre mais hoje.

Antes dessa lei, a escrituração contábil era voltada a evidenciar os fatos tributáveis. Não havia uma divergência significativa entre as normas contábeis e as normas tributárias, de forma que, sendo o direito tributário um direito de sobreposição, todos os fatos que interessavam à incidência tributária sobre o patrimônio eram prescritos de forma exaustiva pela legislação. As normas societárias cumpriam o papel de registrar as variações de patrimônio que eram relevantes para o direito tributário.

Analisando as alterações contábeis impostas pela adesão à "nova contabilidade", verifica-se que o direito tributário terá de dispor sobre tais alterações, na medida em que não se pronunciar sobre modificações tão intensas significa admitir que há uma contabilidade exclusivamente tributária, que, cada vez mais, dissociar-se-á daquela utilizada para reportes em padrões mundiais.

Analisando mais detidamente, qual seria o impacto desse distanciamento? A Lei das S.A. é datada do ano de 1964, ou seja, cinquenta anos de vigência.

A convergência das normas contábeis para padrões mundiais não é apenas uma harmonização, com fins de padronização; representa também a modernização, adaptação e evolução das regras contábeis, refletindo as necessidades de informações precisas tecnicamente dos usuários daquela linguagem, tais como os investidores, por exemplo.

Não dispor sobre essas mudanças seria manter o direito tributário estagnado no tempo, cinquenta anos atrás?

Cremos que o direito precisa "modernizar-se", olhando para a realidade social e buscando refletir as mudanças que o tempo produz nos fatos imponíveis – fato jurídico tributário. O processo de positivação, que parte da norma geral e abstrata para a construção da norma individual e concreta, deve refletir essa evolução, quando possível, mas deve existir também, por parte do legislador, uma atenção e um cuidado para que a norma geral e abstrata permita a construção de normas que reflitam essa atualização, com hipóteses de incidência que tragam para dentro do direito, pela "porta" referida pelo Professor Lourival Vilanova, as evoluções já regradas pela contabilidade.

Com a edição da Lei n. 12.973/2014, ficou muito claro que o legislador brasileiro entende que nem todas as modernizações da contabilidade devem refletir alterações nas normas de apuração do imposto sobre a renda. Algumas modificações foram refletidas e "atualizadas" pelo legislador e outras não. No momento oportuno analisaremos essas mudanças.

3.3 O "FCONT" como tradução para o balanço societário

Por questões de consistência metodológica, devemos analisar as substanciais alterações da contabilidade, decorrente de evoluções da Lei Societária, editada há cerca de 50 anos e seus impactos no direito positivo.

Como já dito, a contabilidade é processo de reconhecimento, evidenciação e mensuração e visa analisar o impacto do dinheiro no tempo, em relação às entidades.

Dinheiro no tempo é exatamente o conceito do signo "financeiro", ou seja, a contabilidade cuida de avaliar, medir, organizar o impacto do tempo no patrimônio destas Entidades.

Com a edição da Lei Societária, a contabilidade passou a tomar as normas jurídicas como suporte para suas realidades,

PREÇO DE TRANSFERÊNCIA COMO NORMA DE AJUSTE DO IMPOSTO
SOBRE A RENDA

seus padrões. Um exemplo já citado neste trabalho é a depreciação. Utilizada com bases fiscais, essa categoria contábil não possui qualquer relação com a realidade, admitindo um pouco de ontologia.

Como já destacado, em 2007 foi editada a Lei n. 11.638/2007, que tratou de inserir o Brasil num movimento de convergência de padrões contábeis mundiais.

A ideia da contabilidade, hoje, com a regulamentação organizada pelo Comitê de Pronunciamentos Contábeis – CPC, órgão com assentos para Ibracon, Comissão de Valores Mobiliários, Fipecafi – Fundação Instituto de Pesquisas Contábeis, Atuariais e Financeiras, é permitir que haja transparência na avaliação do patrimônio das entidades, transmitindo o maior número possível de informações aos usuários.

Sobre o papel dessas organizações e associações na edição de regras e procedimentos contábeis, Alexandro Broedel[125] explica:

> [...] o processo de convergência no caso brasileiro possui importantes elementos distintivos. Inicialmente, as normas internacionais foram incorporadas ao nosso ordenamento por meio da emissão de pronunciamentos técnicos, orientações e interpretações pelo Comitê de Pronunciamentos Contábeis (CPC), que em seguida foram emitidos pela CVM sob a forma de deliberações, portanto, com aplicação para todas as companhias abertas e para as companhias fechadas que optaram por seguir as normas da CVM. O Conselho Federal de Contabilidade (CFC) também procedeu à emissão de normativos adotando normas internacionais. Tal procedimento acabou por tornar as normas internacionais, por meio dos pronunciamentos do CPC, aplicáveis a todas as sociedades brasileiras. (Aqui em destaque o pronunciamento de pequenas e médias empresas, que é a regra relevante para as sociedades que não se enquadrem na categoria de sociedade

---

125. LOPES, Alexandro Broedel. O novo regime jurídico das demonstrações financeiras das companhias abertas brasileiras – algumas implicações para o direito societário. In: KUYVEN, Luiz Fernando Martins. *Temas essenciais de direito tributário*: estudos em homenagem a Modesto Carvalhosa, cit., p. 440-441.

VIVIAN DE FREITAS E RODRIGUES DE OLIVEIRA

de grande porte.) (nota do autor). Procedimento semelhante de convergência às normas internacionais vem sendo paulatinamente adotado pelos reguladores responsáveis pelas instituições financeiras, entidades de previdência e seguros. Ou seja, o processo de adoção das normas internacionais de contabilidade no Brasil alcança um escopo muito maior de entidades.

Diferentemente do que pressupõe o direito, a nova contabilidade funda-se na essência e não na forma dos negócios jurídicos, trabalhando com conceitos como *full disclosure*, para justificar a necessidade de informações cada vez mais profundas e complexas sobre as entidades.

A consequência inevitável dessa nova contabilidade é o distanciamento, cada dia mais substancial, da contabilidade societária e contabilidade tributária.

E a ideia é essa mesmo: que existam demonstrações com função financeira e econômica e demonstrações com fins tributários. Vigorou facultativamente até 2009 e obrigatoriamente a partir de 2010 o chamado Regime Tributário de Transição – RTT, instituído pela lei em análise[126] e revogado pela Medida

---

126. Art. 15. Fica instituído o Regime Tributário de Transição – RTT de apuração do lucro real, que trata dos ajustes tributários decorrentes dos novos métodos e critérios contábeis introduzidos pela Lei nº 11.638, de 28 de dezembro de 2007, e pelos arts. 37 e 38 desta Lei.
§ 1º O RTT vigerá até a entrada em vigor de lei que discipline os efeitos tributários dos novos métodos e critérios contábeis, buscando a neutralidade tributária.
§ 2º Nos anos-calendário de 2008 e 2009, o RTT será optativo, observado o seguinte:
I - a opção aplicar-se-á ao biênio 2008-2009, vedada a aplicação do regime em um único ano-calendário;
II - a opção a que se refere o inciso I deste parágrafo deverá ser manifestada, de forma irretratável, na Declaração de Informações Econômico-Fiscais da Pessoa Jurídica 2009;
III - no caso de apuração pelo lucro real trimestral dos trimestres já transcorridos do ano-calendário de 2008, a eventual diferença entre o valor do imposto devido com base na opção pelo RTT e o valor antes apurado deverá ser compensada ou recolhida até o último dia útil do primeiro mês subsequente ao de publicação desta Lei, conforme o caso;
IV - na hipótese de início de atividades no ano-calendário de 2009, a opção deverá ser manifestada, de forma irretratável, na Declaração de Informações Econômico-Fiscais da Pessoa Jurídica 2010.
§ 3º Observado o prazo estabelecido no § 1º deste artigo, o RTT será obrigatório a partir do ano-calendário de 2010, inclusive para a apuração do imposto sobre a

PREÇO DE TRANSFERÊNCIA COMO NORMA DE AJUSTE DO IMPOSTO SOBRE A RENDA

Provisória n. 627, de 11 de novembro de 2013, convertida na Lei n. 12.973, em 2014.

Por meio do antigo RTT, os efeitos tributários das normas societárias alteradas foram eliminados, até que o Fisco se pronunciasse sobre o tema de forma definitiva, o que foi feito na MP n. 627/2013.

É o que prescrevia o art. 16 da Lei n. 11.941/2009, que tomamos a liberdade de transcrever, tendo em vista a relevância:

> Art. 16. As alterações introduzidas pela Lei n° 11.638, de 28 de dezembro de 2007, e pelos arts. 37 e 38 desta Lei que modifiquem o critério de reconhecimento de receitas, custos e despesas computadas na apuração do lucro líquido do exercício definido no art. 191 da Lei n° 6.404, de 15 de dezembro de 1976, não terão efeitos para fins de apuração do lucro real da pessoa jurídica sujeita ao RTT, devendo ser considerados, para fins tributários, os métodos e critérios contábeis vigentes em 31 de dezembro de 2007.
>
> Parágrafo único. Aplica-se o disposto no *caput* deste artigo às normas expedidas pela Comissão de Valores Mobiliários, com base na competência conferida pelo § 3° do art. 177 da Lei n° 6.404, de 15 de dezembro de 1976, e pelos demais órgãos reguladores que visem a alinhar a legislação específica com os padrões internacionais de contabilidade.

Muito embora seja louvável que a contabilidade queira aumentar e melhorar a exposição das entidades perante seus usuários, é de se esperar, com alguma preocupação, que as Autoridades Fiscais brasileiras considerem interessante essa visão mais ampla das pessoas jurídicas e, mais que isso, veja, nessa nova contabilidade, uma oportunidade de aumentar a arrecadação e fiscalização.

---

renda com base no lucro presumido ou arbitrado, da Contribuição Social sobre o Lucro Líquido – CSLL, da Contribuição para o PIS/PASEP e da Contribuição para o Financiamento da Seguridade Social – COFINS.

§ 4° Quando paga até o prazo previsto no inciso III do § 2° deste artigo, a diferença apurada será recolhida sem acréscimos.

Analisaremos no último item deste capítulo o Regime Tributário de Transição (RTT) de forma mais detalhada, seu nascimento, e sua extinção, em 2014.

Voltando às normas contábeis, o fato é que o legislador, ao olhar para as alterações contábeis e manifestar-se sobre tais regras, não quer dizer, em hipótese alguma, que todas as alterações devam ser traduzidas para a linguagem do direito tributário. Deve haver manifestações do direito positivo, normas que refutem tais alterações todas as vezes que a pretensa adoção culmine numa violação das demais normas do sistema do direito positivo.

Em se tratando de normas de ajuste do imposto sobre a renda, todas as vezes que a adoção dos ajustes contábeis nos conduzisse a uma base calculada que não representasse "acréscimo patrimonial efetivo", estaríamos diante de uma inconstitucionalidade, por violação à Constituição Federal.

A inconstitucionalidade de normas que promovam a construção de uma base de cálculo do imposto sobre a renda que a afaste dos preceitos constitucionais do tributo é a conclusão inexorável do presente estudo. Admitir uma base de cálculo construída com a utilização de uma ficção jurídica – as normas de preço de transferência – padece de inconstitucionalidade evidente.

Esse tema será abordado em outra etapa deste trabalho. Mas o que é exatamente o FCONT?

FCONT é uma escrituração das contas patrimoniais e de resultado, em partidas dobradas, que considera os métodos e critérios contábeis aplicados pela legislação tributária. Trata-se de um sistema que permite que todas as alterações decorrentes da adoção da "nova contabilidade" sejam "traduzidas" para a contabilidade vigente em 31 de dezembro de 2007, ou seja, um sistema que congela as normas contábeis naquelas regras válidas naquela data, utilizadas até então pelo direito positivo como metalinguagem para a construção da linguagem do direito positivo. Em outras falas, trata-se de um

PREÇO DE TRANSFERÊNCIA COMO NORMA DE AJUSTE DO IMPOSTO SOBRE A RENDA

sistema que congela a contabilidade no ordenamento jurídico estático em dezembro de 2007, nas regras contábeis antigas, teoricamente refletidas na legislação tributária.

Devemos lembrar que o FCONT traduz o balanço para a contabilidade societária de 31 de dezembro de 2007, e o LALUR traduz esta última para o que poderíamos chamar de balanço tributário ou fiscal, que é construído pelas normas jurídicas tributárias para que seja possível o cálculo do imposto sobre a renda, incidente sobre a base calculada, tomando como base as normas contábeis.

Com a vigência da Instrução Normativa n. 1.139/2011, a elaboração do FCONT passou a ser obrigatória, mesmo no caso de não haver lançamento com base em métodos e critérios diferentes daqueles prescritos pela legislação tributária, baseada nos critérios contábeis vigentes em 31 de dezembro de 2007, nos termos do art. 2º da Instrução Normativa n. 967/2009.

Nesse sentido, admitindo que o direito tributário toma o balanço societário como base para a construção do balanço tributário, foi necessária a criação de uma "tradução" dessas normas contábeis para aquelas por meio das quais as pessoas jurídicas, hoje, constroem seus resultados contábeis, divulgados ao mercado, por exemplo.

O FCONT serve, em outras palavras, para criar um paralelo entre a legislação contábil de 2007 e a atual, indicando as diferenças de práticas para que o Fisco possa, com precisão, entender as diferenças entre os resultados tributáveis e aqueles calculados por meio dos novos critérios contábeis.

Até mesmo para avaliar prováveis efeitos tributários da adoção ou não dos critérios contábeis, identificar e entender as diferenças é fundamental. Assim foi feito, criou-se o FCONT.

Entendemos que o FCONT presta-se a evidenciar os efeitos tributários decorrentes das diferenças de práticas e a permitir, dessa forma, que tais diferenças sejam explicadas e justificadas para fins tributários. É importante ressaltar que o FCONT, por revestir-se do sigilo fiscal, não é um mecanismo de informações para usuários da contabilidade, como os investidores, por exemplo.

O FCONT tem uma função clara: apontar para o Fisco federal as diferenças entre os cálculos das mutações patrimoniais realizados pela contabilidade de 2007 – na qual se funda todo o cálculo do imposto sobre a renda prescrito pela legislação tributária até os dias de hoje – e o cálculo das mesmas mutações realizadas, tendo como base as normas internacionais de IFRS.

Mas, sendo o FCONT tão importante, como será feita essa "passagem", essa "tradução" após a extinção do referido dever instrumental? A Escrituração Contábil Fiscal – ECF terá essa função: eletronicamente, por meio de escrituração digital, será construída uma "ponte" entre as duas escriturações, permitindo que o Fisco tenha a visibilidade necessária para compreendê-las. Dentro desse cenário, é correto até mesmo pensarmos que o FCONT não foi extinto: foi substituído por uma nova obrigação, mais moderna e com paralelos entre ambos os balanços, mais claros e conexos.

3.4 O LALUR e o balanço fiscal

A significação, para a linguagem do direito positivo, das demonstrações e padrões contábeis é atribuída após aquele fato ser trazido para o universo do direito.

Por exemplo, quando a legislação determina que a base de cálculo para o imposto sobre a renda é o lucro real e que este deve ser alcançado e fixado utilizando-se o lucro líquido do exercício, ajustado, estamos diante do direito apropriando-se da contabilidade para criar sua realidade, mas interferindo naquela outra linguagem, preestabelecendo conceitos mínimos, para que a regulação de sua própria realidade seja possível.

PREÇO DE TRANSFERÊNCIA COMO NORMA DE AJUSTE DO IMPOSTO
SOBRE A RENDA

Dissemos no item anterior que o FCONT é a tradução entre a linguagem da antiga contabilidade e a "nova contabilidade", que serve para demonstrar ao Fisco de que forma é calculado o lucro líquido contábil em IFRS e segundo as normas contábeis de 2007.

O LALUR tem uma função muito próxima, novamente ligada ao direito positivo: construir um balanço fiscal tomando como base as normas contábeis válidas em 31 de dezembro de 2007, indicadas pelo art. 177 da Lei das S.A. como "padrões de contabilidade geralmente aceitos".

A ECF, criada pela Lei n. 12.973/2014, também tratou de extinguir o LALUR, substituindo-o por um dever instrumental mais complexo e moderno. Mas não é possível compreender de que forma essa construção acontece sem analisarmos o LALUR.

Os padrões contábeis são regulados pela legislação específica ou por mecanismos infralegais que permitem a órgãos de controle e fiscalização, como a Comissão de Valores Mobiliários, disporem acerca dos procedimentos a serem observados para que aquele consenso que mencionamos anteriormente funcione.

Sem essa fixação de parâmetros consensuais não seria possível compreender o que a linguagem da contabilidade quer dizer quando representa que o lucro líquido de uma entidade é positivo ou negativo, por exemplo, e, então, a contabilidade perderia seu sentido e razão de ser: permitir que qualquer usuário que conheça os padrões possa avaliar e comparar duas entidades.

Essa consensualidade acerca dos parâmetros e padrões válidos para todos os usuários daquele sistema, a prévia fixação de significação para os signos da linguagem, é o que permite que todos percebam a amplitude semântica da linguagem de uma forma aproximada.

121

À evidência que não se trata de uma fixação arbitrária, porque da mesma forma como o direito se apropria da contabilidade, esta o faz com a matemática, o que quer dizer que um número alto na matemática como lucro quer dizer que esse lucro é maior que um número mais baixo.

Essa percepção é mais consensual que a análise de um balanço contábil sob outros pontos de vista. Por exemplo, para uma empresa que pretenda utilizar prejuízo fiscal numa eventual incorporação, o número negativo do balanço não quer dizer algo a se repelir; pelo contrário, nesse caso há "valoração" positiva desse número.

Ele não deixará de ser matematicamente negativo, mas, sob aquele ponto de vista, será útil em outras situações.

Consolidando as ideias, temos:

a) Em 2007, houve o início da convergência das normas contábeis brasileiras para o padrão mundial de reporte (IFRS), com a edição da Lei n. 11.638/2007, que iniciou as alterações na Lei das Sociedades Anônimas.

b) Admitindo que a adoção do IFRS não seria integral, criou-se o FCONT, como forma de transição entre o modelo IFRS e a atual legislação societária no Brasil.

c) A Comissão de Valores Mobiliários estabeleceu um prazo para a adoção completa do IFRS pelas companhias de capital aberto no Brasil: o ano de 2010.

d) Para permitir a transição entre "balanço societário" e "balanço fiscal", o legislador ordinário criou o chamado Regime Tributário de Transição (RTT), objetivando permitir que de 2008 a 2010 fossem adotadas práticas tendendo a "anular" os efeitos fiscais das alterações contábeis.

e) Em 2013, com a MP n. 627, convertida na Lei n. 12.973/2014, o RTT foi extinto, o FCONT e o LALUR foram substituídos pela ECF – Escrituração Contábil Fiscal, com adesão voluntária para 2014 e obrigatória para 2015. A ECF nada mais é que a modernização e a reunião do

PREÇO DE TRANSFERÊNCIA COMO NORMA DE AJUSTE DO IMPOSTO SOBRE A RENDA

FCONT e do LALUR em um dever instrumental digital novo, que permite ao Fisco criar paralelos entre o balanço em IFRS e o balanço fiscal, para fins de cálculo do imposto sobre a renda, avaliando de que forma se opera a passagem entre ambos.

Isto quer dizer que, de 2008 a 2010, as companhias de capital aberto poderiam apresentar três padrões de demonstrações financeiras: a) em IFRS; b) em "legislação societária brasileira"; e c) em legislação fiscal, para fins de incidência do imposto sobre a renda e demais tributos incidentes sobre o chamado "lucro real".

A partir de 2014, para as pessoas jurídicas que aderiram, e 2015, obrigatoriamente, haverá apenas dois padrões: a) IFRS; e b) ECF, legislação fiscal com os ajustes que o legislador adotou, somada às adições e exclusões do antigo LALUR, ainda presentes na legislação tributária.

Fazendo uso das palavras da Procuradoria Geral da Fazenda Nacional, em parecer emitido para a Receita Federal do Brasil,[127] temos:

> a) inicialmente, a pessoa jurídica sujeita ao RTT deve utilizar a Lei nº 6.404, de 1976, já considerando os métodos e critérios introduzidos pela Lei nº 11.638, de 28 de dezembro de 2007, para assim atingir o que denominamos como "lucro societário";
>
> b) em um segundo momento, devem ser realizados ajustes específicos ao lucro líquido do período obtido conforme o item "a", de modo a reverter o efeito da utilização dos novos métodos e critérios contábeis, encontrando, assim, a pessoa jurídica sujeita ao RTT o denominado "lucro fiscal" (ou, de forma mais exata, o resultado contábil considerando os métodos e critérios preconizados pela Lei nº 6.404, de 1976, vigente em 31 de dezembro de 2007);

---

127. Parecer/PGFN/CAT n. 202/2013.

c) finalmente, de modo a obter o lucro real, devem, em uma terceira etapa, ser realizados os demais ajustes de adição, exclusão e compensação previstos na legislação tributária.

Utilizando um gráfico, poderíamos demonstrar da seguinte forma, como se operava o esquema durante a vigência do RTT, FCONT e LALUR:

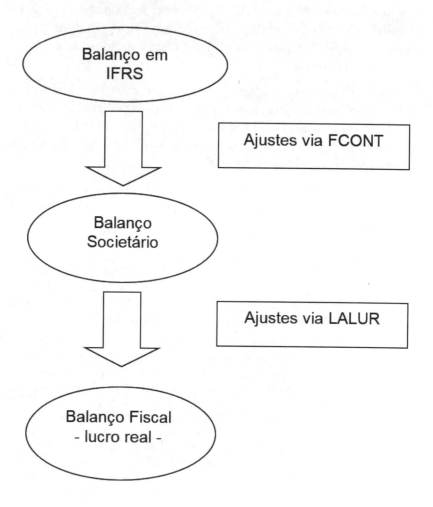

PREÇO DE TRANSFERÊNCIA COMO NORMA DE AJUSTE DO IMPOSTO SOBRE A RENDA

Após a Lei n. 12.973/2014, temos:

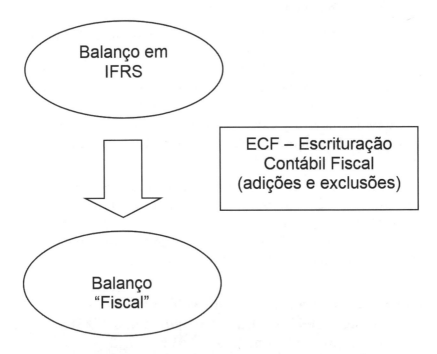

Para os fins deste estudo, o "preço contábil" estaria nos dois primeiros "balanços", e o "preço fiscal" existiria apenas para fins de apuração e pagamento do imposto sobre a renda, já que a respectiva base de cálculo é o balanço fiscal, onde se apura o lucro real e a base de cálculo para a CSLL, caso houvesse ajuste determinado pela divergência entre preços contábeis praticados e preços fiscais, parâmetros calculados de acordo com a legislação.

O "preço fiscal" seria, portanto, um preço artificial e fixado pela legislação apenas para cálculo do imposto sobre a renda. É essa a razão de ser da legislação brasileira: promover um ajuste para fins de cálculo de imposto de renda, utilizando como parâmetro índices que podem ser "inspirados" em variáveis de mercado, mas que, por carregarem margens de lucratividade fixas e não permitirem outras formas de

VIVIAN DE FREITAS E RODRIGUES DE OLIVEIRA

comprovação, caminham para uma ficção jurídica e não para reprodução de condições de mercado.

É importante destacar e ressaltar que o "ajuste" aqui tratado não decorre da diferença de prática instituída pela adoção da nova contabilidade. A questão é que, com a dissociação da contabilidade e do direito tributário, todos os "ajustes" de uma apuração para a outra ficam mais evidentes e nos conduzem a pensar sobre a natureza jurídica de cada um dos ajustes, mas, de fato, a adoção ou não do RTT em nada alterou a dinâmica do ajuste aqui tratado.

Fecharemos este capítulo discorrendo um pouco sobre o RTT, que inicialmente foi previsto pela Medida Provisória n. 449/2008, convertida na Lei n. 11.941/2009, e revogado pela Medida Provisória n. 627/2013, convertida na Lei n. 12.973/2014, causando muitas dúvidas.

3.5 Revogação do RTT – Regime Tributário de Transição pela Medida Provisória n. 627/2013, convertida na Lei n. 12.973/2014

O Regime Tributário de Transição foi previsto, inicialmente, pela Medida Provisória n. 449/2008, convertida na Lei n. 11.941/2009, nos seguintes termos:

> 8. A Lei nº 11.638, de 2007, foi publicada no Diário Oficial da União de 28 de dezembro de 2007, e entrou em vigor no dia 1º de janeiro de 2008, sem a adequação concomitante da legislação tributária. Esta breve *vacatio legis* e a alta complexidade dos novos métodos e critérios contábeis instituídos pelo referido diploma legal - muitos deles ainda não regulamentados - têm causado insegurança jurídica aos contribuintes. **Assim, faz-se mister a adoção do RTT, conforme definido nos arts. 15 a 22 desta Medida Provisória, para neutralizar os efeitos tributários e remover a insegurança jurídica.**
>
> 9. O processo de harmonização das normas contábeis nacionais com os padrões internacionais de contabilidade - objetivo maior da Lei nº 11.638, de 2007 - deve prolongar-se pelos próximos anos, razão pela qual há necessidade de que o RTT não

PREÇO DE TRANSFERÊNCIA COMO NORMA DE AJUSTE DO IMPOSTO SOBRE A RENDA

seja aplicável apenas no ano de 2008, mas também no ano de 2009, e, se necessário, nos anos subsequentes, quando, então, ao se descortinar o novo padrão da contabilidade empresarial a ser adotado no País, possa-se regular definitivamente o modo e a intensidade de integração da legislação tributária com os novos métodos e critérios internacionais de contabilidade. Nesse contexto, o § 1º do art. 15 da proposição em tela prevê a aplicação do RTT até que seja editada lei **regulando definitivamente os efeitos tributários das mudanças nos critérios contábeis, a qual pretende-se que seja neutra, ou seja, que não afete a carga tributária** (grifo nosso).

Abrimos parênteses para discorrer um pouco sobre a chamada "neutralidade fiscal", especialmente considerando que o escopo deste trabalho é demonstrar que existe um "ajuste" da escrituração contábil para a fiscal que gera um aumento da base de cálculo do imposto sobre a renda e que este "ajuste" calca-se numa ficção jurídica.

A "neutralidade" fiscal a que nos referimos, prevista no artigo acima transcrito, é exatamente o contrário: visa anular os efeitos das diferenças de práticas, assim tidas como aquelas que a nova contabilidade instituiu e aquelas usualmente válidas para o cálculo do imposto sobre a renda.

Nesse ponto, vale a transcrição da exposição de motivos da Medida Provisória n. 449, convertida na Lei n. 11.941/2009 (medida esta revogada pela MP n. 627/2013 e convertida na Lei n. 12.973/2014), que tinha como finalidade primordial promover a neutralidade tributária decorrente dos ajustes contábeis resultantes da adoção da Lei n. 11.638/2007 e de outras normas posteriormente editadas pela Comissão de Valores Mobiliários (CVM), com o escopo de alinhar as regras contábeis aos princípios e regras contábeis adotadas mundialmente:

No que concerne ao Regime Tributário de Transição – RTT, objetiva-se neutralizar os impactos dos novos métodos e critérios contábeis introduzidos pela Lei nº 11.638, de 2007, na apuração das bases de cálculo de tributos federais nos anos de 2008 e 2009, bem como alterar a Lei nº 6.404, de 1976, no esforço de

VIVIAN DE FREITAS E RODRIGUES DE OLIVEIRA

> harmonização das normas contábeis adotadas no Brasil às normas contábeis internacionais.
>
> A Lei nº 11.638, de 2007, foi publicada no Diário Oficial da União de 28 de dezembro de 2007, e entrou em vigor no dia 1º de janeiro de 2008, sem a adequação concomitante da legislação tributária. Esta breve *vacatio legis* e a alta complexidade dos novos métodos e critérios contábeis instituídos pelo referido diploma legal – muitos deles ainda não regulamentados – têm causado insegurança jurídica aos contribuintes. Assim, faz-se mister a adoção do RTT, conforme definido nos arts. 15 a 22 desta Medida Provisória, para neutralizar os efeitos tributários e remover a insegurança jurídica.

É importante lembrar que, em nome do princípio da segurança jurídica, o legislador ordinário entendeu por bem criar um regime jurídico intermediário entre o chamado balanço em IFRS e o balanço fiscal, tido como a base de cálculo do imposto sobre a renda, considerando, principalmente, que o direito toma como ponto de partida para o cálculo do IR exatamente o chamado lucro líquido contábil.

A chamada "neutralidade", portanto, nada mais é que o direito tributário prescrevendo que os fatos jurídicos tributários serão construídos utilizando-se a legislação em vigor em 31 de dezembro de 2007, criando, dessa forma, a realidade social sobre a qual deve-se pautar o processo de incidência tributária.

É importante destacarmos que a neutralidade fiscal permanece, na nova legislação, à medida que novos CPCs forem criados. Sempre que a contabilidade alterar suas formas de mensuração do patrimônio, não haverá impacto tributário.

Referindo-se à neutralidade fiscal, a Procuradoria Geral da Fazenda Nacional manifestou-se no seguinte sentido:[128]

---

128. Parecer PGFN n. 202/2013.

PREÇO DE TRANSFERÊNCIA COMO NORMA DE AJUSTE DO IMPOSTO
SOBRE A RENDA

> Dos dispositivos constantes acima reproduzidos, o que se pode entender por adoção legal da neutralidade é irretocável: um montante de receita contábil gerado exclusivamente pelos novos métodos e critérios contábeis não deveria, sob qualquer hipótese, ser considerado para fins tributários. Analogamente, quaisquer custos e despesas decorrentes da adoção dos novos métodos e critérios contábeis não podem ser tributariamente considerados.

Retomando, o RTT reflete a preocupação que se tinha na produção de norma que viesse a alterar conceitos contábeis e societários. A Medida Provisória n. 627/2013, convertida na Lei n. 12.973/2014, revoga o Regime Tributário de Transição, instituído pela Lei n. 11.941/2009, e altera a legislação relativa ao Imposto de Renda da Pessoa Jurídica (IRPJ) e a Contribuição Social sobre o Lucro Líquido (CSLL).

A medida provisória foi editada com o objetivo de harmonizar os regramentos de tributos federais com os critérios e procedimentos contábeis impostos pelas Leis ns. 11.638/2007 e 11.941/2009. Esse intuito é constatado na exposição de motivos da medida próvisória[129], conforme abaixo:

1. O RTT tem como objetivo a neutralidade tributária das alterações trazidas pela Lei nº 11.638, de 2007. O RTT define como base de cálculo do IRPJ, da CSLL, da Contribuição para o PIS/PASEP, e da COFINS os critérios contábeis estabelecidos na Lei nº 6.404, de 1976, com vigência em dezembro de 2007. Ou seja, a apuração desses tributos tem como base legal uma legislação societária já revogada.

2. Essa situação tem provocado inúmeros questionamentos, gerando insegurança jurídica e complexidade na administração dos tributos. Além disso, traz dificuldades para futuras alterações pontuais na base de cálculo dos tributos, pois

---

129. Exposição de Motivos da Medida Provisória n. 627.

a tributação tem como base uma legislação já revogada, o que motiva litígios administrativos e judiciais.

3. A presente Medida Provisória tem como objetivo a adequação da legislação tributária à legislação societária e às normas contábeis e, assim, extinguir o RTT e estabelecer uma nova forma de apuração do IRPJ e da CSLL, a partir de ajustes que devem ser efetuados em livro fiscal. Além disso, traz as convergências necessárias para a apuração da base de cálculo da Contribuição para o PIS/PASEP e da COFINS.

Nos termos da nova legislação, passa a ser uma necessidade ajustar as regras contábeis ao entendimento legal.

A complexidade e as peculiaridades do novo modelo de legislação proposta suscitam dúvidas e uma infinidade de problemas para os contabilistas, advogados e principalmente para as empresas.

Um dos principais pontos da medida é sobre o ágio, que é objeto de discussão no Conselho Administrativo de Recursos Fiscais (CARF). Segundo o texto da MP passa a ser considerado o valor de compra da participação societária (custo da aquisição) e fica dividido em três itens: 1 – Valor patrimonial da participação adquirida; 2 – Por mais ou menos valia, sendo a diferença entre o valor justo dos ativos líquidos da investida na proporção da porcentagem da participação do valor patrimonial adquirido; e 3 – Pela rentabilidade futura *goodwill* ou pela compra vantajosa, correlaciona-se pela diferença entre o custo de aquisição e a soma do valor patrimonial adquirido pela diferença entre o valor justo dos ativos líquidos da investida na porcentagem da participação adquirida.

Dessa forma, a diferença entre o custo de aquisição e o valor patrimonial da participação societária adquirida passa ser alocada, para mais ou menos valia, de modo que os ativos

PREÇO DE TRANSFERÊNCIA COMO NORMA DE AJUSTE DO IMPOSTO
SOBRE A RENDA

passam do valor residual a ser classificados como ágio por rentabilidade futura ou ganho por compra vantajosa.

Especificamente com relação ao ágio, a mudança da legislação acaba por representar um "meio termo" entre a vontade do Governo Federal de extinguir o instituto do ágio e as vontades dos contribuintes, que apreciavam o instituto da forma como estava no Decreto n. 1.573. Após muita negociação com representantes das indústrias, dos contribuintes, associações de classe e órgãos representativos, entendeu por bem o legislador manter a existência da amortização jurídica tributária do ágio, condicionando, no entanto, quando e quanto esses valores passam a existir para o direito.

Houve evidente aproximação do ágio fiscal com o conhecido *goodwill* contábil, resultado, sob o prisma do IFRS, de uma reavaliação de ativos de uma pessoa jurídica adquirida. O chamado PPA – *Purchase Price Alocation* nada mais é que um laudo no qual a empresa que adquire outra desmembra o custo de aquisição em parcelas, fazendo uma reavaliação, uma atualização dos valores dos ativos já contabilizados e, ainda, atribuindo valor a ativos não antes registrados, como, por exemplo, os ativos intangíveis.

Neste ponto, é bem interessante a sistemática e a forma própria de pensar da contabilidade. Um ativo intangível só pode ser "valorado", ou seja, a ele só pode ser atribuído valor quando alguém pagar por ele, reconhecendo seu valor e o fazendo pela primeira vez. Isso quer dizer que uma marca, quando surge e é criada por uma pessoa jurídica, não terá "valor" até que seja negociada.

Um excelente exemplo para melhor ilustrar é a aquisição da "Rebook" pela "Adidas". No balanço de aquisição a marca, o intangível "Rebook", teve seu valor calculado e fixado para o PPA que registrou a reavaliação dos ativos da empresa adquirida.

Ponto interessante e o que realmente importa neste trabalho é reconhecer que aqueles valores que compõem o preço

131

pago numa aquisição, fusão ou incorporação, que não são "realocados", ou seja, que não refletem os valores dos ativos, para essa parcela, não alocada, a contabilidade dá o nome de *goodwill*.

O que criou no Brasil uma realidade interessante: numa aquisição com ágio, havia duas "normas", dois "sistemas" criando realidades diferentes e simultâneas. De um lado, o direito tributário, por meio da legislação em vigor, prescrevendo que o ágio para fins de amortização fiscal era a diferença entre patrimônio líquido e valor pago, e se essa diferença fosse justificada por um laudo que confirmasse que o valor pago foi fundado em "rentabilidade futura", então, após a operação societária (fusão, cisão ou aquisição), era atribuído ao contribuinte o direito de amortizá-lo em sessenta parcelas, consecutivas e iguais.

Na prática, se o valor pago fosse caracterizado como "rentabilidade futura", haveria um benefício de 34% (trinta e quatro por cento) sobre esse valor, dado que a despesa seria dedútível para fins de apuração do imposto sobre a renda.

Em paralelo, o mesmo contribuinte deveria elaborar um laudo para fins contábeis, o chamado "PPA" – Purchase Price Alocation, e para essa linguagem, da contabilidade, para essa "realidade", o *goodwill*, ou seja, o valor residual após as reavaliações dos ativos, poderia ser bem menor que aquele fiscalmente reconhecido.

Não é preciso discorrer longamente para concluir que o Fisco federal foi bastante rigoroso nas avaliações dos ágios fiscais resultantes de reestruturações societárias ou decorrentes de fusões, cisões e aquisições, autuando pesadamente as pessoas jurídicas e construindo normas "intuitivas" para determinadas situações. Nos últimos anos, não é demais pensarmos que houve uma caça às bruxas no Brasil, e as bruxas, no caso, eram as pessoas jurídicas com amortizações de ágio em suas apurações.

PREÇO DE TRANSFERÊNCIA COMO NORMA DE AJUSTE DO IMPOSTO
SOBRE A RENDA

Portanto, a nova lei que dispõe sobre o ágio é fruto de muitas negociações e argumentos entre Governo Federal e contribuintes, de forma que não foi extinto o instituto como queria o primeiro, nem mantido como anteriormente prescrito, como queriam os últimos. Houve uma prescrição que substituiu a anterior e é válida para investimentos adquiridos até 2013, após 2017.

Em relação aos lucros e dividendos, a nova lei estabelece que os resultados apurados entre 1º de janeiro de 2008 e 31 de dezembro de 2013 pagos até 12 de novembro de 2013, em valores superiores aos métodos contábeis vigentes até 31 de dezembro de 2007, não serão sujeitos à incidência do imposto sobre a renda na fonte, tampouco integrarão a base de cálculo do IRPJ e da CSLL do contribuinte beneficiário, pessoa jurídica ou física, residente ou domiciliado no País ou no exterior.

No que se refere ao PIS e à Cofins, a nova redação da Lei n. 9.718/98, instituída pela MP n. 1.724/98, veda a exclusão da base de cálculo do PIS e da Cofins, do regime cumulativo, de receitas decorrentes de equivalência patrimonial. E revogou a permissão de exclusão da receita bruta das contribuições do PIS e da Cofins pelo regime cumulativo. Isso significa que a receita decorrente da venda de bens do ativo permanente e que tenha transferência onerosa a terceiros (contribuinte distinto) como créditos acumulados de ICMS (exportação) passa a ser tributada pelo PIS/Cofins (regime cumulativo) a partir de 1º de janeiro de 2015 ou a partir de 1º de janeiro de 2014.

Não podemos ignorar que a medida provisória traz dois grandes avanços ao sistema tributário nacional, qual seja: a adequação da legislação tributária à legislação societária e às normas contábeis, com o consequente fim do Regime Tributário de Transição (RTT), e o alinhamento, ainda que parcial, da tributação dos lucros do exterior à decisão do Supremo Tribunal Federal (STF) sobre a Ação Direta de Inconstitucionalidade n. 2.588 .

Por outro lado, há pontos ainda indefinidos, como a questão da receita de notas emitidas e não entregues (quando não houve a transferência do risco) e a dos dividendos referentes ao ano de 2013 que forem pagos depois da publicação da MP, já que esta trouxe o benefício da não tributação especificamente para os dividendos efetivamente pagos até a data de sua publicação. Isso porque a MP assegura a isenção tributária apenas para os dividendos efetivamente pagos até a data de publicação da medida (11-11-2013). Devido a essa limitação, ainda que a empresa já faça a opção, os dividendos calculados com base nos resultados contábeis de 2013, e que foram pagos a partir da aprovação das assembleias em 2014, somente foram alcançados por isenção até o limite dos lucros de 2013 apurados segundo os critérios de 31 de dezembro de 2007.

Há ainda outra crítica no que diz respeito às reorganizações societárias das empresas. Ou seja, para as empresas que optaram pela adesão da nova legislação antecipadamente, haverá sujeição a regras mais restritivas de aproveitamento do ágio gerado na substituição de participações societárias em razão de incorporações e fusões. De outro lado, para aquelas companhias que deixaram para 2015 a opção, a regulamentação ainda não definiu como será a forma de escrituração e de entrega de obrigações acessórias à Receita Federal, podendo tornar os custos de conformidade mais caros para as empresas até a transição. Algumas normas contábeis internacionais importantes, como as que tratam de estoques (CPC/16) e receitas (CPC/30), não tiveram seus reflexos tributários detalhados na MP n. 627, e consequentemente também não na respectiva conversão, o que poderá gerar conflitos de aplicação.

Passemos agora a analisar o preço de transferência e o modelo OCDE, sob o enfoque prático, buscando demonstrar que as diferenças entre os fins pretendidos naquele modelo e no modelo brasileiro são significativas.

4. DO PREÇO DE TRANSFERÊNCIA

4.1 Notas introdutórias

Adentrando em parte relevante do estudo que nos propusemos a fazer, passemos agora à análise do instituto dos "preços de transferência" da forma como prescrito na legislação brasileira em vigor.

Sob o ponto de vista do direito tributário, partindo das premissas que adotamos, devemos reconhecer que existem normas que dispõem sobre "preço de transferência".

Como se depreende do próprio nome, trata-se de um preço, ou seja, do valor que as partes de uma transação atribuem ao negócio jurídico. O preço, portanto, é a quantia que uma parte paga à outra em um negócio. Deve constar do documento fiscal que materializou a transação e ser reconhecido na escrituração contábil e fiscal de ambas as partes, em se tratando de pessoas jurídicas.

O preço de uma operação, quando praticado por partes independentes, é o preço justo, porque obtido por meio de uma negociação de interesses conflitantes, a qual admite que não haja vícios no negócio que permitam uma anulação ou reconhecimento da nulidade.

O Código Civil descreve o preço como sendo o valor pago acordado entre as partes: "Art. 482. A compra e venda, quando

135

pura, considerar-se-á obrigatória e perfeita, desde que as partes acordarem no objeto e no preço".

A legislação tributária (Lei Complementar n. 116/2003) define preço como valor do serviço:

> Art. 1º O Imposto Sobre Serviços de Qualquer Natureza, de competência dos Municípios e do Distrito Federal, tem como fato gerador a prestação de serviços constantes da lista anexa, ainda que esses não se constituam como atividade preponderante do prestador.
>
> [...]
>
> § 3º O imposto de que trata esta Lei Complementar incide ainda sobre os serviços prestados mediante a utilização de bens e serviços públicos explorados economicamente mediante autorização, permissão ou concessão, com o pagamento de tarifa, preço ou pedágio pelo usuário final do serviço.

A norma de preço de transferência prescreve que um preço praticado entre duas pessoas jurídicas vinculadas, ou seja, "não independentes", deve ser submetido a testes matemáticos e, em havendo divergência para mais, o valor será considerado indedutível para fins de apuração do imposto sobre a renda. Seguindo o mesmo entendimento, se a divergência for para menos, haverá um ajuste do "preço" para considerá-lo maior, para fins de tributação, igualmente.

É o que se depreende da leitura do § 1º do art. 5º da Instrução Normativa n. 1.312/2012, que regulamentou a nova legislação de preço de transferência no Brasil:

> Art. 3º Os custos, despesas e encargos relativos a bens, serviços e direitos, constantes dos documentos de importação ou de aquisição, nas operações efetuadas com pessoa vinculada, serão dedutíveis na determinação do lucro real e da base de cálculo da CSLL somente até o valor que não exceda o preço determinado por um dos métodos previstos nos arts. 8º a 16.

PREÇO DE TRANSFERÊNCIA COMO NORMA DE AJUSTE DO IMPOSTO SOBRE A RENDA

[...]

Art. 5º [...]

§ 1º Se o preço praticado na aquisição, pela pessoa jurídica vinculada domiciliada no Brasil, for superior àquele utilizado como parâmetro, decorrente da diferença entre os preços comparados, o valor resultante do excesso de custos, despesas ou encargos, considerado indedutível na determinação do lucro real e da base de cálculo da CSLL, será ajustado contabilmente por meio de lançamento a débito de conta de resultados acumulados do patrimônio líquido e a crédito de:

I - conta do ativo onde foi contabilizada a aquisição dos bens, direitos ou serviços e que permanecerem ali registrados ao final do período de apuração; ou

II - conta própria de custo ou de despesa do período de apuração, que registre o valor dos bens, direitos ou serviços, no caso de já terem sido baixados na conta de ativo que tenha registrado a sua aquisição.

Isso quer dizer que os Estados que possuem normas de preço de transferência controlam os preços praticados em situação de interdependência entre as partes, atribuindo novos "preços" às operações praticadas, sempre que o resultado do cálculo previsto na legislação for divergente do preço efetivamente praticado.

Quer dizer, ainda, que uma mesma operação pode apresentar um valor contábil e outro tributário, para fins de apuração do imposto sobre a renda. O direito, criando suas realidades, recalcula o preço da operação, ajustando-a.

Dado o fato de que essas sistemáticas de cálculos para testar operações devem ser aplicadas todas as vezes que a transação ocorrer entre partes independentes e operações com paraísos fiscais, este estudo desenvolve-se admitindo a importância do tema e o caráter ficcional das normas individuais e concretas construídas com fundamento na norma geral e abstrata que trata do assunto.

4.2 Conceito de preço de transferência

Paulo de Barros Carvalho conceitua preço de transferência como

> [...] a forma encontrada para, verificando-se que certa transação foi efetuada entre partes vinculadas, com a fixação de preço diverso do de mercado, substitui o preço maculado pela influência das partes por aquele independente de vínculo, impedindo, com isso, a distribuição disfarçada de lucros e, assim, permitindo aferir-se o real montante da renda auferida, sujeita à tributação em consonância com o princípio *"arm's length"*.[130]

Para Alberto Xavier,[131]

> [...] a prática denominada de *preços de transferência* consiste na política de preços que vigora nas relações internas de empresas interdependentes e que, em virtude destas relações especiais, pode condicionar à fixação de *preços artificiais*, distintos dos *preços de mercado.*

Luís Eduardo Shoueri,[132] utilizando-se do conceito presente no *International tax glossary*, ensina-nos que, por preço de transferência,

> [...] entende-se, na doutrina internacional, o valor cobrado por uma empresa na venda ou transferência de bens, serviços ou propriedade intangível, a empresa a ela relacionada. Tratando-se de preços que não se negociaram em um mercado livre e aberto, podem eles desviar-se daqueles que teriam sido acertados entre parceiros comerciais não relacionados, em transações comparáveis nas mesmas circunstâncias. No direito brasileiro, a matéria dos preços de transferência estende-se às trocas entre

---

130. CARVALHO, Paulo de Barros. Preço de transferência no direito tributário brasileiro. In: PEIXOTO, Marcelo Magalhães; FERNANDES, Edison Carlos. *Tributação, justiça e liberdade*: homenagem a Ives Gandra da Silva Martins, cit., p. 561.

131. XAVIER, Alberto. *Direito tributário do Brasil*: tributação das operações internacionais. São Paulo: Forense, 1998, p. 301.

132. SHOUERI, Luís Eduardo. *Preços de transferência no direito tributário brasileiro*. 2. ed. São Paulo: Dialética, 2006, p. 12.

PREÇO DE TRANSFERÊNCIA COMO NORMA DE AJUSTE DO IMPOSTO SOBRE A RENDA

estabelecimentos de uma mesma empresa, situados em diferentes territórios.

Ricardo Mariz de Oliveira,[133] discorrendo sobre preço de transferência, ensina-nos:

> Em 1996, para vigorar a partir de 1997, surgiu a disciplina dos preços de transferência na maneira regrada pela Lei n° 9.430, de 27.12.1996, que cuidou do assunto nos seus arts. 18 a 24 e 28. Também essa lei recebeu algumas modificações, mas a essência do trato do assunto ainda é aquela que ela introduziu. Essa lei também visa, no interesse da arrecadação tributária, impedir a transferência de lucros da pessoa jurídica para pessoas a ela vinculadas, mediante preços que teoricamente não seriam praticados entre pessoas não vinculadas, e também usa mecanismos de sanção da pessoa jurídica autora da transferência, mediante ajustes no seu lucro líquido que acarretam acréscimos ao respectivo lucro tributável.

Adotamos, para os fins deste estudo, preço de transferência como uma fixação artificial de preços, prescrita pela legislação tributária como forma de atribuir a uma transação realizada entre partes não independentes um valor fiscal que comporá a base calculada do imposto sobre a renda.

Trata-se de uma ficção legal, na medida em que não prevê produção de prova em contrário, ou seja, é uma ficção que não visa a eliminar os efeitos da codependência, reproduzindo valores e condições de mercado, isto é, da manutenção de mínimos de lucratividade para dada operação.

Ao reconhecer o caráter ficcional das normas de preço de transferência, não deixamos de reconhecer que em outros países do mundo, adeptos do modelo OCDE, essa busca por valores e condições de mercado exista de fato. O que há de inconstitucional no modelo brasileiro é a tributação de um acréscimo patrimonial que não necessariamente ocorreu e,

---

133. OLIVEIRA, Ricardo Mariz de. *Fundamentos do imposto de renda*, cit., p. 775.

ainda, uma distorção completa do que seriam as eventuais condições de mercado como objetivo a ser buscado em um cálculo de preço de transferência.

A percepção dos exageros do legislador nacional é mais clara quando enfrentamos o modelo OCDE e nos propomos a estudá-lo. Novamente, ressaltando: acreditamos que o modelo brasileiro de fixação de preços artificiais é o mais adequado ao modelo das relações mantidas entre Fisco e contribuintes no Brasil, cuja Constituição Federal adotou o princípio da legalidade estrita, em que normas com altíssima carga de subjetividade certamente não teriam um futuro diferente que não o reconhecimento da inconstitucionalidade pelo Supremo Tribunal Federal.

Isso quer dizer que, em nosso ponto de vista, as normas que fixam os ajustes são inconstitucionais por oferecerem à tributação algo que, de fato, não representou acréscimo patrimonial efetivo, apenas um valor fixado sem contrapartida de caixa, nem sequer com um lançamento contábil correspondente.

Antes de adentrarmos no conceito previsto na legislação brasileira e, posteriormente, nos *guidelines* do modelo OCDE, faz-se necessária uma comparação entre o controle de preços praticados entre partes relacionadas em relações entre distintos países e o controle imposto quando essas relações são praticadas dentro do Brasil. Trataremos das semelhanças entre a Distribuição Disfarçada de Lucro – DDL e o preço de transferência.

A comparação se faz necessária tendo em vista que o paralelo é inevitável: para operações com partes relacionadas, entre países diferentes, há o controle de preço de transferência, com suas fórmulas e cálculos preestabelecidos, que não nos permitem prova em contrário. Quando essas mesmas operações ocorrem dentro do território nacional, não há uma fórmula matemática preestabelecida, mas há a chamada "DDL" – Distribuição Disfarçada de Lucros.

PREÇO DE TRANSFERÊNCIA COMO NORMA DE AJUSTE DO IMPOSTO
SOBRE A RENDA

Por incrível que possa parecer, o instituto da DDL é muito mais coerente com os *guidelines* da OCDE do que a legislação de preço de transferência, conforme veremos a seguir.

4.3 Distribuição Disfarçada de Lucros – DDL

A distribuição disfarçada de lucro é conhecida como a transferência mascarada do patrimônio da empresa para o sócio.

Sampaio Dória,[134] em obra clássica sobre DDL, destaca que as variações de incidência tributária "provocam a deslocação de rendimentos (ou a transmudação de sua natureza) das pessoas que normalmente os realizariam ou perceberiam para outras pessoas (ou para diferente natureza), nas quais, por circunstâncias várias, atenuam ou desaparecem as esperadas obrigações fiscais".

O autor enquadra o instituto como uma das formas de "deslocação de rendas", objetivando reduzir encargos fiscais.[135]

Brandão Filho,[136] em análise do instituto no direito comparado, ressalta que, assim como na Alemanha, vários outros países, tais como Suíça, França, Estados Unidos, iniciaram a tributação da distribuição disfarçada de lucro, baseados em entendimentos jurisprudenciais.

Destaca ainda que, a partir de 1934, o legislador alemão incorporou ao direito positivo o instituto, por meio de uma cláusula geral, de conteúdo indeterminado, a qual decretava

---

134. DÓRIA, Antonio Roberto Sampaio. *Distribuição disfarçada de lucros e imposto de renda*. São Paulo: Resenha Tributária, 1974, p. 3.

135. COSTA, José Guilherme Ferraz da. Distribuição disfarçada de lucros e preços de transferência: uma análise comparativa e evolutiva. *Revista Tributária e de Finanças Públicas*, n. 63, p. 194, 2005.

136. BRANDÃO MACHADO. Distribuição disfarçada de lucros no direito comparado. In: NOGUEIRA, Ruy Barbosa (coord.). *Estudos tributários*. São Paulo: Resenha Tributária, 1995, p. 157.

simplesmente que os lucros distribuídos disfarçadamente deveriam computar-se como renda tributável da pessoa jurídica, visto que o respectivo regulamento trouxe relação exemplificativa das hipóteses pertinentes.

No Brasil, da mesma forma que em outros países, a figura da Distribuição Disfarçada de Lucros, em algumas hipóteses, era aplicada em decisões judiciais e administrativas, antes de sua regulamentação.

Sampaio Dória,[137] relembra os primeiros casos de DDL na jurisprudência judicial e administrativa sob a forma de despesas não necessárias efetivadas em favor de sócios e, portanto, consideradas indedutíveis da base de cálculo do imposto de renda.

O instituto foi regulamentado na década de 1960, com a edição da Lei n. 4.506/64 – Regulamento do Imposto sobre a Renda de 1966 em que, baseado no Anteprojeto do Código de Imposto de Renda elaborado por Bulhões Pereira, o art. 72 determinava quando os atos realizados pela empresa na realidade não eram "atos-fim", consistindo em "atos-meios" para transferir patrimônio da empresa para os sócios ou acionistas.

Muito se discutia sobre se a distribuição disfarçada de lucro, da forma como regulamentada no art. 60 da Lei n. 4.506/64, continha uma relação taxativa de situações que configuravam a DDL, não admitindo analogia ou interpretação extensiva, uma vez que tais hipóteses compreendiam ora presunção relativa, ora presunção absoluta, ora ficção jurídica.[138]

Para esclarecer essa questão, em primeiro lugar é necessário definir o que seja presunção, quando ela é relativa ou absoluta, e, por fim, diferenciar a presunção da ficção, tema este tratado no item 4.7.

---

137. DÓRIA, Antônio Roberto Sampaio. *Distribuição disfarçada de lucros e imposto de renda*, cit., p. 10.

138. Ibidem, p. 9.

PREÇO DE TRANSFERÊNCIA COMO NORMA DE AJUSTE DO IMPOSTO
SOBRE A RENDA

Vários autores[139] estudam os casos definidos em lei como sendo distribuição disfarçada de lucro, a fim de verificar a natureza jurídica de cada um deles. Concluíram que, das situações elencadas na lei, algumas eram presunções outras ficções. Desse modo, os casos a, b, e, h e j do art. 72 seriam presunções; os c e d seriam simulações e os demais, f, g e i, seriam ficções.

Outra discussão suscitada à época da edição da lei em estudo foram a possibilidade de o beneficiário da distribuição disfarçada de lucros ser pessoa jurídica, e, ainda, qual o alcance da expressão "parentes e dependentes".

Para responder a todas as críticas ao instituto DDL da Lei n. 4.506/64, foi editado o Decreto-Lei n. 1.598/77, que, segundo José Luiz Bulhões Pedreira,[140] corrigiu a lei precedente, regulando de modo completo a DDL e explicitando o caráter relativo das presunções por ela estabelecidas.

Portanto, o Decreto-Lei n. 1.598/77 veio alterar o disposto no Decreto n. 4.506/64 no que tange à distribuição disfarçada de lucro, todavia, a maioria das modificações foi feita a fim de adequar a legislação da distribuição disfarçada à então Lei das Sociedades Anônimas (Lei n. 6.404/76). A partir de então, passou a admitir prova em contrário nas presunções de Distribuição Disfarçada de Lucros, dentre outras alterações. A admissão de prova em sentido contrário é a grande e substancial diferença entre o controle de operações entre partes relacionadas dentro de um mesmo país e entre países diferentes.

Em 1983, novas modificações foram feitas no instituto. Por meio do Decreto-Lei n. 2.065/83, alteraram-se os arts. 60, 61 e 62 do Decreto-Lei n. 1.598/77, que incluiu novas hipóteses de Distribuição Disfarçada de Lucros, de forma mais ampla.

---

139. Ibidem, p. 28.

140. PEDREIRA, José Luiz Bulhões. *Imposto sobre a renda*: pessoa jurídica. Rio de Janeiro: Justec, 1979, p. 807-808.

143

Uma alteração importante foi a inclusão da pessoa jurídica como possível beneficiária da distribuição disfarçada, contrariando frontalmente o dispositivo da lei anterior, bem como a posição da doutrina.

Segundo Mariz de Oliveira,[141] a nova legislação não se preocupou em proteger os sócios prejudicados, uma vez que restituiu a responsabilidade pela Distribuição Disfarçada de Lucros à pessoa jurídica, não mais à pessoa física beneficiada.

Na prática, a DDL obriga o beneficiário a incluir as receitas não reconhecidas e adicionar os custos não computados no cálculo do lucro real tributado, e, dessa forma, a reverter a vantagem que indevidamente lhe foi transferida. Segundo o art. 467 do RIR, quando confirmada a Distribuição Disfarçada de Lucros, a pessoa beneficiária deverá adicionar a diferença entre o valor de mercado e o alienado – valor de compra pelo beneficiário – do bem ou direito à sociedade, como receita, e considerar como custo indedutível, na apuração do lucro real, ou a diferença entre custo de aquisição ou baixa, inclusive por depreciação, amortização ou exaustão do item adquirido em desconformidade com a lei, bem como a importância perdida pelo não exercício, de direito de sinal ou depósito. Quando se tratar de pagamento de *royalties* e de prestação de serviços, o montante dos rendimentos que exceder ao valor de mercado é custo indedutível na apuração do lucro real, assim como as importâncias pagas ou creditadas em condições de favorecimento.

O imposto referente à DDL somente pode ser lançado após o encerramento do período de apuração, nos termos do art. 469 do RIR, o que guarda coerência com a obrigação do beneficiário de afetar o lucro real caso incorra na prática do DDL.

A jurisprudência , em matéria de DDL, reconhece a boa-fé, os costumes do local da celebração, além da razoabilidade

---

141. OLIVEIRA, Ricardo Mariz de. *Fundamentos do imposto de renda*, cit., p. 60.

nos critérios adotados pelos administradores, considerando sua função e responsabilidade.

Com a eliminação da tributação dos lucros distribuídos a partir de 1996, muito se discute sobre a vigência ou utilidade prática das regras da DDL, por outro lado, permanece válida a adição do lucro líquido para efeitos de IRPJ e CSLL, a diferença apurada entre o valor de mercado e o valor praticado pelas pessoas jurídicas com pessoas ligadas.

Com o surgimento do preço de transferência por meio da Lei n. 9.430/96, as operações internacionais de alienação entre pessoas jurídicas brasileiras e pessoas vinculadas ficaram sujeitas a essa disciplina específica.

Portanto, acerca da chamada "DDL" (Distribuição Disfarçada de Lucros), é importante considerar que há um paralelo a ser traçado entre as normas que a disciplinam e aquelas relativas aos preços de transferência, mormente porque estaríamos diante de normas que visam disciplinar a mesma coisa, protegendo a arrecadação tributária no mercado interno (DDL) e nas transações com o exterior (preços de transferência).

Luís Eduardo Schoueri[142] destaca que há semelhanças entre o preço de transferência e os fenômenos de "deslocação de rendas" típicos da DDL. São suas palavras:

> Por preço de transferência entende-se, na doutrina internacional, o valor cobrado por uma empresa na venda ou transferência de bens, serviços ou propriedade intangível, a empresa a ela relacionada. Tratando-se de preços que não se negociaram em um mercado livre e aberto, podem eles desviar-se daqueles que teriam sido acertados entre parceiros comerciais não relacionados em transações comparáveis nas mesmas circunstâncias.

---

142. SCHOUERI, Luís Eduardo. *Distribuição disfarçada de lucros no direito brasileiro e comparado: alcance e natureza.* Tese apresentada à Faculdade de Direito da USP em curso de livre-docência, São Paulo: USP, 1996, p. 116.

Nos dizeres de Ricardo Mariz de Oliveira:[143]

> [...] não é este o momento para debater a questão da elisão e da evasão fiscal, mas apenas confirmar que, no caso, a licitude ou ilicitude dos atos e negócios jurídicos praticados não interfere com as incidências das normas sobre DDL e "transfer pricing", pois elas se constituem, indubitavelmente, num conjunto normativo cujo objetivo precípuo é o de proteção da arrecadação tributária, anulando efeitos de atos e negócios jurídicos que reduzem o lucro tributável pelo IRPJ, sem adentrar na licitude ou ilicitude dos mesmos no terreno das relações jurídicas de direito privado. [...] para proteção da arrecadação tributária, ambos os regimes se valem de regras que, ao final, estabelecem um lucro mínimo a ser necessariamente auferido pela pessoa jurídica em determinados negócios, para que seja tributável, ou consideram que esse lucro mínimo exigido deve ser oferecido à tributação ainda que não tenha ocorrido na realidade patrimonial da pessoa jurídica. Exatamente este ponto suscita indagações sobre a validade constitucional dos dois regimes e sobre a natureza jurídica das exações que eles estabelecem.

Isso quer dizer que tanto as normas de DDL quanto aquelas destinadas a prescrever sobre preços de transferência servem para o mesmo propósito, mas a primeira vigora entre transações efetuadas dentro do território brasileiro, entre duas pessoas jurídicas vinculadas, e as últimas valem para transações com pessoas jurídicas e físicas residentes no exterior. Nesse caso, para melhor compreender tais disposições normativas, é necessária a compressão, como premissa, de que estamos diante de necessária circulação de dinheiro entre dois países e necessárias remessas de tais valores para o exterior.

Nesse sentido, sempre que pensamos em "pagamento", temos de admitir remessa, emprego, crédito, entrega ou pagamento de alguma quantia. Exatamente esses "verbos"

---

143. OLIVEIRA, Ricardo Mariz de. *Fundamentos do imposto de renda*, cit., p. 805.

PREÇO DE TRANSFERÊNCIA COMO NORMA DE AJUSTE DO IMPOSTO SOBRE A RENDA

compõem a hipótese de incidência do IRRF – Imposto sobre a Renda Retido na Fonte sobre transferência de valores para o exterior.

Adicionalmente, há, nas remessas para pagamento de serviços técnicos ou de assistência técnica, uma pesada tributação de cerca de 40%, composta da seguinte forma:

- IRRF: 15%

- CIDE: 10%

- PIS: 1,65%

- Cofins: 7,65%

- ISS: de 2% a 5%

Essa tributação efetiva é ainda maior quando a fonte pagadora no Brasil suporta o ônus da tributação do IRRF e da CIDE, o que majora o primeiro de 15% para 17,65% e o segundo de 10% para 11,76%. Essa previsão legal de majoração da alíquota, no caso de a fonte da renda suportar o ônus financeiro da tributação em substituição ao detentor final da renda no exterior, tem previsão legal para o IRRF no art. 725 do Regulamento do Imposto sobre a Renda, a saber:

> Art. 725. Quando a fonte pagadora assumir o ônus do imposto devido pelo beneficiário, a importância paga, creditada, empregada, remetida ou entregue, será considerada como líquida, cabendo o reajustamento do respectivo rendimento bruto, sobre o qual recairá o imposto, ressalvadas as hipóteses a que se referem os artigos 677 e 703, parágrafo único (Lei n.º 4.154, de 1962, art. 5°; Lei n.º 8.981, de 1995, art. 63, § 2.º).

Entendemos que não há previsão legal para a majoração também da base de cálculo da CIDE-*Royalties*, por ausência de previsão legal, ao contrário do que entende a Receita Federal do Brasil, que, por meio da Solução de Divergência n° 17/2011, fixou entendimento de que, quando houver *gross up* da base de cálculo do IRRF, haverá também, por analogia, o *gross up* da base de cálculo da CIDE.

Nesse sentido, remeter lucros por meio da prática de um preço muito maior que aquele que seria praticado entre partes independentes é uma conduta que a norma de preço de transferência objetiva evitar.

Na exportação, o raciocínio inverte-se. Não é mais um preço alto na transação entre partes relacionadas que se pretende evitar, e sim o inverso: fixa-se um preço mínimo baixo para que o maior preço possível seja praticado entre as partes. Lembrando: na exportação, as divisas estão "entrando" no País, enriquecendo-o e enriquecendo a pessoa jurídica brasileira, parte da operação testada. Há uma lucratividade mínima requerida para as operações, mas a própria existência do *safe harbour* é uma prova de que as normas para os cálculos e testes de exportação são muito menos rígidas.

Quando há um pagamento a título de mercadoria, ou seja, quando o objeto da transação é uma mercadoria, não há IRRF, CIDE e ISS, reduzindo sensivelmente o custo tributário da operação.

Diante disso, podemos concluir que a interpretação sistemática do ordenamento jurídico leva-nos ao entendimento de que, em razão de as regras de preço de transferência serem posteriores às regras de DDL e versarem especificadamente sobre operações internacionais, devem ser primeiramente utilizadas as regras de preço de transferência, sem que cabíveis. E se por alguma razão não puderem ser aplicadas, subsidiariamente, as regras de DDL, para regular as operações entre empresas ligadas, mas apenas no limite de sua aplicação.

4.4 Preço de transferência na legislação brasileira

A atual legislação brasileira sobre preços de transferência, sob a óptica dos contribuintes, é a Lei n. 9.430/96, e, sob a óptica da Receita Federal do Brasil – responsável pela

PREÇO DE TRANSFERÊNCIA COMO NORMA DE AJUSTE DO IMPOSTO
SOBRE A RENDA

fiscalização da apuração do imposto sobre a renda –, era a Instrução Normativa n. 243/2002, que foi revogada recentemente pela Instrução Normativa n. 1.312, de 28 de dezembro de 2012, e já alterada pela Instrução Normativa n. 1.322, de 16 de janeiro de 2013.

Pela legislação brasileira, o preço de transferência é o resultado da aplicação de critérios matemáticos, metodologias de cálculo por meio das quais se chega a um preço, que o Fisco entende válido fiscalmente para determinada operação, independentemente da realidade, assim entendida como as condições jurídicas da transação, antes de eventual ajuste. Utilizando a definição do Fisco federal na Instrução Normativa n. 1.312/2012 acima citada:

> [...] dispõe sobre os preços a serem praticados nas operações de compra e de venda de bens, serviços ou direitos efetuados por pessoa física ou jurídica, residente ou domiciliada no Brasil, com pessoa física ou jurídica residente e domiciliada no exterior, consideradas vinculadas.

Numa analogia, podemos dizer que há o preço contábil – aquele constante da *invoice* – de determinado bem ou direito transacionado entre partes relacionadas (uma necessariamente no exterior) e o preço fiscal – preço a ser considerado para o cálculo do imposto sobre a renda, caso haja ajuste de valor.

Preço de transferência, no Brasil, é um preço artificialmente fixado para atender à legislação fiscal, permitindo que o cálculo do imposto sobre a renda opere-se dentro das premissas fixadas pelo legislador. Trata-se de limitar a dedutibilidade ou exigir lucratividade mínima em transações.

Por outro giro, não há margem alguma para discussão sobre a arbitrariedade ou não do preço fixado após a aplicação de um dos métodos estabelecidos na legislação, e, da mesma forma, também não há espaço para análise de outros fatores que influenciaram a negociação, como despesas com *marketing* e investimentos em pesquisa e desenvolvimento. O contexto, por assim dizer, da operação não é considerado.

Ativos, riscos e funções envolvidos nas operações entre as partes relacionadas igualmente não são considerados para fins de cálculo do valor de mercados das mesmas transações.

Os valores fixados pelas normas de preço de transferência no Brasil não objetivam reproduzir valores em que tais operações teriam sido praticadas entre partes independentes, em condições de mercado. Os métodos promovem a análise anual da lucratividade das operações sob o ponto de vista brasileiro, exclusivamente para fins de apuração do imposto sobre a renda.

Uma análise apressada dos métodos brasileiros em comparação com aqueles do modelo OCDE pode conduzir ao equívoco de pensar que se trata de uma reprodução ou tentativa de seguir um mesmo princípio, mas, de fato, a inspiração de tais normas àquelas fixadas pelas diretrizes da OCDE é pequena e não resiste a um aprofundamento teórico.

Reiteramos nossa posição no sentido de que as normas fixadas pelos arts. 18 a 24-A da Lei n. 9.430/96 (Anexo 1) são coerentes com nosso modelo sistêmico, nosso ordenamento jurídico, a forma de se comportar, a forma de manejá-las, tanto por parte do Fisco quanto por parte dos contribuintes. Mas, para admitir tal premissa, é necessário pensar que, assim como as regras de subcaptalização, instituídas pela Lei n. 12.249/2009, tratam de um nível máximo de endividamento fiscalmente válido, as normas de preço de transferência perfazem a mesma função, qual seja determinar um ajuste no cálculo do imposto sobre a renda das pessoas jurídicas.

São normas pertinentes ao cálculo do lucro, que não buscam coerência com questões de mercado nem aproximar a lucratividade das operações realizadas entre partes vinculadas com aquelas que são realizadas entre partes independentes.

PREÇO DE TRANSFERÊNCIA COMO NORMA DE AJUSTE DO IMPOSTO
SOBRE A RENDA

É importante ter em mente que grande parte das críticas dirigidas aos métodos brasileiros decorre da fixação de premissa, no sentido de que, novamente, a legislação de preço de transferência tem como intuito precípuo simular condições de mercado em operações com partes vinculadas e, de fato, como já dissemos, não é essa a função ou o fim pretendido pela legislação brasileira, que busca fixar preços artificiais para operações entre partes vinculadas e entre partes não vinculadas quando a outra parte está situada em paraíso fiscal ou esteja operando em um regime fiscal privilegiado.

Como dissemos anteriormente, os métodos prescritos pela legislação brasileira são métodos matemáticos, cujas fórmulas devem ser preenchidas para que se chegue a um resultado que será comparado com o preço contábil, assim entendido como aquele constante na contabilidade. Em havendo diferença, haverá um ajuste para fins fiscais, ou seja, para fins de apuração do imposto sobre a renda daquela pessoa jurídica.

Apenas para elencar, existem quatro métodos para cálculo de preço parâmetro em casos de importação e outros três para os casos de exportação.

Como se trata de métodos matemáticos, entendemos por bem mencionar apenas o que pretendem "comparar" com o preço praticado, a saber:

4.5 Métodos para determinação dos preços de transferência no Brasil

O Brasil divide as operações possivelmente sujeitas à disciplina dos preços de transferência em de importação e de exportação e alterna a aplicação dos métodos quer se trate de um quer de outro tipo de transação, conforme será abordado abaixo.

Por óbvio que o intuito que decorre da aplicação dos métodos é diverso. O fim a que se busca é diferente: nos métodos de importação, o que se pretende evitar é a Distribuição Disfarçada de Lucros, tendo como veículo uma operação entre partes relacionadas.

Por exemplo, ao adquirir um bem de uma parte relacionada no exterior por 100, visto que o valor de mercado do bem, o preço usualmente praticado com terceiros independentes, é 40, claramente o delta de 60 está sendo "transferido" para a empresa no exterior, sem a devida tributação, tendo em vista que a operação de compra e venda de mercadoria não tem tributação, considerando a remessa em si mesma.

Já na exportação, o racional que orienta a norma é outro: na mesma operação acima utilizada, imaginemos que, em vez de comprar o bem com valor de mercado de 40 por 100, a pessoa jurídica brasileira estivesse vendendo tal bem. Não haveria qualquer problema sob o ponto de vista da norma brasileira. A norma não fixa um valor máximo para a operação de exportação. Utilizando o exemplo, a legislação fixaria que o bem não poderia ser vendido por menos que 40. Quanto mais divisas entrarem, melhor.

Neste ponto, voltamos à afirmação já recorrente neste trabalho: preço de transferência é um embate de Governos. Cada Governo, de cada País, busca a maior entrada e a menor saída possível de valores: retenção de capital. Esse conceito é um norte seguro para prosseguirmos no presente estudo.

Abrimos um parêntese para ponderar que a sistemática, o procedimento de preço de transferência, só existe em transações entre países distintos. Não há norma de preço de transferência para operações que aconteçam dentro do território brasileiro. A norma, nesse caso, é aquela que prescreve sobre Distribuição Disfarçada de Lucros.

Postas essas questões, adentremos nos métodos propriamente ditos.

PREÇO DE TRANSFERÊNCIA COMO NORMA DE AJUSTE DO IMPOSTO
SOBRE A RENDA

4.5.1 Métodos de importação

Os métodos de importação estão dispostos no art. 18 da Lei n. 9.430/96, a saber:

> Art. 18. Os custos, despesas e encargos relativos a bens, serviços e direitos, constantes dos documentos de importação ou de aquisição, nas operações efetuadas com pessoa vinculada, somente serão dedutíveis na determinação do lucro real até o valor que não exceda o preço determinado por um dos seguintes métodos.

Há a listagem dos métodos a serem utilizados para o cálculo do preço parâmetro, ou seja, o preço resultado da aplicação de um dos métodos matemáticos, com o qual o preço praticado, ou preço contábil, deverá ser comparado.

Passemos à análise dos métodos da importação, já sob a égide da nova legislação de preços de transferência.

4.5.1.1 PIC – Preços Independentes Comparados

Nos termos do inciso I do art. 18 da Lei n. 9.430/96, o PIC é o método

> [...] definido como a média aritmética ponderada dos preços de bens, serviços ou direitos, idênticos ou similares, apurados no mercado brasileiro ou de outros países, em operações de compra e venda empreendidas pela própria interessada ou por terceiros, em condições de pagamento semelhantes; [...] (*Redação dada pela Lei nº 12.715, de 2012.*)

Também conhecido como método de comparação direta, tem como objetivo confrontar os preços dos produtos transferidos em uma transação controlada com o preço praticado em transações com partes independentes, em condições de pagamento equivalentes. É considerado o método mais simples, pois destina-se a verificar a ocorrência da transferência de preços a partir da comparação efetuada, evitando o superfaturamento.

Portanto, o método PIC tem como objetivo a determinação do custo de bens, serviços e direito, adquiridos no exterior, dedutível na determinação do lucro real e da base de cálculo da CSLL.

Uma comparação direta nos poderia conduzir à apressada ideia de que há a busca pela comparabilidade com preços de mercado. Embora seja possível inferir apressadamente dessa forma, existem inúmeras restrições para o cálculo do PIC, que reforçam em se tratar de uma ficção que não admite prova em contrário.

Analisemos as disposições prescritivas relativas ao PIC na atual legislação:

> I - Método dos Preços Independentes Comparados – PIC: definido como a média aritmética ponderada dos preços de bens, serviços ou direitos, idênticos ou similares, apurados no mercado brasileiro ou de outros países, em operações de compra e venda empreendidas pela própria interessada ou por terceiros, em condições de pagamento semelhantes; (*Redação dada pela Lei n° 12.715, de 17 de setembro de 2012.*) (*Vide* art. 78, § 1°, da Lei n° 12.715/2012.)

> § 1° As médias aritméticas ponderadas dos preços de que tratam os incisos I e II do *caput* e o custo médio ponderado de produção de que trata o inciso III do *caput* serão calculados considerando-se os preços praticados e os custos incorridos durante todo o período de apuração da base de cálculo do imposto sobre a renda a que se referirem os custos, despesas ou encargos. (*Redação dada pela Lei n° 12.715, de 17 de setembro de 2012.*) (*Vide* art. 78, § 1°, da Lei n° 12.715/2012.)

> § 2° Para efeito do disposto no inciso I, somente serão consideradas as operações de compra e venda praticadas entre compradores e vendedores não vinculados

> [...]

> § 10. Relativamente ao método previsto no inciso I do *caput*, as operações utilizadas para fins de cálculo devem: (*Incluído pela Lei n° 12.715, de 17 de setembro de 2012.*) (*Vide* art. 78, § 1°, da Lei n° 12.715/2012.)

PREÇO DE TRANSFERÊNCIA COMO NORMA DE AJUSTE DO IMPOSTO SOBRE A RENDA

> I - representar, ao menos, 5% (cinco por cento) do valor das operações de importação sujeitas ao controle de preços de transferência, empreendidas pela pessoa jurídica, no período de apuração, quanto ao tipo de bem, direito ou serviço importado, na hipótese em que os dados utilizados para fins de cálculo digam respeito às suas próprias operações; e (*Incluído pela Lei nº 12.715, de 17 de setembro de 2012.*) (*Vide* art. 78, § 1º, da Lei nº 12.715/2012.)

> II - corresponder a preços independentes realizados no mesmo ano-calendário das respectivas operações de importações sujeitas ao controle de preços de transferência. (*Incluído pela Lei nº 12.715, de 17 de setembro de 2012.*) (*Vide* art. 78, § 1º, da Lei nº 12.715/2012.)

Da leitura do inciso I do art. 18 da Lei n. 9.420/96, verificamos que a mera comparação entre um preço praticado com um terceiro independente e aquele praticado entre partes relacionadas, na mesma operação, não é suficiente para o esgotamento da norma. É necessário que a comparação seja norteada pela média aritmética ponderada das operações, entre outras exigências.

Para os fins deste trabalho, que foca na norma de ajuste entre preço contábil e preço fiscal, interessantes são os §§ 4º c 5º do mesmo artigo:

> § 4º Na hipótese de utilização de mais de um método, será considerado dedutível o maior valor apurado, observado o disposto no parágrafo subseqüente.

> § 5º Se os valores apurados segundo os métodos mencionados neste artigo forem superiores ao de aquisição, constante dos respectivos documentos, a dedutibilidade fica limitada ao montante deste último.

A própria legislação prescreve que, se os valores apurados segundo os métodos mencionados nesse artigo forem superiores aos de aquisição, constantes dos respectivos documentos, a dedutibilidade fica limitada ao montante deste último, ou seja, a aplicação dos métodos matemáticos fixará um preço artificial para a operação, e a dedutibilidade, para fins fiscais, será guiada pelo preço artificial. Há uma nítida utilização da figura da ficção jurídica para a composição dos antecedentes normativos da hipótese de incidência da norma geral e abstrata.

4.5.1.2 PRL 20 – Preço de Revenda menos Lucro

O "PRL 20" merece uma atenção especial, uma vez que, por ser o método mais aplicado, é também aquele que produzia maiores divergências entre Fisco e contribuintes; a esse método, podemos dizer, houve atenção especial, por parte do Fisco, em sua regulamentação no passado, e sua sistemática de cálculo, após inúmeras derrotas nos Tribunais administrativos e judiciais, foi validada pela Lei n. 12.715/2012, que regularizou a metodologia de cálculo que o Fisco considerava a mais coerente e, não por outra razão, constava da instrução normativa que regulamentava a previsão anterior.

O inciso II do art. 18 da Lei n. 12.715/2012 define o método do Preço de Revenda menos Lucro – PRL como a média aritmética ponderada dos preços de venda, no País, dos bens, direitos ou serviços importados, em condições de pagamento semelhantes e calculados conforme a metodologia a seguir:

a) preço líquido de venda: a média aritmética ponderada dos preços de venda do bem, direito ou serviço produzido, diminuídos dos descontos incondicionais concedidos, dos impostos e das contribuições sobre as vendas e das comissões e corretagens pagas;

b) percentual de participação dos bens, direitos ou serviços importados no custo total do bem, direito ou serviço vendido: a relação percentual entre o custo médio ponderado do bem, direito ou serviço importado e o custo total médio ponderado do bem, direito ou serviço vendido, calculado em conformidade com a planilha de custos da empresa;

c) participação dos bens, direitos ou serviços importados

no preço de venda do bem, direito ou serviço vendido: aplicação do percentual de participação do bem, direito ou serviço importado no custo total, apurada conforme a alínea *b*, sobre o preço líquido de venda calculado de acordo com a alínea *a*;

d) margem de lucro: a aplicação dos percentuais previstos no § 12, conforme setor econômico da pessoa jurídica sujeita ao controle de preços de transferência, sobre a participação do bem, direito ou serviço importado no preço de venda do bem, direito ou serviço vendido, calculado de acordo com a alínea *c*; e

e) preço parâmetro: a diferença entre o valor da participação do bem, direito ou serviço importado no preço de venda do bem, direito ou serviço vendido, calculado conforme a alínea *c*; e a "margem de lucro", calculada de acordo com a alínea *d*.

Esse método tem como objetivo a demonstração segura da inexistência de superfaturamento na importação, o que reduziria o lucro da empresa residente e aumentaria aquele da empresa não residente, mediante a quantificação dos custos incorridos pelo importador revendedor, e sua comparação com o valor de revenda, diminuindo de uma margem de lucro predefinida.

Com relação à aplicação do PRL, dois pontos controversos são objeto de constantes conflitos junto ao Poder Judiciário: aplicação da metodologia de cálculo da Instrução Normativa n. 1.312/2012 ou da legislação e, ainda, inclusão de frete e seguro no cálculo, quando pagos a pessoas não vinculadas.

Em decisão recente,[144] o Poder Judiciário entendeu que

---

144. CARF, Processo n. 16327.000966/2002-74. Preço de Transferência. PRL. Inclusão de custos com Frete, Seguro e Imposto de Importação na apuração do custo.
A 1ª Turma do Conselho Superior de Recursos Fiscais do CARF decidiu, por maioria de votos, em dar provimento ao recurso interposto pela contribuinte, nos termos do voto da Conselheira Relatora Karem Jureidini Dias.

o frete e o seguro, quando pagos a partes não vinculadas, não podem integrar o cálculo do preço de transferência, o que é totalmente coerente com a legislação, tendo em vista que esta tem como propósito impedir a transferência indireta de lucros de um país para o outro, e isso só é possível quando as duas pontas da operação são controladas. Em havendo pagamento a terceiros, não vinculados, presume-se operação em

---

O julgamento tratou de questões de fundamental importância envolvendo o tema do Preço de Transferência e a inclusão ou não de custos com Frete, Seguro e Imposto de Importação na apuração do custo.

Dentre os fundamentos alegados nos debates sobre a temática em questão, estiveram presentes os seguintes pontos:

a) Preço de Transferência. Apuração de Valores por Produto e por Período. Margem de Tolerância de 5%. Verificado que o lançamento não apurou os valores para composição do preço parâmetro por produto e por período, correta a revisão procedida perante a DRJ. Quando a divergência entre o preço do negócio e o preço parâmetro diverge em até 5% (cinco por cento) para mais ou para menos, afasta-se a realização de ajuste a título de preço de transferência;

b) Nulidade do Auto de Infração. Revisão do Lançamento pela DRJ. Possibilidade. O processo administrativo serve não só para contestar o lançamento, mas também para aperfeiçoá-lo, de forma a que pode a DRJ, identificando a existência de vícios sanáveis no lançamento, revisá-lo de forma a expurgar as nulidades porventura existentes;

c) Preço de Transferência. PRL. Inclusão de Custos com Frete, Seguro e Imposto de Importação na Apuração do Custo. A inclusão dos custos com frete, seguro e imposto de importação na composição do custo não é faculdade do contribuinte importador que incorre em referidos gastos, mas obrigações decorrentes do art. 18, parágrafo 6º da Lei nº 9.430/96. A IN nº 38/97 não possui o condão de afastar a obrigação disposta no art. 18, parágrafo 6º da Lei nº 9.430/96, pois com ela deve ser lida sistematicamente.

A Contribuinte, ora recorrente, sustentou sua defesa com base na Instrução Normativa SRF nº 38, de 30 de abril de 1997 (publicada no DOU de 05.05.1997, pág. 8892/6), que utiliza, por exemplo, em seu artigo 4º, os seguintes termos:

"Art. 4º Para efeito de apuração do preço a ser utilizado como parâmetro, nas importações de empresa vinculada, não residente, de bens, serviços ou direitos, a pessoa jurídica importadora poderá optar por qualquer dos métodos referidos nesta Seção exceto na hipótese do § 1º, independentemente de prévia comunicação à Secretaria da Receita Federal."

Já a tese da Procuradoria da Fazenda Nacional fundou-se no artigo 18, § 6º, da Lei nº 9.430, de 27 de dezembro de 1996 (publicada no DOU de 30.12.1996), sob os argumentos de que a legislação tributária impõe estes valores de serviços, que são agregados aos ônus do importador, pois são repassados para o preço final das mercadorias.

Porém, por maioria de votos dos Conselheiros, a 1ª Turma do Conselho Superior de Recursos Fiscais do CARF decidiu dar provimento ao recurso interposto pela contribuinte, nos termos do voto da Conselheira Relatora Karem Jureidini Dias.

PREÇO DE TRANSFERÊNCIA COMO NORMA DE AJUSTE DO IMPOSTO
SOBRE A RENDA

condição de mercado, o que afasta, por si só, a necessidade de teste do preço praticado.

Retomando a análise do atual PRL 20, abre-se espaço para a leitura da prescrição legal:

II - Método do Preço de Revenda menos Lucro – PRL: definido como a média aritmética ponderada dos preços de venda, no País, dos bens, direitos ou serviços importados, em condições de pagamento semelhantes e calculados conforme a metodologia a seguir: (*Redação dada pela Lei nº 12.715, de 17 de setembro de 2012.*) (*Vide* art. 78, § 1º, da Lei nº 12.715/2012.)

a) preço líquido de venda: a média aritmética ponderada dos preços de venda do bem, direito ou serviço produzido, diminuídos dos descontos incondicionais concedidos, dos impostos e contribuições sobre as vendas e das comissões e corretagens pagas; (*Redação dada pela Lei nº 12.715, de 17 de setembro de 2012.*) (*Vide* art. 78, § 1º, da Lei nº 12.715/2012.)

b) percentual de participação dos bens, direitos ou serviços importados no custo total do bem, direito ou serviço vendido: a relação percentual entre o custo médio ponderado do bem, direito ou serviço importado e o custo total médio ponderado do bem, direito ou serviço vendido, calculado em conformidade com a planilha de custos da empresa; (*Redação dada pela Lei nº 12.715, de 17 de setembro de 2012.*) (*Vide* art. 78, § 1º, da Lei nº 12.715/2012.)

c) participação dos bens, direitos ou serviços importados no preço de venda do bem, direito ou serviço vendido: aplicação do percentual de participação do bem, direito ou serviço importado no custo total, apurada conforme a alínea *b*, sobre o preço líquido de venda calculado de acordo com a alínea *a*; (*Vide* art. 78, § 1º, da Lei nº 12.715/2012.)

d) margem de lucro: a aplicação dos percentuais previstos no § 12, conforme setor econômico da pessoa jurídica sujeita ao controle de preços de transferência, sobre a participação do bem, direito ou serviço importado no preço de venda do bem, direito ou serviço vendido, calculado de acordo com a alínea *c*; e (*Vide* art. 78, § 1º, da Lei nº 12.715/2012.)

e) preço parâmetro: a diferença entre o valor da participação do bem, direito ou serviço importado no preço de venda do bem, direito ou serviço vendido, calculado

VIVIAN DE FREITAS E RODRIGUES DE OLIVEIRA

§ 12. As margens a que se refere a alínea d do inciso II do caput serão aplicadas de acordo com o setor da atividade econômica da pessoa jurídica brasileira sujeita aos controles de preços de transferência e incidirão, independentemente de submissão a processo produtivo ou não no Brasil, nos seguintes percentuais: (*Incluído pela Lei n° 12.715, de 17 de setembro de 2012.*) (*Vide* art. 78, § 1°, da Lei n° 12.715/2012.)

I - 40% (quarenta por cento), para os setores de: (*Incluído pela Lei n° 12.715, de 17 de setembro de 2012.*) (*Vide* art. 78, § 1°, da Lei n° 12.715/2012.)

a) produtos farmoquímicos e farmacêuticos; (*Incluído pela Lei n° 12.715, de 17 de setembro de 2012.*) (*Vide* art. 78, § 1°, da Lei n° 12.715/2012.)

b) produtos do fumo; (*Incluído pela Lei n° 12.715, de 17 de setembro de 2012.*) (*Vide* art. 78, § 1°, da Lei n° 12.715/2012.)

c) equipamentos e instrumentos ópticos, fotográficos e cinematográficos; (*Incluído pela Lei n° 12.715, de 17 de setembro de 2012.*) (*Vide* art. 78, § 1°, da Lei n° 12.715/2012.)

d) máquinas, aparelhos e equipamentos para uso odontomédico-hospitalar; (*Incluído pela Lei n° 12.715, de 17 de setembro de 2012.*) (*Vide* art. 78, § 1°, da Lei n° 12.715/2012.)

e) extração de petróleo e gás natural; e (*Incluído pela Lei n° 12.715, de 17 de setembro de 2012.*) (*Vide* art. 78, § 1°, da Lei n° 12.715/2012.)

f) produtos derivados do petróleo; (*Incluído pela Lei n° 12.715, de 17 de setembro de 2012.*) (*Vide* art. 78, § 1°, da Lei n° 12.715/2012.)

II - 30% (trinta por cento) para os setores de: (*Incluído pela Lei n° 12.715, de 17 de setembro de 2012.*) (*Vide* art. 78, § 1°, da Lei n° 12.715/2012.)

a) produtos químicos; (*Incluído pela Lei n° 12.715, de 17 de setembro de 2012.*) (*Vide* art. 78, § 1°, da Lei n° 12.715/2012.)

b) vidros e de produtos do vidro; (*Incluído pela Lei n° 12.715, de 17 de setembro de 2012.*) (*Vide* art. 78, § 1°, da Lei n° 12.715/2012.)

c) celulose, papel e produtos de papel; e (*Incluído pela Lei n° 12.715, de 17 de setembro de 2012.*) (*Vide* art. 78, § 1°, da Lei n° 12.715/2012.)

PREÇO DE TRANSFERÊNCIA COMO NORMA DE AJUSTE DO IMPOSTO
SOBRE A RENDA

d) metalurgia; e (*Incluído pela Lei nº 12.715, de 17 de setembro de 2012.*) (*Vide* art. 78, § 1º, da Lei nº 12.715/2012.)

III - 20% (vinte por cento) para os demais setores. (*Incluído pela Lei nº 12.715, de 17 de setembro de 2012.*) (*Vide* art. 78, § 1º, da Lei nº 12.715/2012.)

Como se pode observar, o Governo Federal tratou de corrigir as ilegalidades mais grosseiras do PRL 60, retirando frete e seguro da forma de cálculo do preço parâmetro (quando frete e seguro não forem contratados com partes relacionadas) e ainda de flexibilizar as margens de lucro fictícias apontadas. Lembrando que no método antigo a margem para revenda era de 20% e a de industrialização era de 60%.

O PRL figura como método mais utilizado porque depende exclusivamente de informações que o próprio contribuinte possui, o que justifica todo o contencioso que gravita em torno das prescrições desse método.

4.5.1.3 CPL – Custo de Produção mais Lucro

Considerado como método de comparação indireta, é definido como o custo médio de produção de bens, serviços ou direitos, idênticos ou similares, no país em que tiverem sido originariamente produzidos, acrescidos dos impostos e taxas cobrados pelo referido país na exportação e de margem de lucro de 20% (vinte por cento), calculada sobre o custo apurado.

4.4.1.4 PCI – Preço sob Cotação na Importação

Os métodos de preço de transferência sofreram uma substancial alteração com a introdução da Lei n. 12.715/2012, com a introdução de métodos para importação e exportação a serem utilizados, compulsoriamente, no caso de pessoas jurídicas que transacionem *commodities* com partes relacionadas ou com paraísos fiscais e regimes fiscais privilegiados.

VIVIAN DE FREITAS E RODRIGUES DE OLIVEIRA

A alteração da Lei n. 9.430/96 operou-se da seguinte forma:

Art. 18-A. O Método do Preço sob Cotação na Importação – PCI é definido como os valores médios diários da cotação de bens ou direitos sujeitos a preços públicos em bolsas de mercadorias e futuros internacionalmente reconhecidas. (*Incluído pela Lei n° 12.715, de 2012.*)

§ 1° Os preços dos bens importados e declarados por pessoas físicas ou jurídicas residentes ou domiciliadas no País serão comparados com os preços de cotação desses bens, constantes em bolsas de mercadorias e futuros internacionalmente reconhecidas, ajustados para mais ou para menos do prêmio médio de mercado, na data da transação, nos casos de importação de: (*Incluído pela Lei n° 12.715, de 2012.*)

I – pessoas físicas ou jurídicas vinculadas; (*Incluído pela Lei n° 12.715, de 2012.*)

II – residentes ou domiciliadas em países ou dependências com tributação favorecida; ou (*Incluído pela Lei n° 12.715, de 2012.*)

III – pessoas físicas ou jurídicas beneficiadas por regimes fiscais privilegiados. (*Incluído pela Lei n° 12.715, de 2012.*)

§ 2° Não havendo cotação disponível para o dia da transação, deverá ser utilizada a última cotação conhecida. (*Incluído pela Lei n° 12.715, de 2012.*)

§ 3° Na hipótese de ausência de identificação da data da transação, a conversão será efetuada considerando-se a data do registro da declaração de importação de mercadoria. (*Incluído pela Lei n° 12.715, de 2012.*)

§ 4° Na hipótese de não haver cotação dos bens em bolsas de mercadorias e futuros internacionalmente reconhecidas, os preços dos bens importados a que se refere o § 1° poderão ser comparados com os obtidos a partir de fontes de dados independentes fornecidas por instituições de pesquisa setoriais internacionalmente reconhecidas. (*Incluído pela Lei n° 12.715, de 2012.*)

PREÇO DE TRANSFERÊNCIA COMO NORMA DE AJUSTE DO IMPOSTO SOBRE A RENDA

§ 5º A Secretaria da Receita Federal do Brasil do Ministério da Fazenda disciplinará a aplicação do disposto neste artigo, inclusive a divulgação das bolsas de mercadorias e futuros e das instituições de pesquisas setoriais internacionalmente reconhecidas para cotação de preços. (*Incluído pela Lei nº 12.715, de 2012.*)

4.5.2 Métodos de exportação

O art. 19, *caput*, da Lei n. 9.430/96 determina que

> [...] as receitas auferidas nas operações efetuadas com pessoa vinculada ficam sujeitas a arbitramento quando o preço médio de venda dos bens, serviços ou direitos, nas exportações efetuadas durante o respectivo período de apuração da base de cálculo do imposto de renda, for inferior a 90% (noventa por cento) do preço médio praticado na venda dos mesmos serviços ou direitos, no mercado brasileiro, durante o mesmo período, em condições de pagamento semelhantes.

Lourivaldo Lopes da Silva[145] traz um exemplo, de forma a facilitar o disposto no artigo acima transcrito:

> [...] se uma pessoa jurídica vende um determinado produto no Brasil para não vinculada, pelo valor unitário de $ 850, observem quais das operações abaixo estão sujeitas ao preço de transferência: [...]

Nota:

Preço de venda no mercado interno para não vinculado - $ 850

Valor mínimo a exportar para vinculado - 90% x $ 850 - $ 765

Preço de venda para a Kim Moan & Co - USA - $ 700

Sujeito ao ajuste visto que o preço mínimo de exportação é - $ 765

---

145. SILVA, Lourivaldo Lopes da. *Preço de transferência no Brasil e os impactos nas demonstrações financeiras.* 2008. Dissertação (Mestrado em Ciências Contábeis e Atuariais) – Pontifícia Universidade Católica de São Paulo, São Paulo, 2008, p. 123-124.

No § 3º do mesmo artigo completa que, em sendo "Verificado que o preço de venda nas exportações é inferior ao limite de que trata este artigo, as receitas das vendas nas exportações serão determinadas tomando-se por base o valor apurado segundo um dos seguintes métodos": PVEx (método do Preço de Venda nas Exportações): comparação entre preços praticados; PVA (método do Preço de Venda por Atacado e a Varejo no país de destino, menos lucro): comparação entre margens na revenda; PVV (método do Preço de Venda a Varejo no país de destino, diminuído do lucro); e CAP (método do Custo de Aquisição ou de Produção mais tributos e lucros): comparação entre custos.

O mesmo art. 19, § 1º, dispõe que:

> [...] caso a pessoa jurídica não efetue operações de venda no mercado interno, a determinação dos preços médios a que se refere o *caput* será efetuada com dados de outras empresas que pratiquem a venda de bens, serviços ou direitos, idênticos ou similares, no mercado brasileiro.

E, por fim, o § 2º estipula alguns ajustes que são permitidos, para se estabelecer a comparabilidade:

> I - no mercado interno brasileiro, deverá ser considerado líquido dos descontos incondicionais concedidos, do imposto sobre a circulação de mercadorias e serviços, do imposto sobre serviços e das contribuições para a seguridade social – COFINS para o PIS/PASEP; II – nas exportações, será tomado pelo valor depois de diminuído dos encargos de frete e seguro, cujo ônus tenha sido da empresa exportadora.

Para facilitar o entendimento, segue abaixo um exemplo desenvolvido por Lourivaldo Lopes da Silva.[146]

Muitos autores defendem[147] a inconstitucionalidade do

---

146. Ibid., p. 132.

147. TÔRRES, Heleno Taveira. *Direito tributário internacional*: planejamento tributário e operações transnacionais. São Paulo: Revista Tributária, 2001, p. 242; TAVOLARO, Agostinho Toffoli. Precios de transferencia. Consejo

PREÇO DE TRANSFERÊNCIA COMO NORMA DE AJUSTE DO IMPOSTO SOBRE A RENDA

art. 19 da Lei n. 9.430/96, por fugir do padrão *arm's length*; defendem que a legislação brasileira, ao instituir a referida lei, acabou por introduzir verdadeira afronta ao princípio basilar dos preços de transferência, o *arm's length*, em razão da ausência de previsão consistente no que se refere à apuração do preço que o respeite. Isso porque, caso se constate que o preço praticado em uma exportação é equivalente àquele apurado no mercado nacional, considerados os ajustes em ambos, a lei estipula que não se faz necessária a aplicação dos métodos de apuração; estes, por sua vez, verdadeiramente direcionam a obtenção do preço *arm's length*, se considerarmos que a expectativa internacional gira em torno desses métodos, espelhados que estão naqueles sugeridos pela OCDE e utilizados pelos Estados que possuem regras próprias de *transfer pricing* e nos tratados internacionais.

Desse modo, pode-se concluir, segundo esse entendimento, que o regramento de apuração do preço de transferência introduzido pela Lei n. 9.430/96 (i) é inconstitucional, por introduzir a um possível excesso de tributação, ferindo de morte o princípio da capacidade contributiva, e (ii) não busca efetivamente a apuração de um preço *arm's length*, tendo em vista que, satisfeita a primeira condição (de o preço praticado estar conforme aquele que a lei impõe comparabilidade), não será necessária qualquer retificação que seria impositiva, caso se encontrasse alguma diferença em relação ao preço encontrado de acordo com um dos métodos previstos como adequados para a apuração do preço *arm's length*.

Na linha do que já expusemos, a legislação brasileira de preço de transferência não intenta uma aproximação ao preço de mercado, preço que seria praticado na mesma operação por partes não vinculadas, independentes. Esse é o modelo OCDE. A legislação brasileira persegue a fixação de uma margem mínima de lucro nas exportações e uma dedutibilidade

---

profesional de ciencias económicas de la capital federal. *Sexto Congreso Tributario*. Trabajos de investigación. Buenos Aires, 1998, p. 495.

máxima nas importações.

Não se trata, portanto, de uma busca por condições melhores de mercado, mas de um ajuste entre o preço fiscal e o contábil, e isso fica muito claro quando analisamos o PRL com margens fixas, qualquer que seja seu formato de cálculo, com ou sem frete e seguro.

Após um breve contato com os métodos brasileiros, numa análise superficial é possível concluir, com mediana clareza, que não é juridicamente possível alcançar uma paridade com preços de mercado partindo de fórmulas matemáticas que englobem tão poucas variáveis e algumas dessas variáveis não consideradas, muito relevantes, como valor dos ativos e desenvolvimento de propriedade intelectual.

A existência de margens fixas, sem qualquer variação, nem sequer por segmento é uma materialização do que sustentamos, no sentido de que a legislação não busca preços de mercado, e sim perfaz métodos para cálculo de ajuste no imposto sobre a renda.

Com relação às margens fixas, importante a observação de Luis Eduardo Shoueri:[148]

> A análise dos métodos previstos pela legislação brasileira permite que sejam eles divididos em dois grupos: aquele cuja essência é a comparação e aqueles que se limitam a levantamento de dados e aplicação de margens fixas. [...] É exatamente na inexistência de comparação, substituída por uma margem fixa de lucro, estabelecida pela própria lei, que podem surgir as maiores críticas ao sistema brasileiro. [...] para que se compare a transação em exame com uma "arm's lenght", importa encontrar a última. Para tanto, é necessário saber como partes independentes agem. Isto exige, sempre, a observação do comportamento do mercado. Em síntese: não é possível atingir um parâmetro "arm's length" sem uma análise comparativa.

---

148. SCHOUERI, Luís Eduardo. *Preços de transferência no direito tributário brasileiro*, cit., p. 103.

PREÇO DE TRANSFERÊNCIA COMO NORMA DE AJUSTE DO IMPOSTO SOBRE A RENDA

Partindo dessa conclusão, podemos afirmar que, no Brasil, há um preço contábil, praticado entre partes vinculadas, que será registrado em regime de competência no balanço contábil, regido pelas normas de IFRS, e, na transposição para as demonstrações societárias regidas pela legislação contábil de 31 de dezembro de 2007, ajustadas para legislação fiscal por meio do LALUR, haverá um ajuste de tais preços para que o lucro da empresa brasileira seja calculado considerando uma lucratividade mínima na operação, em caso de importação, e uma lucratividade máxima, no caso de exportação.

4.5.2.1 PVEx – Método de Venda nas Exportações

Esse método é definido como a média aritmética dos preços de venda nas exportações efetuadas pela própria empresa, para outros clientes, ou por outra exportadora nacional de bens, serviços ou direitos efetuados, idênticos ou similares, durante o mesmo período de apuração da base de cálculo do imposto de renda e em condições de pagamentos semelhantes.

4.5.2.2 PVA – Método do Preço de Venda por Atacado e a varejo no país de destino, menos lucro

O método PVA é definido como a média aritmética dos preços de venda de bens, idênticos ou similares, praticados no mercado atacadista do país de destino, em condições de pagamento semelhantes, diminuídos dos tributos incluídos no preço, cobrados no referido país, e de margem de lucro de 15% sobre o preço de venda no atacado. Consideram-se tributos incluídos no preço, nos termos do § 1º do art. 31 da IN/SRF n. 1.312/2012, aqueles que guardem semelhança com o ICMS e o ISS e com as contribuições Cofins e PIS/Pasep.

4.5.2.3 PVV – Método do Preço de Venda a Varejo no país de destino, diminuído do lucro

É a média aritmética dos preços de venda dos bens, idênticos ou similares, praticados no mercado varejista do país de destino, em condições de pagamento semelhantes, diminuídos dos tributos incluídos no preço, cobrados no referido país, e de margem de lucro de 30 % sobre o preço de venda no varejo.

4.5.2.4 CAP – Método do Custo de Aquisição ou de Produção mais tributos e lucros

O método CAP é definido como a média aritmética dos custos de aquisição ou de produção dos bens, serviços ou direitos, exportados, acrescidos dos impostos e contribuições cobrados no Brasil e de margem de lucro de 15% sobre a soma dos custos mais impostos e contribuições. É muito aplicado no Brasil, por se tratar de um método de fácil aplicação.

O § 1º do art. 33 da IN/SRF n. 1.312/2012 regulamenta a forma de aplicação desse método. Integram o custo de aquisição os valores de frete e seguro pagos pelas empresas adquirentes, relativamente aos bens, serviços e direitos exportados; será excluída dos custos de aquisição e de produção a parcela do crédito presumido do IPI, como ressarcimento das contribuições Cofins e PIS/Pasep, correspondente aos bens exportados. A margem de lucro será aplicada sobre o valor que restar após excluída a parcela do referido crédito presumido, aqui referenciado. O preço determinado por esse método, relativamente às exportações diretas, efetuadas pela própria empresa produtora, poderá ser considerado parâmetro para o preço praticado nas exportações por intermédio de empresa comercial exportadora, não devendo ser considerado o novo acréscimo a título de margem de lucro da empresa comercial exportadora.

PREÇO DE TRANSFERÊNCIA COMO NORMA DE AJUSTE DO IMPOSTO SOBRE A RENDA

Devemos ter em mente que há norma complementar que regulamenta e estabelece os deveres instrumentais necessários ao controle dos preços de transferência aplicáveis tanto às importações como às exportações. Dentre elas, a IN/SRF n. 1.312/2012.

Luis Eduardo Schoueri[149] destaca que o contribuinte sempre deverá ter a garantia da aplicação do melhor método (a ele mais favorável), de modo que a escolha de um método pelo contribuinte não o vincula; caso contrário, estar-se-ia aceitando a possibilidade de criar uma obrigação tributária não prevista em lei.

Dessa forma, podemos verificar que a Lei n. 9.430/96 garante a aplicação do melhor método ao contribuinte; assim, conforme previsto no § 4º do art. 18 e § 5º do art. 19 (referentes às importações e exportações) e nos casos em que o Fisco aplica o método, por não ter o contribuinte escolhido, cabe-lhe o direito ao contraditório e à ampla defesa, para que lhe seja aplicado o método mais favorável.

4.5.2.5 Pecex – Preço sob Cotação na Exportação

Da mesma forma que operado para as importações, para as exportações foi prescrito um método específico para aplicação no caso de *commodities*, conforme redação abaixo:

> Art. 19-A. O Método do Preço sob Cotação na Exportação – PECEX é definido como os valores médios diários da cotação de bens ou direitos sujeitos a preços públicos em bolsas de mercadorias e futuros internacionalmente reconhecidas.
>
> § 1º Os preços dos bens exportados e declarados por pessoas físicas ou jurídicas residentes ou domiciliadas no País serão comparados com os preços de cotação dos bens, constantes em bolsas de mercadorias e futuros internacionalmente reconhecidas, ajustados para mais ou para menos do prêmio médio de mercado, na data da transação, nos casos de

---

149. Ibidem, p. 68.

exportação para:

I - pessoas físicas ou jurídicas vinculadas;

II - residentes ou domiciliadas em países ou dependências com tributação favorecida; ou

III - pessoas físicas ou jurídicas beneficiadas por regimes fiscais privilegiados.

§ 2º Não havendo cotação disponível para o dia da transação, deverá ser utilizada a última cotação conhecida.

§ 3º Na hipótese de ausência de identificação da data da transação, a conversão será efetuada considerando-se a data de embarque dos bens exportados.

§ 4º As receitas auferidas nas operações de que trata o *caput* ficam sujeitas ao arbitramento de preços de transferência, não se aplicando o percentual de 90% (noventa por cento) previsto no *caput* do art. 19.

§ 5º Na hipótese de não haver cotação dos bens em bolsas de mercadorias e futuros internacionalmente reconhecidas, os preços dos bens exportados a que se refere o § 1º poderão ser comparados:

I - com os obtidos a partir de fontes de dados independentes fornecidas por instituições de pesquisa setoriais internacionalmente reconhecidas; ou

II - com os preços definidos por agências ou órgãos reguladores e publicados no Diário Oficial da União.

§ 6º A Secretaria da Receita Federal do Brasil do Ministério da Fazenda disciplinará o disposto neste artigo, inclusive a divulgação das bolsas de mercadorias e futuros e das instituições de pesquisas setoriais internacionalmente reconhecidas para cotação de preços.

4.6 Métodos para determinação dos preços de transferência no modelo OCDE

Muito se fala do modelo OCDE, mas, na prática, no desenvolvimento de uma política de preço de transferência

PREÇO DE TRANSFERÊNCIA COMO NORMA DE AJUSTE DO IMPOSTO SOBRE A RENDA

sob as diretrizes desse regime, percebe-se que a experiência com outras Autoridades Fiscais e outros contribuintes é enriquecedora. É possível vivenciar problemas complexos como aqueles da legislação brasileira, mas muito distintos sob o ponto de vista de "procedimento" (admitindo a analogia como possível), porque, de fato, não há qualquer aproximação desse modelo com aquele prescrito pela legislação brasileira.

Por mais que as leituras sobre o tema indiquem essas diferenças, só é possível avaliar a grandeza das diferenças na prática.

A elaboração de uma política de preço de transferência, no Brasil, nem sequer é exigida pela legislação, admitindo "política de preço de transferência" como um documento fiscal, exigido por lei, que traga um número de informações sobre os critérios de fixação dos preços praticados entre partes relacionadas. No Brasil, há fichas na DIPJ que refletem fiscalmente os cálculos praticados pelo contribuinte ou não. Os valores das transações são informados, e presume-se respeito à legislação.

No entanto, em países-membros da OCDE, essa "política" é exigida pelas Autoridades Fiscais e é documento obrigatório em qualquer companhia que transacione com partes relacionadas em outros países.

Falaremos um pouco dessa "política" e dos itens necessários à sua construção, porque entendemos que é na elaboração de tal "política" que se encontra a materialização das diferenças que envolvem os modelos analisados.

4.6.1 Métodos OCDE – breve visão

Melhor do que discorrer sobre os métodos da OCDE é avaliá-los dentro de uma visão dos próprios países-membros, não buscando aproximá-los da legislação brasileira, mas analisando-os dentro do próprio contexto em que estão inseridos.

É interessante notar que o assunto preço de transferência em países da OCDE é tratado por economistas porque há uma crença de que se trata de planejamento econômico e financeiro das grandes corporações, com efeito na apuração de impostos.

Diferentemente do Brasil, em que preço de transferência é assunto fiscal, dirigido à apuração do imposto sobre a renda e, dessa forma, no âmbito prático, manejado por via de sistemas de computadores que promovem a aplicação das fórmulas matemáticas e, no âmbito teórico, tratado pelos advogados em sua eterna luta contra o Fisco para manutenção dos direitos e dos limites impostos pelo legislador ao exercício da competência tributária, em países da OCDE, trata-se de questões direcionadas aos economistas e administradores das entidades, visando a um ajuste prévio dos preços e à utilização das diretrizes para alocação de lucros distribuídos entre empresas de um mesmo grupo, em que determinada operação é objeto de menor tributação, por exemplo.

O quadro abaixo traz os métodos da OCDE:[150]

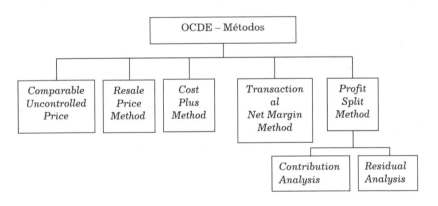

Discorreremos superficialmente sobre cada método nos estreitos limites deste estudo, pois nosso objetivo é apenas elucidar as abissais diferenças de objetivos das legislações

---

150. Quadro elaborado pelo IBFD, *Internacional Tax Academy*.

fundadas em modelo OCDE e a brasileira e, ainda, focar na distorção que reside na aproximação de ambas.

Os três primeiros métodos são conhecidos como métodos tradicionais.

4.6.1.1 *Comparable Uncontrolled Price* ou método do preço comparável de mercado

> O *COMPARABLE UNCONTROLLED PRICE* OU MÉTODO DO PREÇO COMPARÁVEL DE MERCADO CONSISTE EM COMPARAR O PREÇO DE UMA OPERAÇÃO CONTROLADA COM O PREÇO DE UMA OPERAÇÃO DE MERCADO ABERTO.

Sérgio Ilidio Duarte,[151] em estudo sobre o tema, defende que uma operação no mercado aberto é comparável com uma operação controlada quando

> [...] não existirem diferenças entre as operações objeto de comparação ou entre as empresas que as praticam, que possam influenciar de modo significativo o preço do mercado aberto; ou
>
> – se puderem efetuar ajustes precisos para eliminar os efeitos materiais dessas diferenças.

Destaca, ainda, que o referido método é similar ao método de Preços Independentes Comparados – PIC da legislação brasileira.

O Método do Preço Comparável de Mercado é defendido como o mais confiável para aplicação do princípio da plena concorrência.

---

151. DUARTE, Sérgio Ilidio. OCDE: as normas de preços de transferência. São Paulo: Saint Paul, 2007, p. 82.

A dificuldade que se encontra na aplicação desse método é examinar os aspectos da comparabilidade, ou seja, não se pode deixar de observar de que forma as funções exercidas pelas empresas em comparação podem afetar os preços dos produtos em princípios comparáveis; diante disso, pode ser difícil estabelecer todos os ajustes necessários a uma perfeita comparação.

4.6.1.2 *Resale Price Method* ou método do preço de revenda minorado

Para aplicar esse método, deve-se verificar o preço pelo qual um produto adquirido de uma empresa associada é revendido a uma empresa independente.

Definido o valor do preço de revenda, deduz-se uma margem bruta coerente, de forma que seu resultado seja suficiente para que o revendedor possa cobrir as despesas de venda, dando um lucro apropriado.

É considerado o método mais fácil a ser aplicado, nos casos em que o revendedor não adiciona valor ao produto; nesses casos, fica visível a margem adequada sobre o preço de revenda.

4.6.1.3 *Cost Plus Method* ou método do custo majorado

Esse método fixa os custos suportados pela empresa associada que fornece os serviços ou vende bens para uma outra do mesmo grupo. Determinados os custos, adiciona-se uma margem de lucro apropriada, considerando as funções exercidas e as condições de mercado, obtendo, assim, um preço parâmetro.

Ele é muito utilizado nas operações de venda de produtos semielaborados entre empresas associadas.

Nesse método, a margem de lucro é determinada sobre o custo do fornecedor na operação entre empresas associadas, baseando-se na margem utilizada pelo mesmo fornecedor quando pratica operações com terceiros.

Além desses três métodos tradicionais, há outros dois, denominados métodos baseados no lucro das operações, que são utilizados quando os métodos tradicionais forem inadequados.

4.6.1.4 *Transactional Net Margin Method* ou método da margem líquida da operação

No método da margem líquida da operação, compara-se margem de lucro líquido obtido por uma empresa nas operações com outra associada com margens de lucro líquido que a mesma empresa obtém em operações comparáveis práticas com empresas independentes.

4.6.1.5 *Profit Split Method* ou método do fracionamento dos lucros

Nesse método, é necessária a identificação de todos os lucros decorrentes das operações realizadas entre empresas associadas, os quais, subsequentemente, são divididos entre elas com base em uma análise econômica que possa determinar que suas parcelas contemplem proporções similares àquelas que seriam adequadas e, portanto, usuais nas operações celebradas entre empresas independentes que atuem no mercado desempenhando funções comparáveis.

O que é importante avaliar é que o contribuinte pode escolher o melhor método e, caso nenhum deles seja aplicável, comprovar por que o preço praticado é um preço *arm's lenght*.

Da análise dos métodos, é possível concluir que as normas brasileiras, longe de perseguir condições de mercado ou a fixação de um preço parâmetro real e efetivamente possível de ser praticado quando a mesma operação, nas mesmas condições de pagamento, em bases comparáveis, fosse realizada entre partes independentes, sob livres condições de mercado, buscam, em verdade, a fixação do preço válido fiscalmente para fins de apuração do imposto sobre a renda, unicamente com o intuito de compor base de cálculo de tributo.

No modelo OCDE, em sentido diametralmente oposto, busca-se a reprodução das reais condições de mercado, as condições em que uma operação entre partes relacionadas, se realizada entre partes não vinculadas, se operaria.

Há um foco na "comparabilidade", e essa comparação é buscada até o fim.

4.6.2 Política de preço de transferência no modelo OCDE

Partindo da premissa de que o modelo OCDE busca, de fato, reproduzir condições de mercado para fixação do preço de transferência e, dessa forma, compará-lo com o preço praticado pelas partes relacionadas, as Autoridades Fiscais que operam dentro desse regime exigem a manutenção de uma Política de Preço de Transferência, formal e documentada, que deve estar à disposição para ser entregue sempre que solicitada.

Uma política dessa natureza é interessante e importante, porquanto envolva algumas fases e documentos obrigatórios.

Traduzindo as exigências da OCDE para uma política, em geral esta deve conter os seguintes itens obrigatórios:

1) análise da operação incluindo fatores econômicos e legais que afetam o mercado com uma análise de indústria;

2) análise funcional;

3) análise econômica.

PREÇO DE TRANSFERÊNCIA COMO NORMA DE AJUSTE DO IMPOSTO
SOBRE A RENDA

Cada uma dessas etapas deve ser aberta em subitens, tornando o documento completo. Nos limites desta obra, discorreremos brevemente sobre cada um dos itens, abordando os subitens mais relevantes.

4.6.2.1 Análise de indústria

A proposta da análise de indústria tem como função avaliar as condições econômicas e riscos envolvidos nas operações do contribuinte.

São avaliados os contextos de mercado, a concorrência, as circunstâncias econômicas da rentabilidade obtida nas operações da empresa e as estratégias utilizadas para manter a rentabilidade.

As atividades da empresa são avaliadas, envolvendo desde o ciclo de produção até o ciclo de vida e, ainda, processos especiais de produção e as condições de competitividade.

Os principais concorrentes são listados, as operações são avaliadas e os critérios específicos de cada mercado são apresentados às Autoridades Fiscais.

Os riscos pertinentes a cada tipo de segmento da indústria são expostos e avaliados, lembrando que, para o modelo OCDE, "riscos, funções e ativos" são os principais pontos a serem considerados na avaliação do preço de transferência.

Nessa etapa, são listadas as transações testadas na política específica, ou seja, quais operações entre quais partes relacionadas são avaliadas pela política.

A análise de indústria, portanto, situa o contribuinte em dada atividade, avaliando o mercado específico dessa atividade, competidores, condições da concorrência, produtos, processos e expectativas para o futuro.

4.6.2.2 Análise funcional

Na análise funcional, há descrição das funções desempenhadas pela empresa e, ainda, dentre as funções, a eleição das mais relevantes.

A análise funcional traz, ainda, as informações comerciais da atividade, as informações sobre o grupo de empresas envolvidas e as transações do grupo.

Cada tipo de atividade desenvolvida pelo grupo é avaliado e listado em relação à outra empresa do grupo.

Em geral, a rentabilidade de uma transação é tanto maior quanto mais complexas forem as funções exercidas, quanto maiores os riscos assumidos e mais valiosos os ativos utilizados.

Dentro da análise funcional, é também elaborada uma análise dos riscos de cada transação, que potencialmente afetariam a empresa. A utilização de cada ativo também é avaliada, assim como questões relativas ao controle, desenvolvimento e uso de bens intangíveis no curso da operação.

A análise funcional é, assim, uma fase essencial numa política de preço de transferência, sendo o seu principal objetivo indicar os fatores de comparabilidade entre as funções desempenhadas pela empresa e permitir a conclusão de qual é o melhor método a ser aplicado em cada caso.

Deve existir uma conclusão nessa análise, ou seja, a análise deve culminar com a caracterização da empresa em algum ou alguns tipos de atividades executadas. Essa caracterização será relevante na escolha dos comparáveis que serão utilizados para obtenção do preço de transferência, ou seja, a caracterização é relevante para determinar o nível de comparabilidade entre transações.

4.6.2.3 Análise econômica

Por fim, temos a análise econômica, que tem por objetivo avaliar a natureza de plena concorrência dos termos e condições subjacentes às operações em análise.

Na análise econômica, são selecionados preços, termos contratuais, margens de mercado ou lucratividade comparáveis em transações semelhantes, efetuadas entre partes independentes.

Essa avaliação de preços, termos contratuais, margens de mercado ou lucratividade comparáveis leva em consideração as condições de cada negócio, de cada transação e do próprio mercado.

Nessa fase, é escolhido o melhor método, que é testado em cada transação.

Como forma de ilustração, de acordo com o método mais encontrado nas documentações OCDE, o *Transactional Net Margin Method*, margens de lucratividade obtidas por empresas que exercem funções comparáveis às testadas na documentação e incorrem em riscos semelhantes são comparadas às margens de lucratividade obtidas pela parte testada. Na aplicação desse método, além das três análises acima detalhadas, a documentação traz ainda diversos apêndices, sendo os mais comuns:

a) Base de dados utilizada – nesse apêndice constam as bases eletrônicas de dados utilizadas para busca de comparáveis na indústria. Normalmente, existem sistemas aceitos por cada Fisco para validar a busca de comparáveis. Essa base de dados trará um conjunto final de empresas comparáveis, respeitando a análise funcional e de indústria elaborada na mesma política.

b) Descrição do processo de pesquisa de comparáveis – nesse apêndice, toda a pesquisa elaborada é descrita, itens como localização geográfica e código de atividade econômica de cada empresa independente são expostos.

c) Empresas rejeitadas – compõem o anexo também aquelas empresas que foram rejeitadas nas análises e os motivos que fundaram a rejeição, que, normalmente, fundam-se em questões que as tornam "incomparáveis".

É bastante comum a Autoridade Fiscal de um país exigir a apresentação da política do grupo elaborada para outro país, por vezes, para avaliar a coerência das informações, nos casos, por exemplo, em que duas entidades de um mesmo grupo perfaçam a mesma função, avaliando, também, o método escolhido e o índice de lucratividade das operações semelhantes em outros países. Se as funções desempenhadas são as mesmas, é esperado que haja uma margem a ser praticada naquele país próxima ou idêntica àquela praticada no outro país.

Essa avaliação conjunta de várias políticas é cada vez mais comum em países-membros da OCDE, de forma que a política de preço de transferência de uma companhia deve considerar todas essas questões para atender ao Fisco local, ainda que, para tanto, políticas de "grupo" devam ser apresentadas.

4.6.2.4 Síntese conclusiva

O que se pode concluir, a partir do conhecimento prático de como uma política de preço de transferência é elaborada em países signatários da OCDE, é que, de fato, não há qualquer aproximação real entre aquele modelo e o modelo prescrito na legislação brasileira.

PREÇO DE TRANSFERÊNCIA COMO NORMA DE AJUSTE DO IMPOSTO
SOBRE A RENDA

Dentro do modelo OCDE, todas as variáveis relativas ao negócio em análise são consideradas para que um preço de mercado e condições de mercado sejam encontradas.

O interessante é que a própria pessoa jurídica é a responsável por preparar essa documentação que será apresentada às Autoridades Fiscais, que, caso discordem de algum item, devem produzir a contraprova, normalmente com o contribuinte.

No modelo OCDE, há cálculos, mas o que "orienta" a política é a descrição de funções, riscos e ativos e não uma fórmula matemática estanque, a ser aplicada indistintamente para qualquer operação, de qualquer segmento de qualquer indústria.

Outro ponto relevante: até 2010, existia uma hierarquia entre os cinco métodos existentes, quando havia uma "preferência" pela utilização de três métodos, e, residualmente, outros dois poderiam ser utilizados. A partir de então, a OCDE retirou a recomendação de "preferência", permitindo que qualquer dos métodos seja utilizado, de acordo com a melhor forma de comprovação do preço *arm's lenght*. Tudo para que as condições de mercado sejam reproduzidas adequadamente para fixação do preço de transferência.

Caso nenhum dos métodos possa ser aplicado, o contribuinte pode demonstrar que praticou preços *arm's lenght* por qualquer outro meio de prova.

4.7 Preço de transferência: presunção ou ficção jurídica

As presunções e ficções têm sido usadas no direito tributário como mecanismos que dificultam a evasão fiscal, além de propiciar uma maior eficiência na arrecadação de tributos; todavia, devem ser respeitadas as limitações existentes em nosso ordenamento jurídico.

Analisar se o preço de transferência trata-se de uma presunção ou ficção jurídica, de certa forma, norteia todo o presente estudo, porque a conclusão pela inconstitucionalidade das normas de preço de transferência decorre da verificação de que, por não admitir prova em contrário, estamos diante de uma ficção jurídica, não admitida pelo direito tributário como hipótese de antecedência de nenhuma norma jurídica, por não admitir prova em contrário, e a questão da impossibilidade de produção de prova em contrário submete o raciocínio à utilização de fórmulas fixas e matemáticas para a aferição do valor fiscal da operação.

A utilização de uma fórmula matemática fixa, analisada em conjunto com a impossibilidade de produção de prova em contrário, conduz-nos à conclusão de que a legislação de preço de transferência no Brasil, da forma como está posta, padece de vícios de inconstitucionalidade por admitir o uso de ficções jurídicas.

Ainda que seja possível comprovar que existiam condições de mercado para que dada operação, com partes vinculadas ou em paraíso fiscal, ocorresse com o preço acordado entre as partes, como um contrato público, por exemplo, obrigando as partes vinculadas a aplicarem tal preço, não há possibilidade de comprovação nesse sentido, devendo o contribuinte defender-se no contencioso administrativo e judicial, não para produzir uma prova em sentido contrário, mas para justificar o uso de outro método ou alegar nulidade no auto de infração e imposição de multa.

Na linha da argumentação aqui defendida, Ricardo Mariz de Oliveira[152] discorre sobre o tema, dando seguimento ao paralelo entre as normas de DDL e aquelas de preços de transferência:

> A lei não pode presumir que uma venda por valor inferior ao de mercado tenha sido feita por valor de mercado, para cobrar

---

152. OLIVEIRA, Ricardo Mariz de. *Fundamentos do imposto de renda*, cit., p. 808.

PREÇO DE TRANSFERÊNCIA COMO NORMA DE AJUSTE DO IMPOSTO
SOBRE A RENDA

> imposto de renda da pessoa jurídica e, ao mesmo tempo, cobra imposto de renda, sobre o mesmo valor, da pessoa ligada, ou deixar de fazê-lo por via de isenção, porque esta se instala exatamente face ao pressuposto da ocorrência de uma situação potencialmente sujeita ao tributo. Tal hipótese de presunção de renda na verdade seria hipótese de ficção de renda, eis que o traço distintivo entre a ficção e a presunção é que aquela estabelece uma verdade jurídica que não corresponde à realidade, ou provavelmente, não corresponda à realidade, ao passo que a presunção se ocupa de provar a realidade. [...]

> Por outro lado, somente existe presunção se houver correlação lógica entre um fato conhecido e o desconhecido que se deseja provar.

> [...] Em direito tributário, a ocorrência efetiva do fato previsto em tese na lei, como fato gerador de obrigação tributária, tem que ser cabalmente comprovada pelo agente fiscal lançador, e é assim que também tem sido aplicadas e julgadas as muitas presunções relativas à ocorrência de fato gerador deste ou daquele imposto, ou de fatos que constituem ou integram as suas bases de cálculo.

Indispensável identificar os traços característicos que separam a presunção da ficção jurídica, assim como analisar eventuais limites à utilização tanto das presunções quanto das ficções, em nosso ordenamento jurídico, notadamente em matéria tributária. Adentraremos agora nos conceitos de presunção e ficção jurídica.

4.7.1 Presunção jurídica

Arruda Alvim[153] traz uma clara definição de presunção de forma genérica:

> [...] presunção, genericamente considerada, constitui-se num processo lógico – jurídico, admitido pelo sistema para provar determinados fatos, através de cujo processo, desde que conhecido um determinado fato, admite-se como verdadeiro outro fato,

---

153. ARRUDA ALVIM. *Manual de direito processual civil.* São Paulo: Revista dos Tribunais, 2000, p. 399.

que é desconhecido, e que é (este último) o inserido no objeto da prova.

De forma ampla, a presunção é admitida pelo sistema do direito positivo; para se provar que determinado fato ocorreu, aceita como verdadeiro outro fato desconhecido.

Nesse sentido, Alfredo Augusto Becker[154] define presunção como sendo o "resultado do processo lógico, mediante o qual do fato conhecido, cuja existência é certa, infere-se o fato desconhecido cuja existência é provável".

Em direito tributário, a presunção é o que se chama de prova indireta, ou seja, é uma indicativa do fato diverso, que, por meio de uma operação mental, permita-se chegar ao objeto da prova, enquanto a prova direta é aquela que se refere ao fato que se pretende provar.[155]

Ricardo Mariz de Oliveira, por sua vez, define presunção como mecanismo utilizado pela lei para, a partir de um fato conhecido e comprovado, admitir-se como existente, para efeitos legais, outro fato não provado, mas cuja existência seja provável (e que se quer provar) dada a correlação lógica entre o fato conhecido e o fato desconhecido.[156]

A regulamentação de fatos aptos a serem comprovados de forma indireta torna o direito plenamente eficaz, de forma que não há como ignorar que, se a segurança jurídica não admitisse as presunções, dificultaria a proteção dos direitos daqueles que os detêm, mas que são prejudicados pela simulação, fraude e dolo.

Desse modo, as presunções têm como objetivo suprir deficiências probatórias, colaborando para a eficácia

---

154. BECKER, Alfredo Augusto. *Teoria geral do direito tributário*. 4. ed. São Paulo: Noeses, 2007, p. 400.

155. TOMÉ, Fabiana Del Padre. Op. cit., p. 81.

156. OLIVEIRA, Ricardo Mariz de. *Fundamentos do imposto de renda*, cit., p. 815.

PREÇO DE TRANSFERÊNCIA COMO NORMA DE AJUSTE DO IMPOSTO
SOBRE A RENDA

arrecadatória, nas hipóteses em que a prova direta é impossível ou muito difícil de ser produzida.

Na discutida classificação das presunções *hominis* ou legais, Arruda Alvim[157] destaca que

> As presunções, quanto à sua divisão, tendo em vista a origem, dizem-se presunções simples (comuns ou de homens) e presunções legais (ou de direito) [...]
>
> Diz-se que as primeiras são aquelas decorrentes do raciocínio comum do homem, em considerar verdadeiro um fato, por inferência de outro fato. As legais, conquanto o raciocínio seja o mesmo, são aquelas decorrentes de criação legal, e por isso o próprio raciocínio está traçado na lei.

Portanto, a (i) presunção *hominis* ou simples é construída pelo aplicador do direito, segundo sua própria convicção. É a relação que se estabelece em decorrência do fato presuntivo que se apresenta deonticamente modalizado pela permissão, ou seja, provado o fato indiciário, está o aplicador autorizado a concluir (presumir) acerca da ocorrência ou não do fato probando, constituído o fato presumido; enquanto a (ii) presunção legal ou *legis* também elaborada por um ser humano, porém é expressamente determinada em lei. Provado o fato indiciário, a conduta acerca do fato presumido é imposta.

Partimos do entendimento de que tal classificação não se mostra a mais apropriada, visto que toda presunção é legal, como anota Maria Rita Ferragut:[158]

> [...] a presunção *hominis*, muito embora pressuponha uma relação lógica realizada pelo aplicador do direito a partir de regras da experiência, só se torna juridicamente relevante a partir do momento em que for vertida em linguagem competente, vale

---

157. ARRUDA ALVIM. Op. cit., p. 399.

158. FERRAGUT, Maria Rita. *Presunções no direito tributário*. São Paulo: Dialética, 2001, p. 65.

dizer, quando o aplicador expedir enunciado individual e concreto que contemple essa operação.

Além disso, tanto a presunção *hominis* como a legal estão prescritas no nosso ordenamento jurídico, no art. 131 do CPC, que prescreve a adoção da presunção *hominis*, ao autorizar ao julgador a livre apreciação da prova, com base nela formando o seu convencimento, e no art. 335 do mesmo Código, autorizando, expressamente, ao juiz que aplique as regras de experiência comum.

Ainda dentro de presunções legais, estas são subdivididas em três tipos: (i) absolutas ou *jure et de jure*, em que não se admite prova em contrário; (ii) relativas ou *juris tantum*, podendo ser derrubadas pela comprovação de que o fato ocorrido é diverso do presumido; e (iii) mistas ou intermediárias, em que a lei determina que somente alguns específicos meios de provas são capazes de a elas se sobrepor. Partimos do raciocínio de que as presunções absolutas não são presunções, pois, ao inadmitir prova em contrário, caracteriza-se como uma disposição legal. Neste ponto, esclarece Maria Rita Ferragut,[159] que desqualifica como espécie de presunção o fato jurídico que deveria ser meramente processual, transformando-se em fato jurídico material, deixando a presunção, com isso, de contemplar uma probabilidade para veicular uma verdade jurídica necessária. Isso sem mencionar que,

> se a ocorrência do fato indiciário implica necessariamente a verdade do fato indiciado, os efeitos jurídicos deste derivam automaticamente da constatação (em linguagem competente) da ocorrência dos indícios, independentemente da verdade empírica do evento descrito no fato implicado.

A presunção mista também não se acha apropriada, por inexistir uma categoria lógica que medeie o absoluto e o relativo.[160]

---

159. Ibid., p. 64.

160. TOMÉ, Fabiana Del Padre. Op. cit., p. 136.

PREÇO DE TRANSFERÊNCIA COMO NORMA DE AJUSTE DO IMPOSTO
SOBRE A RENDA

Dessa forma, será considerado presunção, na lição de Paulo de Barros Carvalho,[161] o "resultado lógico, mediante o qual o fato conhecido, cuja existência é certa, infere-se o fato desconhecido ou duvidoso, cuja existência é, simplesmente, provável".

Para Maria Rita Ferragut,[162] a presunção tem mais de uma definição: trata-se de uma proposição prescritiva, relação e fato. Segundo a autora, as acepções caminham juntas e são indissociáveis, e explica que,

> [...] como proposição prescritiva, a presunção é norma jurídica deonticamente incompleta (norma *lato sensu*), de natureza probatória que, a partir da comprovação do fato diretamente provado (fato indiciário, fato diretamente conhecido, fato implicante), implica juridicamente o fato indiretamente provado (fato indiciado, fato indiretamente conhecido, fato implicado).

> Constitui com isto uma relação, vínculo jurídico que se estabelece entre o fato indiciário e o aplicador da norma, conferindo-lhe o dever e o direito de constituir indiretamente um fato.

> Já como fato, presunção é o consequente da proposição (conteúdo do consequente do enunciado prescritivo), que relata um evento de ocorrência fenomênica provável e passível de ser refutado mediante apresentação de provas contrárias. É prova indireta, detentora de referência objetiva, localizada em tempo histórico e espaço social definidos.

Por fim, defende a autora que a presunção nada presume juridicamente, ou seja, a presunção prescreve o reconhecimento jurídico de um fato provado de forma indireta.

As presunções não dispensam a tipificação e a prova; pelo contrário, em direito tributário, o Fisco não pode presumir sem fazer prova do próprio fato presumido, isso porque, como linguagem competente, o enunciado probatório é

---

161. CARVALHO, Paulo de Barros. A prova no procedimento administrativo tributário. *Revista Dialética de Direito Tributário*, São Paulo, n. 34, p. 109, jul. 1998.

162. FERRAGUT, Maria Rita. Op. cit., p. 63.

sempre imprescindível no âmbito das realidades jurídicas, o que inclui os fatos presumidos.

É fundamental que sejam respeitados os limites constitucionais, garantindo ao contribuinte, em todas as hipóteses, o contraditório e a ampla defesa.

Novamente fazendo uso das lições de Ricardo Mariz de Oliveira, ao analisar a sistemática dos preços de transferência sob a óptica da presunção ou ficção legal, discorre:[163]

> [...] em todos estes casos exemplificados, há uma ficção legal de lucro, não coincidente com a realidade e com o lucro efetivo, neles não existindo aquisição de disponibilidade econômica ou jurídica de renda no valor legal, sendo inconstitucionais quaisquer exigências tributárias, quer por violarem princípios do sistema tributário, quer por contrariarem preceitos constitucionais relativos à ordem econômica, além de disposições do CTN. [...] a lei não estabelece a disciplina de preços de transferência como presunções relativas, ou seja, não se trata de normas de caráter instrumental para a prova da verdade. [...] nos artigos 18 a 24 (da lei nº 9.430/96) não existe o estabelecimento de qualquer presunção relativa, por duas razões.
>
> A primeira razão é que, quando a lei cria uma presunção relativa, ela o diz expressamente e determina que o fato presumido seja considerado verdadeiro até prova em contrário, cujo ônus fica invertido contra o contribuinte. Ora, no caso da Lei nº 9.430/96, isto não ocorre, mesmo porque o ônus da prova o extravasamento dos limites por ela impostos é do fisco, já que qualquer lançamento para glosa de custo ou despesa, ou para adição de receita ao lucro tributável deve ser acompanhado dos elementos de comprovação dos fatos e dos dados alegados e adotados pelo agente fiscal (CTN, artigo 142 e demais normas aplicáveis aos procedimentos fiscais).
>
> A segunda razão pela qual não há presunção relativa está em que toda presunção desta espécie admite prova em contrário. Ora, no caso da Lei nº 9.430/96, a despeito de caber ao fisco o ônus da prova do que alegar, ao contribuinte será possível fazer contraprova, como em qualquer processo, mas tal contraprova sempre terá alcance limitado até determinado

---

163. OLIVEIRA, Ricardo Mariz de. *Fundamentos do imposto de renda*, cit., p. 825.

PREÇO DE TRANSFERÊNCIA COMO NORMA DE AJUSTE DO IMPOSTO
SOBRE A RENDA

ponto, pois, desse ponto em diante, os parâmetros legais atuam como verdadeiras presunções absolutas, ou melhor, como reais ficções legais.

A diferença brilhantemente apontada pelo doutrinador reflete o espírito do presente trabalho: avaliar que se um fato jurídico tributário é construído sobre uma ficção de lucro tributável, a norma que assim prescreve padece de inconstitucionalidade, por oferecer à tributação, por meio de ficção jurídica, um acréscimo patrimonial que, de fato, não ocorreu.

Diferentemente da presunção, a ficção tem diferenças tênues, mas relevantes para fins jurídicos, uma vez que tem regimes normativos diversos, conforme veremos no próximo item.

4.7.2 Ficção jurídica

Tércio Sampaio[164] define ficção como

> [...] uma "desnaturação" do real. Ela intervém após uma primeira qualificação de uma situação de fato dada e percebida como essencialmente diferente. Determina-se, então, que, voluntária e conscientemente, certas consequências sejam deduzidas de uma situação da qual, de princípio, não seriam dedutíveis. Seu fundamento, portanto, é uma dessemelhança e um juízo prévio de diferença, a partir do que se procede a uma igualação. [...] mas um tratamento impositivo de uma desigualdade como se igual fosse.

Segundo o autor, a norma pode empregar conceitos que se definem pelo real ou pode prescrever mediante ficções jurídicas; nesse caso, a lei ou o juiz atribui determinadas consequências a alguns eventos nela previstos, ainda que contrários à realidade.

---

164. FERRAZ JR., Tercio Sampaio. Equiparação – CTN, art. 151. *Cadernos de Direito Tributário e Finanças Públicas*, São Paulo: Revista dos Tribunais, ano 7, v. 28, p. 14, jul./set. 1999.

As ficções jurídicas são regras de direito material que criam sua própria realidade e dão vida ao inexistente. Criam uma verdade legal contrária à verdade natural, fenomênica.[165]

São atos de fala; para que um ato ficcional ocorra, é necessário que seja proferido por uma força ilocucionária competente.

Nesse sentido, Cristiano Carvalho,[166] em obra sobre o tema, define o que seja ficção jurídica:

> [...] a ficção jurídica é um ato de fala, que propositadamente não vincula algum aspecto da regra à realidade jurídica, à realidade institucional ou à realidade objetiva, de modo a assim poder gerar efeitos que não seriam possíveis de outra forma.
>
> A ficção jurídica é, portanto, uma desvinculação normativa entre o real e o Direito.

Luciano Amaro[167] define ficção utilizando-se de dois critérios: a) o que enuncia; e b) a correspondência entre o dito e a realidade:

> [...] ficção jurídica (ou melhor, ficção no plano jurídico) é de utilização privativa pelo legislador. Por meio dessa técnica, a lei atribui a certo fato características que, sabidamente, não são reais. Por isso, generalizou-se a afirmativa de ser a ficção uma mentira legal, ou uma verdade apenas legal, sem correspondência com a realidade.

Por sua vez, Ângela Maria Pacheco,[168] ao estabelecer a diferença entre presunção e ficção no plano do conteúdo das normas, afirma que

---

165. FERRAGUT, Maria Rita. Op. cit., p. 51.

166. CARVALHO, Cristiano. *Ficções jurídicas no direito tributário*. São Paulo: Noeses, 2008, p. 222-223.

167. AMARO, Luciano. *Direito tributário brasileiro*. São Paulo: Saraiva, 2008, p. 274.

168. PACHECO, Ângela Maria. *Ficções tributárias*: identificação e controle. São Paulo: Noeses, 2009, p. 259.

PREÇO DE TRANSFERÊNCIA COMO NORMA DE AJUSTE DO IMPOSTO
SOBRE A RENDA

> [...] a ficção é norma jurídica geral e abstrata, material; a presunção insere-se no âmbito processual das provas, refere-se à norma individual e concreta, na fase de aplicação. [...] As ficções são normas jurídicas substantivas gerais e abstratas, qualificadoras de suportes fáticos, que, sabe o legislador, diferem de outros suportes fáticos integrantes de hipóteses normativas válidas no sistema.

Adota-se como exemplo clássico da regra ficcional a desconsideração da personalidade jurídica disposta nas Leis ns. 8.078/90, 8.884/94, 9.605/98 e 10.406/2002, nas quais não há a anulação da personalidade jurídica em toda sua ineficácia para fins de alcançar determinados efeitos, em virtude do uso ilegítimo da personalidade jurídica pelos sócios ou administradores.

Cristiano Carvalho,[169] em abordagem sobre o assunto, destaca que

> A desconsideração é uma ficção porque não tem o efeito de desconstituir ou anular a personalidade jurídica da empresa, mas, sim, colocá-la entre parênteses, como se não existisse naquele caso concreto, naquela relação jurídica específica. O pressuposto da regra de desconsideração é que os sujeitos referidos no dispositivo tenham agido com dolo, isto é, o elemento subjetivo de intenção do agente em cometer um ilícito.

É de extrema relevância que os valores garantidos pelo uso das ficções estejam de acordo com a ordem jurídica constitucional vigente para se tê-las como válidas.[170]

Cabe destacar, ainda, que as ficções estão limitadas a várias normas constitucionais, dentre elas assegurar o contraditório e a ampla defesa, e sua aplicabilidade está afastada em matérias que criem direitos e obrigações tributárias principais.

---

169. CARVALHO, Cristiano. Op. cit., p. 292.

170. HART, Florence. *Teoria e prática das presunções no direito tributário*. São Paulo: Noeses, 2010, p. 257.

Maria Rita Ferragut[171] afirma, ainda, que

> [...] a única possibilidade de "utilização da ficção" que vislum-
> bramos seria se os fatos descritores de eventos diretamente co-
> nhecidos (antecedente) estivessem dentro da competência tribu-
> tária, como, por exemplo, a regra que previsse que o ganho de
> capital pressuporia a existência de salários, sujeitos a incidência
> do Imposto sobre a Renda. Ocorre que, nesse caso, a subsunção
> ocorreria com o conceito do próprio fato descrito diretamente
> conhecido (ganho de capital), sendo completamente irrelevante,
> para os fins da obrigação tributária (obrigação de pagar Imposto
> sobre a Renda), o fato previsto na consequência da regra de fic-
> ção (salário). Portanto, não se trataria, a rigor, de utilização de
> ficção jurídica para o desencadeamento da obrigação.

O fato de a ficção criar uma nova realidade jurídica torna
extremamente importante a observância dos valores garantidos pelo texto constitucional, como tipicidade, capacidade
contributiva, não confisco etc.; do contrário, não poderá tê-la
como válida.

Conclui-se que presunção e ficção são institutos com regime jurídico diverso; nada se presume na ficção e vice-versa.
O que há em comum entre ambas é tão somente que uma e
outra são técnicas prescritivas que têm por objetivo modificar
a realidade diretamente conhecida.[172] Por outro lado, os critérios distintivos desses mecanismos jurídicos são diversos.

Alfredo Augusto Becker[173] afirma a existência radical entre presunção legal e ficção legal:

> A presunção tem por ponto de partida a verdade de um fato: de
> um fato conhecido se infere outro desconhecido. A ficção, toda-
> via, nasce de uma falsidade. Na ficção, a lei estabelece com ver-
> dadeiro um fato que provavelmente (ou com toda a certeza) é
> falso. Na presunção, a lei estabelece como verdadeiro um fato
> que é provavelmente verdadeiro. A verdade jurídica imposta

---

171. FERRAGUT, Maria Rita. Op. cit., p. 88.

172. Ibidem, p. 157-158.

173. BECKER, Alfredo Augusto. Op. cit., p. 539.

PREÇO DE TRANSFERÊNCIA COMO NORMA DE AJUSTE DO IMPOSTO
SOBRE A RENDA

> pela lei, quando se baseia numa provável (ou certa) falsidade, é ficção legal, quando se fundamenta numa provável veracidade é presunção legal.

No mesmo sentido, Florence Hart[174] tenta demonstrar a diferença entre os dois institutos, relacionando-os a uma novela e um conto. E demonstra que, da mesma forma que a novela busca reproduzir histórias da vida real, a presunção exige a verossimilhança com o real. Enquanto o conto explora o campo do imaginário, do inexistente, com fadas, unicórnios, gnomos etc., e dá vida a ele, a ficção, da mesma forma que os contos, não tem nada que ver com o real, formula-se a norma associando a algo como se fosse outro, sem vinculação com o real, e é por isso que não são admitidas presunções para fins de criar obrigações tributárias. Caso assim fosse, admitir-se-ia violação de vários direitos subjetivos do contribuinte, dentre eles confisco, capacidade contributiva, tipicidade tributária.

Desse modo, resta clara a distinção entre presunção e ficção, tanto na forma de construção do enunciado de fato (a primeira, pela similitude essencial, e a segunda, pela semelhança secundária), como também no regime jurídico.

Aplicando tais conceitos ao preço de transferência, verifica-se que o ajuste do preço feito pelo legislador trata-se de uma ficção jurídica, conforme será analisado no próximo item.

4.7.3 Preço de transferência como ficção jurídica

Dentro dessas definições acima trazidas, admitindo que a ficção funda-se numa provável mentira e a presunção numa provável verdade, podemos afirmar, sem dúvida alguma, que o preço de transferência é uma ficção jurídica pelo caráter arbitrário e artificial do ajuste, isso porque o preço de transferência no Brasil é diferente nos países que adotam o modelo OCDE. No Brasil, conforme visto, o preço de transferência é

---

174. HART, Florence. Op. cit., p. 257-258.

um preço artificialmente fixado para atender à legislação fiscal, ajudando no cálculo do imposto sobre a renda das pessoas jurídicas. Ou seja, quando falamos em preço de transferência, na verdade, estamos cuidando de potenciais ajustes na base de cálculo do imposto sobre a renda.

Arbitrar no sentido jurídico comum é prescrever, decidir ou julgar na qualidade de árbitro. A todo momento no direito se arbitra: por exemplo, a regra matriz de incidência tributária é uma forma arbitrária de positivar a norma; para dar eficácia aos seus comandos, o direito modifica as imposições da realidade de maneira arbitrária, fixando outros marcos, espaciais e ou temporais, que nem sempre correspondem ao mundo fenomênico. Quando assim procede, a ordem normativa prescreve verdadeiras ficções jurídicas; é o que ocorre no preço de transferência.

O único caso em que haveria uma presunção, fundada numa provável verdade, seria quando utilizássemos o método PIC (Preços Independentes Comparados) ou os métodos de *commodities*, em que os preços praticados são utilizados como referência. Mas, mesmo nesses dois casos, há a questão da representatividade das operações em relação ao total de operações da companhia, ou seja, ainda assim estaríamos criando condições artificiais para a fixação de um preço fiscal, que será utilizado para fins de cálculo do imposto sobre a renda.

Ricardo Mariz de Oliveira[175] afirma:

> Portanto, pode-se dizer que a lei quer, nos atos sujeitos aos artigos 18 a 24, que a pessoa jurídica tenha um lucro mínimo, razão pela qual, mesmo que não o tenha, a lei considerará que ela teve esse lucro por ela pretendido, e é este que ela tomará como base de cálculo do imposto de renda. É aqui, portanto, que a Lei nº 9.430 não deixa escapatória e preestabelece o valor legal, mas não necessariamente o real, dos negócios praticados e, consequentemente, dos lucros sujeitos à tributação, tal como ocorre com as

---

175. OLIVEIRA, Ricardo Mariz de. *Fundamentos do imposto de renda*, cit., p. 827.

PREÇO DE TRANSFERÊNCIA COMO NORMA DE AJUSTE DO IMPOSTO SOBRE A RENDA

presunções absolutas e as ficções legais. Isto viola o ordenamento constitucional brasileiro por todos os fundamentos acima elencados.

> [...] no regime brasileiro de preços de transferência, o elemento de comparação somente pode ser conhecido no futuro, pois ele resulta da média de preços ou dados de comparação verificada durante todo o período-base e não pode ser sabido com segurança na data da realização do negócio jurídico sujeito a controle.

Maria Rita Ferragut,[176] analisando sobre a possibilidade de nosso ordenamento jurídico admitir a utilização das presunções ou ficções para disciplinar o preço de transferência, descarta a possibilidade de a ficção ser utilizada para disciplinar o preço de transferência, sob o argumento de que "elas não podem validamente considerar como ocorrido o fato jurídico tributário que comprovadamente não ocorreu, nem estipular bases de cálculo desvinculadas das grandezas manifestadas no fato". Quanto às presunções, acredita que podem ser aplicadas ao preço de transferência, desde que observados o contraditório e a ampla defesa.

Paulo Ayres Barreto,[177] em mesa de debate sobre o tema, concluiu que a regulamentação do preço de transferência no Brasil pode seguir por apenas dois caminhos, quais sejam: o primeiro é utilizar o recurso da ficção, presunção absoluta, caminho este simples e fácil, porém inconstitucional; e o segundo, o da produção de prova ou presunção legal relativa, em que sempre se admite prova em contrário pelo contribuinte, no curso do processo administrativo. Destaca, também, que, antes da constituição do fato jurídico tributário, por intermédio do ato administrativo de lançamento, o contribuinte deve ter a oportunidade de demonstrar que não transferiu lucro algum.

---

176. FERRAGUT, Maria Rita. Op. cit., p. 123.

177. BARRETO, Paulo Ayres. Preços de transferência. *Revista de Direito Tributário*, v. 81, p. 135, 2001.

Podemos concluir que o preço de transferência no Brasil trata-se de uma ficção jurídica, por se cuidar de norma de ajuste de imposto sobre renda, artificialmente instituída, fundada numa provável falsidade. Isso porque o preço decorrente do ajuste não é um preço de mercado e nem poderia ser, padecendo, portanto, de inconstitucionalidade, exceto com relação ao PIC e aos métodos de *commodities*, em que os preços praticados são utilizados como referência.

Esses vícios de inconstitucionalidade poderiam ser sanados com algumas alterações na legislação, que nos conduziram ao reconhecimento de uma presunção em vez de uma ficção.

Portanto, o preço de transferência como ficção é inconstitucional porque a legislação brasileira de preço de transferência em vigor não pesquisa a existência de certa realidade econômica; ela afirma que existe certa realidade econômica e efetua a cobrança do tributo.

4.8 *Safe harbour*

Safe harbour é definido pelo *International Tax Glossary*, do IBFD, da seguinte forma:

> Safe harbour may be defined as an objective standard or measure, such as a range, percentage, or absolute amount, which can be relied on by a taxpayer as an alternative to a rule based on more subjective or judgmental factors or uncertain facts and circumstances.

Ponto importante para compreender o *safe harbour* é ter em mente que se trata de uma flexibilização das regras no modelo OCDE, ou seja, uma forma de permitir comprovações menos rígidas, considerando que, naquele modelo, o preço de transferência busca um parâmetro no mercado.

PREÇO DE TRANSFERÊNCIA COMO NORMA DE AJUSTE DO IMPOSTO
SOBRE A RENDA

Luís Eduardo Schoueri[178] destaca que, no caso de preço de transferência, as exigências administrativas podem ir desde uma total exoneração da obrigação de atender às normas de preços de transferência até a obrigação de atender a determinados deveres instrumentais, citando como exemplo a exigência de o contribuinte estabelecer seus preços de transferência por um método mais simplificado ou de dar informações específicas. O mesmo sistema pode, ainda, conforme a OCDE, excluir determinadas transações da submissão às normas de preços de transferência ou permitir que se apliquem regras mais simplificadas, como é o caso da definição de patamares mínimos, que ocorre na legislação brasileira, e da fixação de faixas nas quais os preços ou lucros devem encaixar-se.

A OCDE[179] indica alguns fatores que justificam o uso do *safe harbour*:

> [...] simplificação das exigências para determinados contribuintes na determinação das condições *arm's length* para as transações controladas; proporcionar certeza para uma categoria de contribuintes de que os preços de transferência serão aceitos sem a necessidade de posterior revisão; e evitar à administração fiscal a tarefa de conduzir exames suplementares e auditoriais de tais contribuintes em relação a seus preços de transferência.

Marcelo Alvares Vicente[180] destaca alguns problemas que podem ser considerados no uso dos *safe harbours*, que devem ser balanceados em relação aos benefícios esperados, dentre eles:

---

178. SCHOUERI, Luís Eduardo. *Preços de transferência no direito tributário brasileiro*, cit., p. 149.

179. OECD. *Transfer pricing guidelines for multinational enterprises and tax administrations*. Niagara-on-the-Lake, Canada: International Tax Institute, Aug. 2010, p. IV-33.

180. VICENTE, Marcelo Alvares. *Controle fiscal dos preços de transferência*. São Paulo: PUC, 2007, p. 246.

[...] a implementação de um *safe harbour* em um determinado Estado não afetaria somente a tributação naquela jurisdição, mas também interferiria na tributação das empresas vinculadas em outras jurisdições; pela dificuldade em estabelecer critérios satisfatórios para definir os *safe harbours*, e consequentemente podem potencialmente produzir preços ou resultados que podem não ser consistentes com o princípio *arm's length*.

A OCDE entende que o uso do *safe harbour* pode ocasionar arbitrariedade por raramente se enquadrar nas variações de fatos e circunstâncias, mesmo quando se trata de empresas do mesmo ramo de negócios. Esse sistema ainda seria prejudicado caso se necessitasse, como de fato ocorre, de pesquisas amplas para se estabelecer com precisão os parâmetros do *safe harbour* para satisfazer o princípio do preço parâmetro, o que iria contra um de seus propósitos, de simplificar a atuação da administração fiscal.[181] A OCDE acrescenta, ainda, o risco de dupla tributação no momento da aplicação do *safe harbour*. Isso porque, ao se estabelecer regras para o *safe harbour* por um Estado, pode forçar a empresa a aproximar seus resultados artificialmente para se adequar aos parâmetros estabelecidos ou mesmo ocasionar um resultado prejudicial para tributação de outro Estado, em que residentes as empresas vinculadas, o que pode não ser aceito por aquele Estado e resultar na tributação pelo princípio *arm's length*, diferente do primeiro Estado tributante, resultando em dupla tributação; para contestar tal fato, o contribuinte deverá comprovar que o preço estabelecido por meio do *safe harbour* corresponde àquele *arm's length*, podendo inclusive fazê-lo a partir de um Plano de Negócios.

Pode haver bitributação quando mais de um Estado adotar o *safe harbour* através de métodos conflitantes, em especial quando cada Estado esteja interessado em proteger suas receitas fiscais, sendo improvável que haja na prática uma

---

181. OECD. Op. cit., p. IV-35.

harmonização de regras que venha a eliminar esse fenômeno pluri-impositivo.[182]

Em suma, tem-se o entendimento de que o *safe harbour* pode atingir diversos objetivos relacionados à necessidade de controle dos preços de transferência, mas pode, de igual modo, ocasionar diversos problemas, entre eles a formação dos preços praticados entre empresas associadas, tomando como base seus limites, a eventual redução na receita fiscal dos Estados que os implementam, bem como naquelas jurisdições em que localizadas as empresas vinculadas e, ainda, a formação de preços distorcidos em razão de as regras de *safe harbour* não corresponderem ao princípio *arm's length*.

No Brasil, trata-se de ficção jurídica dirigida a permitir que haja avaliação de índices de lucratividades mínimos nas exportações, quando há entrada de divisas e não saídas. Essa "flexibilização" é compreensível exatamente porque só existe na exportação. Não há "flexibilização" quando o assunto é saída de divisas de determinado país.

Podemos considerar como regras de *safe harbours*, no direito brasileiro, os seguintes artigos: 19, *caput* e § 1º, da Lei n. 9.430/96, nas exportações cujo valor seja igual ou superior a 90% do preço médio praticado no mercado brasileiro; 22, § 4º, dessa mesma lei, nos contratos de empréstimos registrados no BACEN; 52 da IN/SRF n. 1.312/2012, em que a margem de divergência é de até 5%, para mais ou para menos, entre o preço ajustado a ser utilizado como parâmetro, em comparação ao preço efetivamente praticado; 48 da mesma instrução, com alteração feita pela IN/SRF n. 1.322/2013, em que o lucro líquido, antes da provisão da CSLL e do imposto de renda, decorrente das receitas de vendas nas exportações para empresas vinculadas, em valor equivalente a, no mínimo, 10% do total dessas receitas, considerando-se a média anual do período

---

182. Ibidem, p. IV-38.

de apuração e dos dois anos precedentes, não se aplica em relação às vendas efetuadas para empresa, vinculada ou não, domiciliada em país ou dependência de tributação favorecida, ou cuja legislação interna oponha sigilo; e 49, também da mesma instrução, em que a receita líquida das exportações, no ano-calendário, *não excede a* 5% do total da receita líquida no mesmo período, não se aplicando em relação às vendas efetuadas para empresa, vinculada ou não, domiciliada em país ou dependência de tributação favorecida ou cuja legislação interna oponha sigilo.

A nova legislação de preço de transferência foi regulamentada pela citada Instrução Normativa n. 1.312/2012, em substituição à Instrução Normativa n. 243/2002. Na regulamentação, as normas infralegais pertinentes ao *safe harbour* estão prescritas, da mesma forma que na legislação anterior, com as diferenças previstas na legislação já consideradas.

Safe harbour, portanto, é uma norma de fixação de níveis de lucratividade mínima para operações de exportação, quando essa lucratividade é avaliada anualmente, comparando-se, normalmente, o contribuinte dentro das suas próprias operações.

Apenas para retomar, até o presente momento, tentamos elucidar por que, para nós, preços de transferência no Brasil são normas para ajuste de imposto sobre a renda, que trazem preços fiscais em substituição aos preços contábeis, caso haja necessidade de ajuste.

4.9 Alterações da Lei n. 12.715/2012 (conversão da MP n. 563/2012)

As alterações da Lei n. 12.715/2012 foram refletidas no curso de todo o estudo, como forma de expor as importantes alterações impostas tantos anos após a publicação da primeira legislação de preço de transferência no Brasil.

PREÇO DE TRANSFERÊNCIA COMO NORMA DE AJUSTE DO IMPOSTO SOBRE A RENDA

Apenas para fins de síntese, a nova legislação, acompanhada pela também nova instrução normativa sobre o tema (IN n. 1.312/2012), reflete uma prática interessante do Governo Federal e já utilizada em outras questões jurídico-tributárias: reversão de posicionamentos judiciais por meio da alteração das legislações.

É comum que reveses do Governo em tribunais judiciais e administrativos sejam devidamente contornados por meio de alterações legislativas e, no caso do preço de transferência, não foi diferente.

Pela nova lei, todas as *commodities* ficarão sujeitas, a partir de 2013, ao controle de preços em operações de importação e exportação. A norma determina que, na hipótese de transações com *commodities* sujeitas à cotação em bolsas de mercadorias e futuros internacionalmente reconhecidas, deverão ser usados os métodos de Preço sob Cotação na Importação – PCI ou Preço sob Cotação na Exportação – Pecex. Se não houver cotação em bolsa, a comparação se dará com preços obtidos em institutos de pesquisas idôneos ou agências reguladoras. Na prática, o preço praticado nessas transações poderá ser ajustado para o cálculo dos tributos.

Antes, o preço de transferência para as *commodities* sem cotação era calculado com base no custo e em uma margem de lucro fixa, o que possibilitava às empresas flexibilizar preços para manter um lucro maior em países em que a tributação é menor.

À exceção dos métodos aplicáveis compulsoriamente para *commodities*, real inovação na legislação, outras mudanças refletem antigas discussões entre contribuintes e Fisco federal.

A inclusão do frete e do seguro no preço considerado para a operação, mesmo que pagos para partes não vinculadas, foi uma das substanciais alterações da legislação, fruto do trabalho conjunto entre Governo e sociedade, quando, ao final, prevaleceu a vontade do primeiro, com algumas concessões.

Portanto, segundo a nova lei, os valores pagos a título de frete e seguro na importação de bens, desde que não contratados com pessoas vinculadas, localizadas em países ou dependências de tributação favorecida, ou que não estejam amparados por regimes fiscais privilegiados, não precisam ser computados como custo do produto importado, para fins de aplicação dos métodos. Não integram, também, o custo os demais valores aduaneiros, bem como o valor imposto de importação.

Outro ponto de disputa constante entre Governo e Fisco "legalizado" pela nova legislação foi o método de cálculo do PRL (método de importação). Conforme já dito, a fórmula de cálculo prevista pela legislação e regulamentada pela instrução normativa era díspar e provocava distorções imensas no tocante ao número final, gerando ajustes muito maiores que aqueles que seriam observados se a legislação fosse adequadamente regulamentada.

A nova legislação tratou de legalizar o método de cálculo da instrução normativa, pondo fim ao litígio entre as partes.

O *safe harbour* também foi alterado de forma a reduzir, substancialmente, sua aplicação para as empresas exportadoras, em nítido conflito entre políticas de Governo e interesses arrecadatórios deste mesmo Governo.

Desta feita, é de reconhecer avanços significativos na tentativa de modernização das regras de preço de transferência no Brasil, mas nunca abandonando a espinha dorsal da legislação: utilização de métodos matemáticos, com fórmulas fixas, que não admitem prova em contrário; uso de ficções jurídicas, portanto, para compor a base de cálculo do imposto sobre a renda das pessoas jurídicas.

4.10 Estrutura lógica da norma de preço de transferência

Retomando a parte conceitual do trabalho, preço de transferência, como norma, deve seguir a estrutura lógica de todas as outras normas do sistema.

O primeiro ponto é definirmos se a norma de ajuste é uma norma em sentido amplo ou uma norma em sentido estrito.

No capítulo I, vimos que norma jurídica é uma expressão ambígua, usada para nominar unidades do conjunto. E entendemos que a norma jurídica como sendo o sentido que obtemos a partir da leitura dos textos do direito positivo é a significação estruturada construída a partir da interpretação dos enunciados prescritivos.

Portanto, a norma jurídica é dividida em norma jurídica em sentido amplo, norma jurídica em sentido estrito e norma jurídica completa.

Diz-se norma jurídica em sentido amplo para aludir aos conteúdos significativos das proposições do direito, ou seja, são enunciados prescritivos, não como manifestações empíricas do ordenamento, mas como significações que seriam constituídas pelo intérprete.[183] Por norma jurídica em sentido estrito, entende-se que é o mínimo irredutível completo do deôntico (com os elementos da hipótese e da consequência), ou seja, é aquela que, com a junção das normas em sentido amplo, consiga produzir uma mensagem com o sentido deôntico completo.

Para que possamos avaliar a natureza da norma que insere no sistema do direito positivo o ajuste para fins de cálculo de imposto sobre a renda, precisamos avaliar a estrutura de cálculo da exação e de que forma, para o lucro real, um "ajuste" produz efeitos.

---

183. CARVALHO, Paulo de Barros. *Apostila de filosofia do direito I*: lógica jurídica, cit., p. 80.

Relembrando, o imposto sobre a renda das pessoas jurídicas, modalidade lucro real, em verdade, é imposto que incide sobre o lucro, ou seja, variação patrimonial positiva apurada em dado espaço de tempo.

Dessa forma, é necessária uma equação entre entradas e saídas, entre receitas e despesas para que se apure a variação desse patrimônio e, então, sobre essa variação positiva, incida tanto a alíquota do imposto quanto aquela da CSLL – Contribuição Social sobre Lucro Líquido.

É neste ponto que começa a tradução da linguagem contábil para a fiscal: o direito tributário prescreve que a equação deve partir do lucro líquido contábil e ser "ajustada" por adições e exclusões, controladas via LALUR.

Em outras palavras, o direito normatiza o lucro líquido contábil, admitindo-o como ponto de partida para o cálculo do imposto sobre a renda, dentro das normas jurídicas que estabelecem o cálculo.

Um preço praticado em uma transação com pessoa jurídica residente e domiciliada em paraíso fiscal, por exemplo, é considerado "despesa contábil" e, portanto, afeta o "lucro líquido contábil" de onde parte o direito positivo. Se esse preço for restabelecido pelo direito positivo, por força de um ajuste entre o preço parâmetro e o preço praticado – contabilmente registrado –, haverá uma "adição" no LALUR, no qual se registrará uma adição para fins de cálculo do IR/CSLL. Isso quer dizer que há um aumento da base de cálculo, por força do ajuste, para que a tributação seja maior.

Cumpre-nos, portanto, avaliar se essa adição, registrada em livro obrigatório (LALUR), é uma norma em sentido estrito ou em sentido amplo.

Norma jurídica tributária em sentido estrito, conforme visto acima, é uma norma composta por todos os critérios previstos na doutrina de Paulo de Barros Carvalho. Há, ainda, a norma jurídica completa, que é a junção da norma primária com a norma secundária.

PREÇO DE TRANSFERÊNCIA COMO NORMA DE AJUSTE DO IMPOSTO SOBRE A RENDA

Dessa forma, a norma jurídica completa é a junção da norma primária com a secundária, formando uma mensagem completa, e "expressam a mensagem deôntica-jurídica na sua integridade constitutiva, significando a orientação da conduta, justamente com a providência coercitiva que o ordenamento prevê para o seu descumprimento".[184]

Portanto, a norma primária veicula deonticamente a ocorrência de dado fato a uma prescrição (relação jurídica), ou seja, ela prescreve um dever-ser operação e a dedutibilidade para fins fiscais, se e quando acontecer o fato previsto no suposto. Enquanto a norma secundária conecta-se sintaticamente à primeira, prescrevendo – se se verificar o fato da não ocorrência da prescrição da norma primária, então, deve ser uma relação jurídica que assegure o cumprimento daquela primeira –, ou seja, dada a não observância de uma prescrição jurídica, deve ser a sanção. A norma secundária prescreve uma providência sancionatória, aplicada pelo Estado-juiz, no caso de descumprimento da conduta estatuída na norma primária.

Já abordamos em outra etapa do trabalho os critérios que compõem a norma jurídica tributária em sentido estrito – regra-matriz de incidência tributária – e, de fato, acreditamos que uma norma que ajusta a base de cálculo do imposto sobre a renda é uma norma em sentido amplo, por não ser completa, deonticamente falando.

Essa norma possui uma estrutura lógica própria das normas jurídicas, por óbvio. Admitindo a coerência e unidade do sistema do direito positivo e a homogeneidade sintática da linguagem do direito, uma norma em sentido amplo são as frases, o suporte físico do direito positivo ou os textos de lei, assim como os conteúdos significativos isolados, e as normas jurídicas em sentido estrito ou completo são compostas pela construção de sentido a partir dos enunciados do direito positivo (norma em sentido amplo), na forma hipotética condicional $(H \rightarrow C)$

---

184. Ibidem, p. 122.

Não existe norma sem sanção, senão ela não é cumprida. Portanto, a norma primária estabelece o dever, e a norma secundária estabelece a sanção (no sentido de coerção).

A norma jurídica portadora de sentido completo seria assim representada em estrutura lógica: D{(p→q) V [(p→q) → S]}.

A primeira parte da proposição jurídica completa (que se constitui da norma primária e norma secundária) é composta de hipótese e tese (consequente). A hipótese descreve fato de possível ocorrência; a tese, normativamente vinculada à hipótese, tem estrutura interna de proposição prescritiva, é proposição relacional.

O operador relacional R que vincula os sujeitos no consequente da norma primaria (p→(SRS') não é prescritivo, é relacional descritivo, mas, quando inserto na tese S' R S", R se traduz por expressões deônticas: está proibido, permitido ou obrigado.

Na norma primária, encontramos o operador deôntico com incidência sobre a relação de implicação entre H e C e outro functor deôntico no interior da estrutura proposicional do C. Em redução formal: D (p → q) e S'R S", em que R é a variável functorial substituível por O, V ou P.

Enquanto na norma secundária o antecedente aponta para um comportamento violador do dever previsto na tese da norma primária, o consequente prescreve relação jurídica em que o sujeito ativo é o mesmo, mas agora o Estado exercita sua função jurisdicional, passa a ocupar a posição de sujeito passivo.

Eurico Marcos Diniz de Santi[185] confirma que "a norma é jurídica porque sujeita-se a sanção" e explica bem a norma

---

185. SANTI, Eurico Marcos Diniz de. *Lançamento tributário*. São Paulo: Max Limonad, 2001, p. 41.

PREÇO DE TRANSFERÊNCIA COMO NORMA DE AJUSTE DO IMPOSTO
SOBRE A RENDA

jurídica completa, em uma linguagem formalizada, representada na seguinte estrutura:

$$\left\{ \left[\Big(H - C \Big) - \Big(C - S \Big) \right] - \Big(C\,v - S \Big) \longrightarrow \text{Rj Processual} \right\}$$

A norma primária dispositiva tipifica em sua hipótese a descrição de um ato ou fato lícito.

A norma primária sancionadora prescreve o não cumprimento de deveres ou obrigações, como a norma secundária, porém carece de eficácia coercitiva. Tem como pressuposto a ocorrência de ato ou fato ilícito, caracterizado pelo descumprimento de um dever jurídico. E, como consequência, uma sanção de direito material, pois as normas primárias são oriundas do direito material, civil, comercial, administrativo, tributário etc.

As normas secundárias são oriundas do direito processual positivo. O seu não cumprimento acarretará uma sanção, entendida esta como pretensão de exigir coercitivamente perante órgão estatal a efetivação do dever estatuído no prescritor da norma primária.

A norma de ajuste do imposto sobre a renda, produto da aplicação dos métodos matemáticos que fixam artificialmente preços para fins tributários, são enunciados prescritivos que, em conjunto com outros enunciados prescritivos, compõem a norma jurídica tributária em sentido estrito do imposto sobre a renda.

4.11 Evasão e elusão fiscal. Ilicitude e possibilidade de controle

A Constituição Federal, em seu art. 5º, conjugada com as normas jurídicas infraconstitucionais, dá ao particular, no exercício dos seus direitos e garantias individuais, a liberdade de gerir a sua propriedade, praticando negócios jurídicos que entender convenientes, menos onerosos, tanto em termos econômicos, quanto em termos fiscais.

Diante disso, temos as figuras da elisão e evasão fiscal: se a conduta for lícita, temos a elisão fiscal; se ilícita, trata-se de evasão fiscal.

Alfredo Augusto Becker[186] apresenta distinção bastante objetiva entre a evasão e a elisão. Destaca que "[...] todo indivíduo, desde que não viole regra jurídica, tem a indiscutível liberdade de ordenar seus negócios de modo menos oneroso, inclusive tributariamente".

A elisão fiscal refere-se a um conjunto de procedimentos previstos em lei ou não vedados por ela, que visam diminuir o pagamento de tributos. Por meio da chamada elisão fiscal, o contribuinte consegue, de forma jurídica e lícita, estruturar o seu negócio de forma a diminuir os custos de seu empreendimento, inclusive na diminuição dos tributos.[187] Para que seja considerada válida, a conduta do contribuinte pode ser um fazer ou um deixar de fazer, desde que ambas sejam condutas lícitas, amparadas pelo direito.[188]

Heleno Tôrres,[189] em estudo sobre a elisão tributária, destaca que o termo "elisão tributária" não pode ser utilizado para representar a conduta lícita do contribuinte objetivando a economia de tributos. Isso porque o vocábulo "elisão" vem do latim *elisione,* e significa ato ou efeito de elidir, ou seja,

---

186. BECKER, Alfredo Augusto. Op. cit., p. 136.

187. AMARAL, Gilberto Luiz do. A aplicação da norma geral antielisão no Brasil. In: *Planejamento tributário & a norma geral antielisão.* Curitiba: Juruá, 2002, p. 45-62.

188. MARINS, James. *Elisão tributária e sua regulação.* São Paulo: Dialética, 2002.

189. TÔRRES, Heleno Taveira. *Direito tributário e direito privado*: autonomia privada, simulação, elusão tributária, cit., p. 188-189.

PREÇO DE TRANSFERÊNCIA COMO NORMA DE AJUSTE DO IMPOSTO
SOBRE A RENDA

eliminar, suprimir, o que não se amolda como uma conduta legítima.

Desse modo, utilizando o termo "elusão tributária" em vez de "elisão", o autor a define como

> [...] o fenômeno pelo qual o contribuinte, mediante a organização planejada de atos lícitos, mas desprovido de "causa" (simulados ou com fraude à lei), tenta evitar a subsunção de ato ou negócio jurídico ao conceito normativo do fato típico e a respectiva imputação da obrigação tributária. Ou ainda, a elusão tributária consiste em usar negócios jurídicos atípicos ou indiretos desprovidos de causa ou organizados com simulação ou fraude à lei, com a finalidade de evitar a incidência de norma tributária impositiva, enquadrar-se em regime fiscal mais favorável ou obter alguma vantagem fiscal específica.[190]

Na opinião do autor, a elusão tributária, assim como na doutrina tradicional, difere da evasão, porque, na primeira, o procedimento do contribuinte é transparente, ou seja, não é oculto, não apresentando qualquer ato ilícito típico.

Portanto, a elusão tributária se dá nos casos em que o contribuinte, com o objetivo de diminuir sua carga tributária, utiliza-se de meios atípicos, seja para evitar a incidência do fato jurídico tributário, seja para submetê-lo à incidência de norma menos onerosa.

Diferentemente da elusão tributária, o termo "evasão tributária" vem das ciências das finanças, portanto é definida como uma economia ilícita ou fraudulenta de tributos, porque sua realização passa necessariamente pelo não cumprimento de regras de conduta tributária ou pela utilização de fraudes. Portanto, a transgressão a regras tributárias caracteriza a evasão.[191]

---

190. Idem, p. 189.

191. MARINS, James. Op. cit., p. 32.

Dessa forma, a expressão "elusão fiscal", também conhecida por *tax avoidance*, não pode ser confundida com o conceito de evasão fiscal, *tax evasion*, pois, enquanto esta se refere a atos ilícitos pelos quais o contribuinte viola sua obrigação tributária, prestando falsas declarações ou recusando-se ao seu cumprimento, tudo com o objetivo de fugir do pagamento do tributo que deve ao Fisco, na elusão fiscal há a prática de atos lícitos, no âmbito da esfera de liberdade de organização mais racional dos interesses do contribuinte, a fim de evitar a hipótese de incidência sobre o negócio que pretende realizar.

Como forma de combater a elusão fiscal, o legislador dispõe de duas técnicas: uma, estabelecer normas de caráter geral; duas, criar normas específicas para determinar hipóteses, baseadas em situações concretas nas quais se verifica o procedimento elusivo.

As normas específicas ou normas de prevenção ou correção têm como objetivo combater a elusão tributária, ao tipificar o comportamento elusivo, inserindo-o na hipótese de incidência do tributo. O legislador pode, nesses casos, observando os comportamentos mais frequentes dos contribuintes, na prática de ato ou negócio jurídico, com objetivo de não pagar tributo ou reduzi-lo, criar hipóteses de incidência suplementar à já existente ou estabelecer, por meio das presunções ou ficções legais, normas cujas hipóteses vêm subsumir condutas da norma padrão geral do tributo e, assim, evitar o comportamento elusivo.

Além disso, pode o legislador, por meio das chamadas normas gerais, estabelecer hipóteses de incidência de forma mais ampla, abarcando no antecedente um número maior de condutas praticadas pelo contribuinte. Ou, ainda, normas que autorizam a administração de poderes, para desconsiderar, para efeitos tributários, atos ou negócios jurídicos que o ordenamento jurídico julgue inadequados, cujo objetivo seja obter vantagem tributária.

PREÇO DE TRANSFERÊNCIA COMO NORMA DE AJUSTE DO IMPOSTO
SOBRE A RENDA

Alberto Xavier,[192] em estudo sobre o tema, referente às normas fiscais antielisivas, afirma que

> As cláusulas gerais antielisivas são normas que têm por objetivo comum a tributação, por analogia, de atos ou negócios jurídicos extratípicos, isto é, não subsumíveis ao tipo legal tributário, mas que produzem efeitos econômicos equivalentes aos dos atos ou negócios jurídicos típicos sem, no entanto, produzirem as respectivas consequências tributárias.

Portanto, as normas antielisivas têm como objetivo atingir negócios lícitos não tipificados no ordenamento jurídico tributário.

4.11.1 Simulação, dolo, fraude à lei e abuso de direito: hipóteses de evasão fiscal?

Conforme definido acima, quando falamos em ato ilícito estamos no campo da evasão fiscal. Portanto, nos termos do art. 149, VII, do CTN, a Administração Fiscal pode, diante de ato ou negócio jurídico praticado com dolo, simulação ou fraude, desconsiderar o ato ou negócio jurídico, afastando o vício praticado pelo contribuinte, e, se necessário, subsumindo a regra-matriz de incidência tributária, que deveria ter sido enquadrada caso não houvesse o vício.

Passaremos à análise e compreensão das figuras jurídicas simulação, fraude e dolo, que dão causa à evasão fiscal.

A **simulação** tem suas características prescritas no art. 167 do Código Civil.[193] O Código Tributário Nacional utiliza

---

192. XAVIER, Alberto. *Tipicidade da tributação, simulação e norma antielisiva*, cit., p. 85.

193. Art. 167. É nulo o negócio jurídico simulado, mas subsistirá o que se dissimulou, se válido for na substância e na forma.
§ 1º Haverá simulação nos negócios jurídicos quando:
I - aparentarem conferir ou transmitir direitos a pessoas diversas daquelas às quais realmente se conferem, ou transmitem;
II - contiverem declaração, confissão, condição ou cláusula não verdadeira;

VIVIAN DE FREITAS E RODRIGUES DE OLIVEIRA

da simulação para impor sanções a sua prática, conforme se verifica nos arts. 154, parágrafo único, e 155, I.[194]

Washington de Barros Monteiro[195] destaca que a simulação caracteriza-se pelo "[...] intencional desacordo entre a vontade interna e a declarada, no sentido de criar, aparentemente, um ato jurídico que, de fato, não existe, ou então oculta, sob determinada aparência, o ato realmente querido".

A doutrina costuma classificar a simulação em absoluta ou relativa. A absoluta se dá quando as partes acordam em firmar negócio simulado que não produz efeito nenhum, enquanto a relativa, o acordo simulatório se dá no sentido de obter efeito jurídico diverso do esperado, por meio do negócio jurídico falso.

No direito tributário, o que importa para a caracterização da simulação é o conhecimento do vício por ambas as partes, com prejuízo para terceiros que o desconhecem.

O que importa destacar é que há divergência na doutrina sobre se simulação se enquadra ou não na hipótese de evasão fiscal, isso porque há dúvida a respeito de a ilicitude da simulação ser aparente, por atingir especificamente o acordo simulatório, ou se engloba todos os atos ou critérios distintivos,

---

III - os instrumentos particulares forem antedatados, ou pós-datados.
§ 2º Ressalvam-se os direitos de terceiros de boa-fé em face dos contraentes do negócio jurídico simulado.

194. Art. 154. [...]
Parágrafo único. A moratória não aproveita aos casos de dolo, fraude ou simulação do sujeito passivo ou do terceiro em benefício daquele.
Art. 155. A concessão da moratória em caráter individual não gera direito adquirido e será revogado de ofício, sempre que se apure que o beneficiado não satisfazia ou deixou de satisfazer as condições ou não cumprira ou deixou de cumprir os requisitos para a concessão do favor, cobrando-se o crédito acrescido de juros de mora:
I - com imposição da penalidade cabível, nos casos de dolo ou simulação do beneficiado, ou de terceiro em benefício daquele.

195. MONTEIRO, Washington de Barros. *Curso de direito civil*: parte geral. São Paulo: Saraiva, 2006, p. 207.

PREÇO DE TRANSFERÊNCIA COMO NORMA DE AJUSTE DO IMPOSTO
SOBRE A RENDA

incluindo o negócio jurídico utilizado para acobertar a vontade real.

Heleno Tôrres[196] entende que a simulação é espécie de elusão fiscal, pois defende que tanto a simulação relativa quanto a absoluta se exteriorizam por negócio jurídico lícito, firmado para ocultar negócio jurídico também lícito (no caso da simulação relativa).[197]

Em sentido contrário, pautado no aspecto volitivo, diferente da visão normativa defendida por Heleno Tôrres,

---

196. TÔRRES, Heleno Taveira. *Direito tributário e direito privado*: autonomia privada, simulação, elusão tributária, cit., p. 282-283.

197. Heleno Tôrres adota como premissa a teoria comunicacional do direito, dentro de uma perspectiva semiótica, buscando formular uma teoria normativa da simulação, uma vez que entende que "todo negócio jurídico é um ato de comunicação, e todo ato comunicacional consiste numa relação entre o emissor de uma mensagem (que pode ser composto pelas partes de um negócio) e um receptor (que podem ser os terceiros de boa-fé), usando, num determinado contexto, um código comum e um meio específico" (ibid., p. 302). Sustenta que qualquer interpretação do negócio jurídico precisa levar em consideração a situação comunicacional, em termos pragmáticos, incluindo as marcas da subjetividade, as relações entre os atores do ato linguístico e a representação que cada um deles faz de si próprio, do ato da situação do outro. Consultou o plano semântico e o pragmático do negócio jurídico para poder interpretá-lo, concluindo que o enunciado negocial é um conjunto de signos que exprimem os elementos de uma declaração, organizados segundo as regras do direito privado e submetidos ao contexto do tipo negocial que o envolva. Firmado nestas precisas, parte do conceito e considera que o negócio simulado, assim como o negócio jurídico regular, é fruto do exercício da autonomia privada, ainda que sujeito ao controle de um terceiro prejudicado, e é possível reconhecer a existência de discrepância entre a causa típica do negócio aparente e a intenção prática dos agentes e aliá-la a uma visão normativista. Portanto, a simulação é a relação que se estabelece entre duas normas jurídicas, postas pelas partes, uma que cria o negócio simulado e outra que estabelece o pacto simulatório. A primeira norma pode ter como objetivo encobrir outro negócio firmado pelas partes (simulação relativa) ou criar uma ficção (simulação absoluta) enquanto a norma do pacto simulatório, firmado com o intento de declarar contrariamente ao que fora declarado no negócio simulado, é norma jurídica fruto do exercício da autonomia privada, da qual podemos extrair causa desconforme com o ordenamento jurídico, mormente no que tange à exigência de cumprimento do princípio da boa fé. Ao terceiro prejudicado caberá recorrer à linguagem das provas, para que possa demonstrar a inexistência de causa do negócio jurídico simulado (simulação absoluta) ou a dissimulação de outro negócio jurídico (simulação relativa) (ibid., p. 302-309).

213

Alberto Xavier[198] entende a simulação como a "divergência entre vontade (vontade real) e a declaração (vontade declarada), procedente de acordo entre o declarante e o declaratório e determinada pelo intuito de enganar terceiros".

Sustenta o autor que, no âmbito tributário, pode haver simulação fiscal quando um dos elementos da norma tributária de incidência é passível de ocultação; portanto, a simulação se enquadra nas espécies de evasão fiscal.

Também entendem que a simulação é uma espécie de evasão fiscal Antônio Roberto Sampaio Dória,[199] Geraldo Ataliba,[200] Sacha Calmon Navarro Coêlho.[201]

Podemos notar que a simulação é espécie de ato ilícito, cuja sanção corresponde à nulidade da conduta simulada, nos termos do art. 167 do CCB, e à imposição de multa punitiva e demais sanções estabelecidas no CTN, nos arts. 154, parágrafo único, e 155, I.

Portanto, compartilhamos o entendimento favorável ao enquadramento da simulação como uma espécie de evasão, visto que esta pressupõe a prática de ato ilícito com o intuito de reduzir a carga tributária.

O dolo é vontade e consciência dirigida a realizar a conduta prevista no tipo penal incriminador.

"**Dolo** é a vontade de ação realizadora do tipo objetivo, guiada pelo conhecimento dos elementos destes no caso concreto".[202]

---

198. XAVIER, Alberto. *Tipicidade da tributação, simulação e norma antielisiva*, cit., p. 52.

199. DÓRIA, Antônio Roberto Sampaio. *Elisão e evasão fiscal.* 2. ed. São Paulo: Bushatsky, 1977, p. 64.

200. ATALIBA, Geraldo. *Elementos do direito tributário.* São Paulo: Revista dos Tribunais, 1978.

201. COÊLHO, Sacha Calmon Navarro. *Teoria geral do tributo, da interpretação e da exoneração tributária.* 3. ed. São Paulo: Dialética, 2003, p. 146.

202. ZAFFARONI, Eugenio Raúl. *Da tentativa.* São Paulo: Revista dos Tribunais,

PREÇO DE TRANSFERÊNCIA COMO NORMA DE AJUSTE DO IMPOSTO
SOBRE A RENDA

O dolo é formado por dois elementos, um intelectual e outro volitivo.

"A consciência, ou seja, o momento intelectual do dolo, basicamente, diz respeito à situação fática em que se encontra o agente".[203] O agente deve ter consciência do que faz para que lhe possa ser atribuído o dolo.

Ronaldo Tanus Madeira[204] deixa claro que a

> função do conhecimento do dolo se limita a alcançar e a atingir os elementos objetivos do tipo: as circunstâncias do tipo legal de crime. O agente quer a realização dos componentes do tipo objetivo com o conhecimento daquele caso específico e concreto.

Não havendo essa consciência, não se pode falar em dolo; por exemplo, se alguém, durante uma caçada, confunde um homem com um animal e atira nele, matando-o, não atuou com o dolo previsto no art. 121 do Código Penal, uma vez que não tinha consciência de que atirara contra um ser humano, mas, sim, contra um animal.[205] Nessa hipótese, o dolo é afastado porque o agente incorreu no chamado erro de tipo, previsto no art. 20 do Código Penal.

O erro de tipo tem como função sempre eliminar o dolo do agente, por faltar-lhe a vontade e consciência daquilo que estava realizando, ou seja, há uma falsa representação da realidade, que recai sobre as elementares, circunstanciais ou qualquer dado que agregue a determinada figura típica. Ele pode ser escusável ou inescusável: o primeiro, em que qualquer um de nós poderia incorrer, ou, de forma contrária, o inescusável, se o agente tivesse agido

---

2001.

203. GRECO, Rogério. *Curso de direito penal*: parte geral. 13. ed. Niterói: Impetus, 2011, p. 183.

204. MADEIRA, Ronaldo Tanus. *A estrutura jurídica da culpabilidade*. Rio de Janeiro: Lumen Juris, 1999, p. 152.

205. GRECO, Rogério. Op. cit., p. 184.

com as diligências necessárias ordinárias, poderia ter sido evitado.[206]

Além da consciência, a vontade é outro elemento que se não está presente desestrutura o crime doloso. Como nos casos de coação, aquele que é coagido fisicamente a acabar com a vida de outra pessoa não atua com vontade de matá-la.[207]

Portanto, faltando um desses elementos, consciência ou vontade, não se caracteriza o crime de dolo.

Segundo Cezar Roberto Bitencourt,[208] pela redação dada ao inciso I do art. 18 do Código Penal, adotaram-se as teorias da vontade e do assentimento. Qual seja, só age dolosamente aquele que, diretamente, quer a produção do resultado, bem como aquele que, mesmo não o desejando de forma direta, assume o risco de produzi-lo.

Pela teoria da vontade, o dolo seria a vontade livre consciente do querer praticar a infração. Enquanto pela teoria do assentimento, o agente prevê o resultado lesivo com a prática de sua conduta e, mesmo não querendo de forma direta sua produção, não se importa com sua ocorrência, assumindo o risco de vir a produzi-lo. Ou seja, mesmo não querendo o resultado, o agente entende como possível e o aceita.[209]

Dessa forma, "a simples representação mental do resultado não poderá fazer com que o agente seja responsabilizado dolosamente, uma vez que deve, no mínimo, aceitá-lo, não se importando com sua ocorrência".[210]

---

206. Ibid., p. 294.

207. Ibid., p. 184.

208. BITENCOURT, Cezar Roberto. *Manual de direito penal*: parte geral. São Paulo: Revista dos Tribunais, 1997, p. 234.

209. TAVARES, Juarez. *Teoria do injusto penal*. Belo Horizonte: Del Rey, 2000, p. 278-279.

210. GRECO, Rogério. Op. cit., p. 187.

PREÇO DE TRANSFERÊNCIA COMO NORMA DE AJUSTE DO IMPOSTO SOBRE A RENDA

Fraude no direito tributário é definida no art. 72 da Lei n. 4.502/64 como sendo.

> Art. 72. Fraude é toda ação ou omissão dolosa tendente a impedir ou retardar, total ou parcialmente, a ocorrência do fato gerador da obrigação tributária principal, ou a excluir ou modificar as suas características essenciais, de modo a reduzir o montante do imposto devido a evitar ou diferir o seu pagamento.

Refere-se a toda ação ou omissão praticada com ardil, astúcia, malícia ou má-fé, com a qual o

> sujeito passivo age com o objetivo de impedir a ocorrência do fato gerador da obrigação tributária ou que implique a modificação de algum dos outros aspectos (quantitativo, pessoal, territorial ou temporal) da relação jurídica tributária.[211]

Comentando o artigo acima transcrito, Marco Aurélio Greco[212] afirma que a ação ou omissão dolosa que visa a impedir ou retardar a ocorrência do fato gerador não se confunde com aquela que visa a não realizar o fato gerador. E acrescenta que a ação que visa a impedir ou retardar a ocorrência do fato gerador é aquela praticada se estiver em "curso o processo formativo do fato gerador, vale dizer, [se] tiverem sido realizados atos que, substancialmente, representem o núcleo da definição do fato gerador".

Edmar Oliveira Andrade Filho[213] discorda dessa distinção de Marco Aurélio Greco e esclarece que:

> Parece-nos que tal distinção não é esclarecedora, posto que a ação de impedir a ocorrência do fato produz o mesmo efeito (o mesmo resultado) que ação ou omissão adotada para "não realizar" o fato gerador de forma intencional (dolosa). Note-se que o que a lei tem em mira é o resultado (não-prestação) decorrente

---

211. Ibid., p 173.

212. GRECO, Marco Aurélio. Multa agravada em duplicidade. *Revista Dialética de Direito Tributário*. São Paulo: Dialética, n. 76, p. 155, jan. 2001.

213. ANDRADE FILHO, Edmar Oliveira. *Planejamento tributário*. São Paulo: Saraiva Jurídico, 2009, p. 175.

de ação ou omissão que visa subtrair da lei tributária os efeitos produzidos por fatos iguais aos previstos na hipótese normativa das leis que estabelecem uma obrigação tributária principal, e a conduta fraudulenta poderá ocorrer antes ou depois do ciclo formativo do fato gerador. É irrelevante o momento que ela ocorre; importa, sim, seu resultado.

Parte da doutrina faz distinção entre fraude e lei, a qual analisaremos para demonstrar que não existe fraude; a lei tributária, tal como proposto pela doutrina, não guarda qualquer correspondência com o conceito de fraude, ora disposto em diversos artigos do Código Tributário Nacional (arts. 149, VII, 150, § 2º, e 154, parágrafo único) e nas Leis n. 4.502/64 (art. 72) e n. 8.137/91, que tratam dos ilícitos penais tributários (arts. 1º, II, e 2º, I).

No Brasil, fraude é um ato ilícito classificado dentre os mais graves; o que se discute é o caráter jurídico do termo "fraude à lei", isso porque tal figura está prevista no art. 166, VI, do Código Civil[214] e determina que o negócio jurídico será nulo quando tiver por objeto fraudar norma imperativa.

A grande questão que se discute é se tal instituto tem ou não aplicabilidade no direito tributário.

Amílcar de Araújo Falcão[215] sustentava que a fraude à lei é espécie de evasão fiscal e se configuraria na hipótese de adoção de fórmulas negociais incomuns ou anormais, com o objetivo de economizar tributos. Nessas situações, a administração poderia desconsiderar o negócio praticado pelo contribuinte, de tal sorte que poderia inclusive alcançar os fatos que efetivamente tivessem ocorrido, sem que fosse necessário o emprego da analogia, visto que a mera

---

214. Art. 166. É nulo o negócio jurídico quando: [...]; VI - tiver por objetivo fraudar lei imperativa.

215. FALCÃO, Amílcar de Araújo. *Uma introdução ao direito tributário.* Atualização de Flávio Bauer Novelli. Rio de Janeiro: Forense, 1993, p. 79-80.

PREÇO DE TRANSFERÊNCIA COMO NORMA DE AJUSTE DO IMPOSTO
SOBRE A RENDA

interpretação pura e simples da lei seria suficiente.

Heleno Tôrres[216] destaca que a noção de fraude à lei é usada na acepção de:

> [...] violações indiretas de normas, de forma ardilosa, mediante atos unilaterais ou bilaterais, de tal modo que o sujeito possa fugir à aplicação de normas imperativas. Esta atitude, em termos jurídicos, recorda a metáfora que a doutrina civilista segue usando, ao dizer que a fraude à lei não é mais que uma tentativa de contornar ou evitar uma norma, chegando ao mesmo resultado por caminhos diversos daqueles que esta previu e proibiu. Eis porque se diz que a fraude constitui uma violação indireta da lei, uma elusão do seu conteúdo.

Ao tratar de hipótese de elusão fiscal, entende-se que é a conduta negocial praticada em fraude à lei que vise à redução da carga tributária, passível de desconsideração pela autoridade administrativa após a busca pelas provas e possibilidade do contraditório ao contribuinte. Destaca que a utilização do conceito de fraude à lei no âmbito do direito tributário não implica o descumprimento direto dessas normas imperativas, mas o importante é o "afastamento de regime mais gravoso ou tributável por descumprimento indireto de regra imperativa de direito privado, na composição do próprio ato ou negocio jurídico".[217]

Afirma, ainda, que é o descumprimento indireto de norma imperativa de direito privado, visto que entende ser impossível fraudar uma lei tipicamente tributária, pois qualquer conduta que viole ou contrarie tal norma é sancionada pelo ordenamento. Entende haver um setor muito bem delimitado para o conceito de fraude à lei, que não se confunde com o agir contrário à lei.

---

216. TÔRRES, Heleno Taveira. *Direito tributário e direito privado*: autonomia privada, simulação, elusão tributária, cit., p. 338.

217. Ibid., p. 351.

Edmar Oliveira Andrade Filho[218] destaca que "Fraude à lei é, antes de tudo, uma forma de fraude. Não existe fraude lícita, existem meios diferentes de produção de resultado fraudulento".

Apesar da posição defendida por Heleno Tôrres,[219] a teoria da fraude à lei tributária não foi aceita por parte da doutrina, visto que a violação ou intenção de violar a lei, ainda que respeitada na sua literalidade, corresponde a um ato contrário à lei, porém revestido de uma violação indireta desta, de forma oculta. Desse modo, não faz sentido a criação de uma figura jurídica tributária específica de fraude à lei.

A importância disso é que a fraude à lei, regulada e definida pelo direito civil, não tem nada que ver com a fraude tributária prescrita no art. 72 da Lei n. 4.502/64.

A norma tributária define fraude de forma clara, como sendo toda ação ou omissão dolosa tendente a impedir ou retardar, total ou parcialmente, a ocorrência do fato gerador da obrigação tributária principal, ou excluir ou modificar as suas características essenciais, de modo a reduzir o montante do imposto devido a evitar ou diferir o seu pagamento.

Heleno Tôrres[220] destaca que

> [...] "fraude" não é o mesmo que "fraude à lei", porque esta somente terá lugar quando determinado sujeito promova uma organização de meios lícitos, com violação indireta de lei cogente de direito privado, para atingir uma finalidade que de outro modo seria permitida pelo ordenamento.

Para Alberto Xavier,[221] fraude fiscal tipificada pela Lei

---

218. ANDRADE FILHO, Edmar Oliveira. *Planejamento tributário*, cit., p. 176.

219. TÔRRES, Heleno Taveira. *Direito tributário e direito privado*: autonomia privada, simulação, elusão tributária, cit.

220. Ibid., p. 180.

221. XAVIER, Alberto. *Tipicidade da tributação, simulação e norma antielisiva*,

PREÇO DE TRANSFERÊNCIA COMO NORMA DE AJUSTE DO IMPOSTO SOBRE A RENDA

n. 4.502/64 exige três requisitos, quais sejam: (i) a finalidade de reduzir o montante do imposto devido, evitar ou diferir o seu pagamento; (ii) a intenção de fraudar, isto é, agir com dolo para reduzir, evitar ou diferir o tributo; e (iii) impedir ou retardar, total ou parcialmente, a ocorrência do fato gerador da obrigação tributária principal ou excluir ou modificar as suas características essenciais.

Cabe destacar que só há fraude se houver a ocorrência do "fato gerador", ou seja, não constitui fraude a não realização do fato jurídico, não podendo haver infração por ato ilícito nos casos em que este não ocorreu ou teve sua realização retardada.

Renato Lopes Becho recorda que o conceito de fraude do art. 72 da Lei n. 4.502/64 é bem antigo, ou seja, a fraude era considerada toda ação ou omissão dolosamente tendente a impedir ou retardar a ocorrência do fato gerador. E, atualmente, tal conceito está inserido no rol dos crimes contra ordem tributária, previsto nos arts. 1º e 2º da Lei n. 8.137/90.

Para que ocorra a fraude (ou fraude fiscal), necessariamente deverá haver violação dolosa à letra da lei, infringindo grave e frontalmente os deveres tributários principais e acessórios por meio de atos como: falsificar documentos dos livros fiscais, omissão de informações a autoridades fazendárias, elaborações ou entregas de declaração falsa ao Fisco, negar ou deixar de fornecer documentos obrigatórios, uso de elementos falsos ou fraudulentos para reduzir ou suprimir o pagamento de tributos etc.[222]

E mais. Outro critério característico da fraude refere-se ao instante em que nasce a obrigação tributária, ou seja, só se pode falar em fraude quando relatada a real ocorrência do fato jurídico tributário prescrito na hipótese de incidência da

---

cit., p. 78-79.

222. ARRAIS, Patrícia de Aragão. *Fundamentos jurídicos do planejamento tributário*. 2010. Dissertação (Mestrado em Direito) – Pontifícia Universidade Católica de São Paulo. São Paulo, 2010, p. 89.

norma tributária X, fixando-se aí o marco temporal a partir do qual será considerada ilícita qualquer prática do sujeito passivo que tiver por objetivo impedir que esse fato irradie seus efeitos jurídicos tributários previstos na lei.

Portanto, será fraude apenas o conceito prescrito no art. 72 da Lei n. 4.502/64; para se aplicar a multa qualificada, é preciso comprovação da conduta dolosa.

A lei não pune a simples intenção; ela estipula uma consequência para determinado resultado, representado pelo quanto devido e subtraído do conhecimento do sujeito ativo.[223]

A fraude se consolida, se comprovada a prática dolosa, acarretando sua ilicitude até mesmo na configuração de tipos penais.

O **abuso do direito** consiste no exercício de um direito subjetivo fora dos limites impostos pelo direito positivo.

A Lei n. 10.406/2002 (Código Civil), em seu art. 187, tipificou o abuso do direito como ato ilícito, nos seguintes termos: "comete ato ilícito o titular de um direito que, ao exercê-lo, excede manifestamente os limites impostos pelo seu fim econômico ou social, pela boa-fé ou pelos bons costumes".

Por outro lado, o art. 188, I, do CCB assegura que o exercício regular de direito reconhecido não configura ato ilícito: "Não constituem atos ilícitos: I – os praticados em legítima defesa ou no exercício regular de um direito reconhecido".

A questão que se coloca é a de qual o limite da conduta praticada pelo contribuinte que, no exercício regular de direito, pode ser considerada elusiva. Ou, então, se a elusão, que é concretizada por meios lícitos, mas que por vezes são atípicos ou indiretos, pode ser enquadrada como abusiva.

---

223. ANDRADE FILHO, Edmar Oliveira. Op. cit., p. 174.

PREÇO DE TRANSFERÊNCIA COMO NORMA DE AJUSTE DO IMPOSTO
SOBRE A RENDA

Portanto, o abuso do direito se dá quando a norma produzida pelo particular, constituída no exercício de competência, excede as atribuições jurídicas que o direito autoriza ao sujeito, identificando-o como incompetente naquela função, ao mesmo tempo em que atribui ao ato caráter de ilicitude.[224]

Para Gilberto de Ulhôa Canto,[225] a teoria do abuso de direito, desdobrada na ideia de abuso de formas de direito privado, não procede, pois as formas negociais utilizadas não são legitimadas pelo direito, são ilegais, mas, se são legitimadas pelas normas de regência, não há por que cogitar de abuso de formas para efeitos fiscais, tendo em vista o exercício regular do direito, ou seja, não se consubstancia em abuso algum.

Destaca ainda que é possível que o legislador tributário estabeleça regramento próprio para o seu âmbito de atuação. São suas palavras:

> [...] para fins especificamente tributários os atos que segundo o direito privado seriam lícitos e eficazes são tratados como se fossem atos de natureza idêntica a um modelo predeterminado; ou poderia ainda o legislador tributário definir, para fins especificamente fiscais, determinados institutos originados do direito privado de modo substancialmente distinto daquele pelo qual estão definidos nesse departamento do Direito. Isso, é claro, somente na medida em que o uso da ficção legal for permitido, porque há casos em que ele não é.

Portanto, sustenta ser absurda a ideia de que a utilização de formas negociais permitidas pelo ordenamento seria abusiva tão só com base em critérios não prescritos em lei, advindos da convicção do aplicador do direito de que

---

224. CARVALHO, Paulo de Barros. *Direito tributário*: linguagem e método, cit., p. 861.

225. CANTO, Gilberto de Ulhôa. Elisão e evasão fiscal. *Caderno de Pesquisas Tributárias*. São Paulo: Resenha Tributária, n. 13, p. 16-17,1988.

o legislador teria querido dizer mais do que efetivamente disse.[226]

Paulo de Barros Carvalho,[227] em estudo sobre o tema, destaca que:

> Se considerarmos os valores máximos acolhidos por nosso Texto Constitucional, principalmente em termos de tributação – segurança e certeza – que sustentam os cânones da legalidade e da tipicidade, torna-se extremamente problemático captar a figura da desconsideração do negócio jurídico, em especial tomando como critério o "abuso de direito" e a "fraude à lei", aludindo a noções de ordem econômica. São procedimentos e conceitos que devem respeitar esses princípios, especialmente ao tratar de matéria de imposição tributária.

Transcreve como exemplo um julgamento proferido pela Segunda Câmara do Contribuinte nos autos do processo administrativo n. 002036/2002-81, no acórdão n. 102-47.181:

> Destarte, é absolutamente necessário restar demonstrada a materialidade dessa conduta, ou então que fique configurado o dolo específico do agente evidenciando não somente a intenção mas também o seu objetivo, isso porque a fraude e a simulação não podem ser presumidas mas devem ser comprovadas através de elementos contundentes apuráveis, inclusive, através do devido processo legal. Entende-se por "prova" os meios de demonstrar a existência de um fato jurídico ou de fornecer ao julgador o conhecimento da verdade dos fatos.

Portanto a localização do ilícito exige, como requisito fundamental, norma válida no sistema, que fundamente a figura da ilicitude no direito. Diante dessa norma é que se verificará se houve desrespeito aos princípios constitucionais da segurança jurídica, da certeza do direito, da estrita

---

226. Ibid., p. 19.

227. CARVALHO, Paulo de Barros. *Direito tributário*: linguagem e método, cit., p. 861.

PREÇO DE TRANSFERÊNCIA COMO NORMA DE AJUSTE DO IMPOSTO SOBRE A RENDA

legalidade e da tipicidade. "Estão nestes elementos a figura do ilícito do abuso do direito e da fraude à lei".[228]

4.11.2 Aplicação da norma antielusiva

A Lei n. 9.430/96 disciplinou as regras concernentes aos preços de transferência, que foram criadas com o intuito de evitar a elusão fiscal pela prática de superfaturamento das importações e subfaturamento das exportações realizadas entre pessoas vinculadas.

A maior parte da doutrina[229] entende que a norma de preço de transferência é norma antielisiva, pois tem como objetivo impedir a elisão fiscal.

Nesse sentido, Alberto Xavier[230] destaca que o preço de transferência é, na verdade, uma forma de elisão fiscal objetiva, segundo o objetivo do contribuinte em influenciar o elemento da conexão em causa, ou seja, transferir o rendimento de uma ou outra jurisdição com a legislação mais branda.

A forma de evitar a prática elusiva é alcançada pela determinação de "ajustes" à base de cálculo do imposto de renda da pessoa jurídica domiciliada no Brasil, evitando, assim, a dedução fiscal do excedente do custo relacionado à operação de importação ou de tributação menor de receitas de exportação realizadas com pessoas vinculadas.

---

228. Ibid., p. 862.

229. BARRETO, Paulo Ayres. *Imposto sobre a renda e preços de transferência*, cit., p. 23; TAVOLARO, Agostinho Toffoli. Tributos e preços de transferência. In: SHOUERI, Luís Eduardo; ROCHA, Valdir de Oliveira (coord.). *Tributo e preços de transferência*. 2. v. São Paulo: Dialética, 1999, 2. v., p. 31; TORRES, Ricardo Lobo. O princípio arm's length, os preços de transferência e a teoria da interpretação do direito tributário. *Revista Dialética de Direito Tributário*, São Paulo: Dialética, n. 48, p. 123, set. 1999.

230. XAVIER, Alberto. *Direito tributário do Brasil*: tributação das operações internacionais, cit., p. 31.

Portanto, a Lei n. 9.430/96 introduziu normas que reduzem o espaço para elusão fiscal, além de barrar a evasão fiscal, comum nas operações internacionais, entre partes vinculadas ou quando uma delas está domiciliada em um paraíso fiscal.

Cabe destacar que as normas de antielisão devem observar o sistema constitucional, ou seja, a Constituição Federal é quem determina quais são os comportamentos tendentes à economia de tributos considerados permitidos e legítimos ou proibidos e ilegítimos.

Como será visto abaixo, a Lei n. 9.430/96, ao determinar o ajuste na base de cálculo do imposto sobre a renda, faz de forma fictícia, com o objetivo de barrar a elusão fiscal, violando os princípios da tipicidade e capacidade contributiva, além de ultrapassar a competência dada à União para instituir e cobrar renda e proventos de qualquer natureza.

4.11.3 *Holdings* em países com tributação favorecida

O termo *"holding"* é uma derivação do verbo inglês *to hold*, que significa, segurar, controlar. Desse modo, a palavra *"holding"* é utilizada para designar uma entidade que tem como objeto social principal o controle societário de outra ou outras empresas.

Ou seja, considera-se uma empresa como *holding* a sociedade juridicamente independente, com atividade preponderante de adquirir e manter quotas ou ações de outras empresas juridicamente independentes em quantidade suficiente para controlá-las.

A *holding* tem como objetivo controlar, planejar, efetuar estudos estratégicos e táticos das atividades de investimentos, captação e aplicação de recursos de seus sócios em empresas investidas.

Por não possuir atividade própria, a *holding* não gera receita de atividade operacional com terceiros fora do grupo de empresas a ela ligadas; ela somente conta com a geração

PREÇO DE TRANSFERÊNCIA COMO NORMA DE AJUSTE DO IMPOSTO
SOBRE A RENDA

de caixa provida pelos dividendos pagos pelas controladas ou pela administração de operações de suas controladas.

Portanto, a *holding* tem como características: i) ter como objeto social principal e indispensável a função de ser sócio ou acionista de outras empresas; ii) não se confundir com a pessoa física do sócio, por ser pessoa jurídica distinta e independente, nos termos do Código Civil brasileiro; e iii) possuir o poder de controle das operações de suas empresas investidas.

O poder de controle está expresso na Lei n. 6.404/76 (Lei das S.A.), nos seguintes termos:

> Art. 116. Entende-se por acionista controlador a pessoa, natural ou jurídica, ou o grupo de pessoas vinculadas por acordo de voto, ou sob controle comum, que:
>
> a) é titular de direitos de sócio que lhe assegurem, de modo permanente, a maioria dos votos nas deliberações da assembléia-geral e o poder de eleger a maioria dos administradores da companhia; e
>
> b) usa efetivamente seu poder para dirigir as atividades sociais e orientar o funcionamento dos órgãos da companhia.
>
> Parágrafo único. O acionista controlador deve usar o poder com o fim de fazer a companhia realizar o seu objeto e cumprir sua função social, e tem deveres e responsabilidades para com os demais acionistas da empresa, os que nela trabalham e para com a comunidade em que atua, cujos direitos e interesses deve lealmente respeitar e atender.

A Lei n. 6.404/76 define empresa controlada e coligada nos seguintes termos:

> Art. 243. [...]
>
> § 1º São coligadas as sociedades nas quais a investidora tenha influência significativa.
>
> § 2º Considera-se controlada a sociedade na qual a controladora, diretamente ou através de outras controladas, é titular de direitos de sócio que lhe

assegurem, de modo permanente, preponderância nas deliberações sociais e o poder de eleger a maioria dos administradores.

A *holding* pode ser estratégica tanto para fins societários quanto para fins tributários. Dentro dos limites do presente trabalho, interessa-nos avaliar em que medida a *holding* produz impactos nas regras de preço de transferência.

As chamadas "CFC rules – *controlled foreign corporations*" são normas criadas em diversos países com o intuito de evitar a evasão de divisas, protegendo a tributação doméstica e controlando o acesso dos contribuintes locais a paraísos fiscais e regimes fiscais privilegiados.

Na maioria dos países desenvolvidos, prevalece um conjunto de normas que instituem regras rígidas para o tratamento tributário desses países ou operações em regimes fiscais privilegiados. São exceções. A tributação regular é baseada em regime de caixa, com respeito aos tratados internacionais para evitar a bitributação, para fins de imposto sobre a renda das pessoas jurídicas.

A legislação de tributação de lucros no exterior brasileira, no entanto, é uma exceção. O Brasil tributa os lucros auferidos por empresas brasileiras, de forma universal, por presunção, ou seja, presume-se que há lucros tributáveis no dia 31/12 de cada ano, ainda que não haja qualquer efeito caixa (adota-se a expressão "efeito caixa" para referir-se a operações em que há fluxo de valores já reconhecidos nos resultados das companhias). Impõe-se o regime de competência para tributação por presunção dos lucros auferidos por empresas coligadas e controladas no exterior.

O regime brasileiro, portanto, dispensa tratamento tributário de normas "CFC" para todas as pessoas jurídicas que residem ou não em paraísos fiscais.

Dentro desse cenário, as empresas transnacionais brasileiras organizaram-se no exterior, fundando suas

PREÇO DE TRANSFERÊNCIA COMO NORMA DE AJUSTE DO IMPOSTO
SOBRE A RENDA

estruturas tributárias em *holdings*, como forma de consolidar investimentos.

A consolidação de investimentos tem como parte de seu objetivo amenizar o impacto das regras de preço de transferência e, atualmente, de subcapitalização.

Há inúmeros exemplos da utilização de *holdings* como forma de planejamento tributário em combinação com a estrutura de preço de transferência. A grande maioria dos autos de infração por desconsideração da personalidade jurídica no exterior envolve a figura da *holding*.

Nesse sentido, sem discorrer longamente sobre o tema, mas apenas para reforçar, um planejamento tributário para fins de preço de transferência deve ser combinado com a utilização de uma estrutura de *holdings* no exterior, que cuidará de consolidar lucros e prejuízos dos investimentos diretamente ligados a ela e, dessa forma, permitir uma tributação mais razoável, considerando que, nesse caso, há o oferecimento do lucro apurado na *holding*, após a compensação de lucros e prejuízos.

4.11.4 Lista de paraísos fiscais e regimes fiscais privilegiados (IN n. 1.037/2010)

Ponto importante a ser aprofundado no presente trabalho diz respeito aos "paraísos fiscais" e "regimes fiscais privilegiados", tendo em vista que as normas de preço de transferência também se aplicam para transações realizadas com partes vinculadas ou não, desde que residentes em paraísos fiscais e regimes fiscais privilegiados.

Isso quer dizer que toda operação realizada com paraíso fiscal ou com uma pessoa jurídica que esteja num regime fiscal privilegiado deve submeter-se aos cálculos matemáticos para que seus valores sejam fixados, artificialmente, para fins de cálculo do imposto sobre a renda.

Dada essa disposição legal, contida no art. 24-A da Lei n. 9.430/96, resta-nos avaliar o que são paraísos fiscais e regimes fiscais privilegiados, avaliando, também, a conhecida "lista taxativa" inserida no ordenamento jurídico brasileiro, historicamente, por meio de uma instrução normativa.

Atualmente, a lista consta da Instrução Normativa n. 1.037/2010, que substituiu a antiga Instrução Normativa n. 188/2002.

4.12 Da inconstitucionalidade das normas de preços de transferência

No item 4.7.3, fixamos o entendimento de que, no Brasil, o preço de transferência é um preço artificialmente fixado para atender à legislação fiscal, ajudando no cálculo do imposto sobre a renda das pessoas jurídicas. Dessa forma, por se tratar de norma de ajuste de imposto sobre renda, artificialmente construída, fundada numa provável falsidade, ou seja, o preço decorrente do ajuste não é um preço de mercado e nem poderia, concluímos que o preço de transferência no Brasil é uma ficção jurídica e, em sendo ficção jurídica, afronta as normas constitucionais, exceto, é claro, com relação ao PIC e aos métodos de *commodities*, em que os preços praticados são utilizados como referência, e, nesse caso, trata-se de uma presunção, pois está fundada em uma provável verdade.

A questão que se coloca é: a lei do preço de transferência poderia reputar como ocorrido um fato imponível por mera ficção ou presunção?

Analisando os métodos de cálculo do controle dos preços de transferência previsto na Lei n. 9.430/96, deparamos com uma série de margens de lucros predeterminadas e de difícil modificação. O § 2º do art. 21 da referida lei estabelece que margens de lucro diversas só serão aceitas desde que o contribuinte as comprove com base em publicações, pesquisas ou relatórios. O art. 20 da mesma lei estabelece, ainda, que, em

PREÇO DE TRANSFERÊNCIA COMO NORMA DE AJUSTE DO IMPOSTO SOBRE A RENDA

circunstâncias especiais, o Ministro da Fazenda poderá alterar os percentuais dos arts. 18 e 19 dessa lei. E mais, o § 3º do art. 21, da mesma lei, possibilita a desqualificação de provas apresentadas pelo contribuinte, nos seguintes termos:

> Art. 20. O Ministro de Estado da Fazenda poderá, em circunstâncias justificadas, alterar os percentuais de que tratam os arts. 18 e 19, de ofício ou mediante requerimento conforme o § 2º do art. 21. (*Redação dada pela Lei nº 12.715, de 2012.*)
>
> Art. 21. [...]
>
> [...]
>
> § 2º Admitir-se-ão margens de lucro diversas das estabelecidas nos arts. 18 e 19, desde que o contribuinte as comprove, com base em publicações, pesquisas ou relatórios elaborados de conformidade com o disposto neste artigo.
>
> § 3º As publicações técnicas, as pesquisas e os relatórios a que se refere este artigo poderão ser desqualificados mediante ato do Secretário da Receita Federal, quando considerados inidôneos ou inconsistentes.

Tais prescrições legais suprarreferidas abordam vários temas sensíveis, como limitação dos meios de provas, sua desqualificação e delegação de competência para a fixação de margens distintas. E mais, não alcançando a margem de lucro definida e em não sendo aceitas suas provas, o contribuinte está sujeito a ajuste na base de cálculo do imposto sobre a renda.

Ou seja, ao restringir as provas que o contribuinte poderá produzir para demonstrar a inaplicabilidade das margens de lucro preestabelecidas, o legislador ordinário incorre em duas inconstitucionalidades: a de cercear o direito de defesa e a da criação de uma hipótese de incidência de tributo sobre fato tributário fictício. Com isso, a regra-matriz do imposto sobre a renda do preço de transferência terá como hipótese fato não típico, pois, se tributa algo que não é renda, como não há renda auferida, inexiste a capacidade contributiva.

Portanto, a previsão de ajuste à base de cálculo do imposto sobre a renda, nos termos da Lei n. 9.430/96, trata-se de uma ficção jurídica, afrontando os princípios da tipicidade e capacidade contributiva, ultrapassando a competência dada pela Constituição Federal em tributar renda e proventos de qualquer natureza, e não patrimônio.

Trata-se, ainda, de ficção os juros pagos ou creditados a pessoas vinculadas, estabelecidos pela lei, uma vez que é improvável que o fato desconhecido (juros pactuados entre partes vinculadas) guardem consonância com a prescrição legal. Ou seja, as taxas de juros pactuadas serão menores, maiores, próximas ou não da previsão na legislação, mas nunca iguais a elas.

Isso significa que a predeterminação da taxa de juros gera um ajuste ficto, diverso da realidade do mercado. A exigência do imposto sobre a renda, calculado sobre renda ficta, resulta incompatível com a materialidade desse imposto.

O art. 24 da Lei n. 9.430/96 (Anexo 1) ainda prescreve que as operações realizadas por pessoas residentes ou domiciliadas no País, com pessoa física ou jurídica, residente ou domiciliada em país que não tribute a renda ou que tribute em alíquota máxima inferior a 20%, ainda que não vinculada, estarão sujeitas ao mesmo tratamento aplicável às demais operações entre pessoas vinculadas.

Trata-se também de uma ficção jurídica, pois o vínculo inexistente é tido como efetivo. Justifica-se a ficção pelo fato de ser simples constituir pessoa jurídica aparentemente não vinculada em país de baixa tributação (paraísos fiscais); sendo, no entanto, tal empresa de fato e de direito efetivamente controlada no Brasil, a ficção criada é para afastar tal possibilidade.

Todavia, se, de um lado, a ficção evita a consumação dos efeitos da fraude fiscal na hipótese acima relatada, ao mesmo tempo, dá ensejo a uma série de ajustes nos casos em que o vínculo não existe, absolutamente descompassados com a

PREÇO DE TRANSFERÊNCIA COMO NORMA DE AJUSTE DO IMPOSTO
SOBRE A RENDA

regra matriz do imposto de renda.

As ficções não são admitidas para compor quaisquer dos critérios da regra-matriz de incidência tributária, em nosso ordenamento jurídico.

Também são fictícias as hipóteses de vinculação previstas no art. 23 da Lei n. 9.430/96, nas quais não existe efetiva relação de controle entre a empresa aqui domiciliada e a pessoa jurídica domiciliada no exterior.

Toda a temática do preço de transferência está centrada na imparcialidade dos ajustes negociais entre partes vinculadas, na comprovação de que tais ajustes não serviram para promover transferência indireta de lucros e que os preços acordados não foram objeto de manipulação dolosa.

Ademais, mesmo com a previsão legal dada ao Poder Executivo para alterar determinadas margens mínimas para o estabelecimento do arbitramento ou mesmo de o contribuinte fazê-lo, isso acaba impondo métodos que determinam um lucro mínimo para fins de tributação, mesmo que o contribuinte não o tenha auferido na realidade, constituindo uma ficção jurídica.

Desse modo, analisando os métodos como ficção jurídica, em que se cria uma realidade inexistente, poderíamos afirmar que os métodos CPL e PRL, nos termos da legislação de preço de transferência no Brasil, são inconstitucionais.

Em resumida síntese, a legislação ordinária que versa sobre a tributação dos preços de transferência no Brasil, com as exceções já enumeradas acima, trata-se de ficções jurídicas, indo de afronta ao sistema constitucional tributário.

Portanto, o preço de transferência como ficção é inconstitucional, porque a legislação brasileira de preço de transferência em vigor não pesquisa a existência de determinada realidade econômica. Ela afirma que existe certa realidade econômica e efetua a cobrança do tributo.

CONSIDERAÇÕES FINAIS

As considerações finais construídas de acordo com as premissas desenvolvidas e analisadas neste trabalho, abaixo expostas, seguem a ordem em que os assuntos foram tratados no texto.

1. Fixamos a premissa de que conhecemos um objeto quando sabemos distinguir entre as proposições verdadeiras e as falsas que descrevem, porque o objeto que conhecemos não é a coisa em si, mas as proposições que o descrevem. Portanto, o mundo exterior só existirá para o sujeito cognoscente se houver uma linguagem que o constitua. Logo, o conhecimento se opera mediante construção linguística; por isso, não existe fato antes da interpretação. É mediante interpretações, construções de sentido e significações que o homem chega aos eventos, aos acontecimentos do mundo circundante, sendo imprescindível a existência de um corpo linguístico para fazer a conexão entre o homem e a realidade. O conhecimento pressupõe a existência de linguagem, cria ou constitui a realidade, sendo impossível conhecer as coisas como elas se apresentam fisicamente, fora dos discursos a que elas se referem.

2. Sistema é como um conjunto de elementos formando uma ideia comum. Assim, podemos designar como sistema tanto a Ciência do Direito quanto o direito positivo (ordenamento). A questão dos sistemas se tornou ainda mais útil

quando analisadas as comunicações entre o sistema do direito positivo e o sistema das regras contábeis. Isso porque, mesmo sendo sistemas distintos, em algum momento vão-se comunicar para construir metalinguagem.

3. As normas jurídicas formam um sistema, na medida em que se relacionam de várias maneiras, segundo um princípio unificador. Esse sistema apresenta-se composto por subsistemas que se entrecruzam em múltiplas direções, mas que se afunilam na busca do fundamento último de validade semântica, que é a Constituição. E esta, por sua vez, constitui também um subsistema, sobre todos os demais, em virtude de sua privilegiada posição hierárquica, ocupando o tópico superior do ordenamento e hospedando as diretrizes substanciais que regem a totalidade da ordem jurídica nacional.

4. O princípio é uma norma portadora de núcleos significativos de grande magnitude, influenciando visivelmente a orientação de cadeias normativas, às quais outorga caráter de unidade relativa, servindo de fator de agregação de outras regras do sistema positivo. Ao nos referirmos a valores, estamos nos reportando àqueles depositados pelo legislador na linguagem do direito posto.

5. Foram analisados os princípios diretamente ligados ao preço de transferência como norma de ajuste do imposto sobre a renda, quais sejam: da legalidade, da igualdade, da tipicidade, da capacidade contributiva, da vinculação do ato administrativo e do *arm's lenght* no modelo OCDE. Excluiu-se a análise de alguns princípios que aparentemente menos intensamente incidam sobre a situação ou assumam uma concepção mais ampla e incluíram-se todos os princípios que minimamente atuem.

5.1. O princípio da legalidade é a base da argumentação exposta neste estudo, uma vez que a maior das razões para que o modelo OCDE não seja passível de ser aplicado no Brasil é o princípio da legalidade, da forma como conformado no sistema do direito positivo brasileiro. Isso porque,

PREÇO DE TRANSFERÊNCIA COMO NORMA DE AJUSTE DO IMPOSTO
SOBRE A RENDA

pela legalidade aplicada ao direito tributário, não é possível que tenhamos "tipos abertos" em matéria tributária. A forma como nosso sistema está conformado exige que a tributação, por afetar o patrimônio das pessoas jurídicas, seja fundada em preceitos legislativos estritos.

5.2. Pelo princípio da tipicidade tributária, a norma deve estar pronta na lei de forma inequívoca, clara e precisa, contendo a Regra-Matriz de Incidência Tributária em todos os seus aspectos, antecedente e consequente. O legislador deve, ao elaborar a lei, definir taxativamente todas as condições necessárias e suficientes ao nascimento da obrigação tributária e os critérios de quantificação do tributo, o que não acontece no caso dos preços de transferência. Da mesma forma que no princípio da legalidade, não é possível que tenhamos "tipos abertos" em matéria tributária, como ocorre no caso do preço de transferência. A forma como nosso sistema está conformado exige que a tributação, por afetar o patrimônio das pessoas jurídicas, seja fundada em preceitos legislativos estritos.

5.3. O princípio da igualdade é norteador da construção das normas referentes ao imposto sobre a renda, na medida em que determina que os iguais serão igualmente tributados e os desiguais tributados diferentemente, na exata medida dessa diferença. E para que haja materialização do princípio da igualdade, o preço de transferência pode ser comparado com preços de mercado como condições fixas para todos os contribuintes. Desde que todos estejam na mesma situação, não há violação do princípio da igualdade.

5.4. Pela capacidade contributiva, todos os cidadãos devem contribuir com as despesas públicas de acordo com suas capacidades econômicas. É ainda mais aplicado no imposto sobre a renda, na medida em que os enunciados da Constituição Federal são explícitos no sentido de que os "impostos" terão caráter pessoal e serão graduados segundo a capacidade econômica do contribuinte. Todavia, discute-se a forma como esse princípio se materializa no cálculo do imposto sobre a renda das pessoas jurídicas tributadas pelo lucro real. Destacamos nossa opinião: tal princípio se materializa na aplicação do conceito de despesa operacional, uma vez que há uma relação intrínseca entre tal conceito e o tipo de atividade do contribuinte, de forma que contribuintes na mesma situação (mesma atividade) terão bases comparáveis para serem tributados e, em tese, bases idênticas. Portanto, maior será sua tributação quanto maior for seu lucro apurado, e todo o lucro, apurado pela mesma sistemática, será submetido a idêntica alíquota.

5.5. O preço de transferência é sempre uma norma e, como norma, é um ato. Tal norma que determina o preço de transferência ou "preços" artificiais pode ser lançada pelo contribuinte ou pelo Fisco; o ato administrativo, ao ser expedido pelo Fisco, trata-se de uma norma de ajuste do preço de transferência. Mas sempre haverá uma norma para inserir aquele ajuste entre a linguagem contábil e a linguagem fiscal para introduzir a nova realidade no sistema do direito positivo.

5.6. O princípio *arm's lenght*, que na conhecida tradução literal quer dizer "distância de um braço", é o principal vetor que direciona toda a legislação e as diretrizes da OCDE sobre preço de transferência. Na visão OCDE, esse princípio pode ser descrito como aquele que determina que transações entre entidades de um mesmo grupo devem – para fins fiscais – ser mensuradas com preços que seriam aplicados por partes independentes em transações similares, sob condições similares em um mercado aberto. Todavia, entendemos que não é um princípio sob a óptica da legislação brasileira, porquanto não seja possível construí-lo, como norma, partindo dos enunciados de direito positivo da legislação nacional, pois a legislação brasileira não busca uma recomposição de condições de mercado, mas ajustes para atingir uma lucratividade mínima. Busca um preço fiscal, em contraposição ao preço utilizado na contabilidade.

5.7. Entendemos que norma é construção do intérprete, após o contato com os enunciados do direito positivo; assim,

PREÇO DE TRANSFERÊNCIA COMO NORMA DE AJUSTE DO IMPOSTO
SOBRE A RENDA

não é possível construir norma no sentido de materializar o princípio *arm's lenght* no Brasil.

6. Partindo de um conceito constitucional de renda, para que as pessoas jurídicas possam materializá-lo a contento, este deverá ser considerado pela legislação, especialmente na discriminação de quais despesas são dedutíveis ou não. O que se visa tributar nas pessoas jurídicas é o "lucro" e não simplesmente a "renda".

6.1. O princípio da generalidade nos remete ao princípio da isonomia, que impede que pessoas em idêntica situação recebam tratamento diferenciado. Portanto, pela generalidade, todos os que realizarem o fato jurídico tributário de auferir rendas e proventos de qualquer natureza devem ser submetidos à tributação, desde que esse acréscimo patrimonial seja alcançado pela exigência do imposto.

6.2. O princípio da universalidade também é aplicado às pessoas jurídicas, sendo tributada sua renda produzida no exterior. Pela universalidade, imposto sobre a renda deve considerar, para apuração do acréscimo patrimonial, a totalidade de entradas, de receitas auferidas em qualquer ponto do mundo, em qualquer situação, desde que haja a condição de residente por parte do contribuinte. Ou seja, todo o patrimônio do contribuinte deve ser considerado em sua integralidade, sem fracionamento, incluindo os fatores positivos e negativos que compõem o patrimônio no início e no final do período de apuração, assim como todos os fatores que aumentam ou diminuem o patrimônio dentro do período de tempo fixado pela lei.

6.3. A progressividade determina que aqueles que auferem mais renda devem suportar maior peso de tributação, e aqueles que ganham o mínimo vital devem ser isentos do dever de pagar imposto sobre a renda. Esse princípio materializa o princípio da capacidade contributiva, assim como o da isonomia, portanto, materializa esse princípio no imposto sobre a renda modalidade de apuração lucro real.

7. Com a aproximação da linguagem do direito tributário com a linguagem da contabilidade, é impossível avaliar a expressão "norma de ajuste do imposto sobre a renda" sem avaliar o que se está "ajustando".

8. O fato de que o legislador deva olhar para as alterações contábeis e manifestar-se sobre tais regras não quer dizer, em hipótese alguma, que todas as alterações devam ser traduzidas para a linguagem do direito tributário. Deve haver manifestações do direito positivo, normas que refutem tais alterações todas as vezes que a pretensa adoção culmine numa violação das demais normas do sistema do direito positivo.

9. Nas normas de ajuste do imposto sobre a renda, todas as vezes que a adoção dos ajustes contábeis nos conduzisse a uma base calculada que não representasse "acréscimo patrimonial efetivo", estaríamos diante de uma inconstitucionalidade, por violação à Constituição Federal. Por exemplo, normas que promovam a construção de uma base de cálculo do imposto sobre a renda e que a afaste dos preceitos constitucionais do tributo é a conclusão inexorável do presente estudo. Admitir uma base de cálculo construída com a utilização de uma ficção jurídica – as normas de preço de transferência – padece de inconstitucionalidade evidente.

10. A legislação brasileira do imposto sobre a renda enfrenta uma dissociação das normas contábeis, desde a edição da Lei n. 11.638/2007, que visa a permitir a convergência brasileira para o modelo internacional de reporte de demonstrações financeiras – IFRS. Desde então criou-se o Regime Tributário de Transição – RTT, para que as normas de apuração do imposto sobre a renda sejam mantidas no padrão contábil de 31 de dezembro de 2007.

11. Na prática, empresas brasileiras podem ter três padrões de demonstrações financeiras: a) IFRS; b) Lei Societária de 31 de dezembro de 2007; e c) Legislação fiscal para fins de apuração do imposto sobre a renda e CSLL. Existem mecanismos de ajuste de uma demonstração para a outra: FCONT do

PREÇO DE TRANSFERÊNCIA COMO NORMA DE AJUSTE DO IMPOSTO
SOBRE A RENDA

IFRS para o padrão Legislação Societária de 2007 e LALUR para as demonstrações fiscais.

12. O "ajuste" de preço de transferência opera-se via LALUR, pois existe apenas para a apuração do total da renda tributável da pessoa jurídica.

13. Entendemos preço de transferência no Brasil como normas que determinam o cálculo do imposto sobre a renda.

14. Portanto, o preço de transferência é uma fixação artificial de preços, prescrita pela legislação tributária como forma de atribuir, a uma transação realizada entre partes não independentes, um valor fiscal que comporá a base calculada do imposto sobre a renda.

15. Apesar da forte cultura de que o modelo OCDE seja "melhor" que aquele instituído pela legislação brasileira, de fato o ordenamento jurídico pátrio traz um modelo coerente com a postura e a cultura, tanto do Fisco quanto dos contribuintes brasileiros.

16. A carga de subjetividade do modelo OCDE dificilmente seria aplicável em um ambiente de litigiosidade entre Fisco e contribuintes como aquele existente no Brasil.

17. Os métodos prescritos pela legislação brasileira são métodos matemáticos, cujas fórmulas devem ser preenchidas para que se chegue a um resultado que será comparado com o preço contábil, assim entendido aquele constante na contabilidade. Em havendo diferença, haverá um ajuste para fins fiscais, ou seja, para fins de apuração do imposto sobre a renda daquela pessoa jurídica.

18. Entendemos que o modelo brasileiro é harmônico com as demais normas do sistema do direito positivo e que não há uma busca por condições de mercado, apenas a fixação artificial de um "preço fiscal", em contraposição ao "preço contábil", quando há necessidade de ajustes.

19. A legislação brasileira traz métodos a serem utilizados para o cálculo do preço parâmetro, ou seja, o preço resultante

241

da aplicação de um dos métodos matemáticos, com o qual o preço praticado, ou preço contábil, deverá ser comparado, nas importações: PIC – Preços Independentes Comparados; PRL 20 – preços de revenda menos lucro; CPL – custo de produção mais lucro; e PCI – preço sob cotação na importação; nas exportações: PVEx – preço de venda nas exportações; PVA – preço de venda por atacado e a varejo no país de destino, menos lucro; PVV – preço de venda a varejo no país de destino, diminuído do lucro; CAP – Custo de Aquisição ou de Produção mais tributos e lucros; e Pecex – Preço sob Cotação na Exportação.

20. No modelo brasileiro, as normas relacionadas a preços de transferência cuidam apenas de identificar eventuais ajustes para cálculo do imposto sobre a renda, sem qualquer relação direta com condições de mercado.

21. Diferentemente do Brasil, em que preço de transferência é assunto fiscal, dirigido à apuração do imposto sobre a renda e, dessa forma, no âmbito prático manejado via sistemas de computadores que promovem a aplicação das fórmulas matemáticas e, no âmbito teórico, tratado pelos advogados em sua eterna luta contra o Fisco para manutenção dos direitos e dos limites impostos pelo legislador ao exercício da competência tributária, O preço de transferência em países da OCDE é tratado por economistas porque há uma crença de que se trata de planejamento econômico e financeiro das grandes corporações, com efeito na apuração de impostos.

22. Métodos OCDE são: *Comparable Uncontrolled Price* ou Método do preço comparável de mercado; *Resale Price Method* ou Método do preço de revenda minorado; "Cost Plus Method" ou método do custo majorado; *Transactional Net Margim Method* ou Método da margem líquida da operação; *Profit Split Method* ou Método do fracionamento dos lucros.

23. No modelo OCDE, é exigida a elaboração de uma "Documentação de Preços de Transferência", que é documento fiscal que deve estar à disposição da fiscalização e serve

PREÇO DE TRANSFERÊNCIA COMO NORMA DE AJUSTE DO IMPOSTO SOBRE A RENDA

para comprovar que as operações entre empresas vinculadas tiveram seus preços e suas margens fixadas de acordo com as regras de mercado. Trata-se de um estudo prévio e anual que busca estabelecer níveis mínimos e máximos de lucratividade em cada transação realizada com parte vinculada.

23.1. Essa "documentação" possui três itens obrigatórios: a) análise de operação/indústria; b) análise funcional; e c) análise econômica.

23.2. A análise de indústria objetiva situar o contribuinte em seu mercado, no seu contexto de operação, analisando concorrência, margens, questão de competitividade e expectativas de rentabilidade.

23.3. A análise funcional busca avaliar, dentro da atividade exercida, especificamente cada transação. É elaborado um quadro com todas as transações entre empresas do grupo e, ainda, a distribuição de funções como pesquisa e desenvolvimento, *marketing*, ativos, mão de obra etc.

23.4. Na análise econômica, é eleito o método a ser aplicado, e esse método é testado nas transações eleitas, demonstrando a adequação dos preços às condições de mercado.

23.5. Dependendo do método, existem bases de dados para a escolha de preços comparáveis, ou seja, o contribuinte deve ainda buscar, no mercado, comprovações de que as margens e preços praticados são preços e margens *"arm's lenght"*.

24. No modelo OCDE, busca-se a reprodução das reais condições de mercado, as condições em que uma operação entre partes relacionadas, se realizada entre partes não vinculadas, operar-se-ia.

25. As normas brasileiras, em sentido diametralmente oposto, longe de perseguir condições de mercado ou a fixação de um preço parâmetro real e efetivamente possível de ser praticado quando a mesma operação, nas mesmas condições de pagamento, em bases comparáveis, fosse realizada entre partes independentes, sob livres condições de mercado,

buscam, em verdade, a fixação do preço válido fiscalmente para fins de apuração do imposto sobre a renda, unicamente com o intuito de compor base de cálculo de tributo.

26. A ideia de reprodução das condições de mercado, buscando "comparabilidade", é típica do modelo OCDE e não do modelo brasileiro e, por isso, embora os institutos tenham o mesmo nome, são normas que buscam resultados muito diversos.

27. Com o conhecimento prático de uma política de preço de transferência elaborada em países signatários da OCDE é que, de fato, não há qualquer aproximação real entre aquele modelo e o modelo prescrito na legislação brasileira.

28. Analisar se o preço de transferência trata-se de uma presunção ou ficção jurídica, de certa forma, norteia todo o presente estudo, porque a conclusão pela inconstitucionalidade das normas de preço de transferência decorre da verificação de que, por não admitir prova em contrário, estamos diante de uma ficção jurídica, não admitida pelo direito tributário como hipótese de antecedência de nenhuma norma jurídica, por não admitir prova em contrário, e a questão da impossibilidade de produção de prova em contrário submete o raciocínio à utilização de fórmulas fixas e matemáticas para a aferição do valor fiscal da operação.

29. Presunção pode ser comparada a uma novela que busca reproduzir histórias da vida real; ela exige a verossimilhança com o real. Por sua vez, a ficção pode ser comparada a um conto que explora e dá vida ao campo do imaginário, do inexistente, com fadas, unicórnios, gnomos etc.; a ficção não tem nada que ver com o real; formula-se a norma associando -a a algo como se fosse outro, sem vinculação com o real, e é por isso que não são admitidas presunções para fins de criar obrigações tributárias. Caso assim fosse, violaria vários direitos subjetivos do contribuinte, dentre eles confisco, capacidade contributiva, tipicidade tributária.

PREÇO DE TRANSFERÊNCIA COMO NORMA DE AJUSTE DO IMPOSTO SOBRE A RENDA

30. No Brasil, conforme visto, o preço de transferência é um preço artificialmente fixado para atender à legislação fiscal, ajudando no cálculo do imposto sobre a renda das pessoas jurídicas. Ou seja, quando falamos em preço de transferência, na verdade estamos cuidando de potenciais ajustes na base de cálculo do imposto sobre a renda; portanto, trata-se de uma ficção jurídica pelo caráter arbitrário e artificial do ajuste.

30.1. O único caso em que haveria uma presunção, fundada em uma provável verdade, seria quando utilizássemos o método PIC (Preços Independentes Comparados) ou os métodos de *commodities*, em que os preços praticados são utilizados como referência.

30.2. Podemos concluir que o preço de transferência no Brasil trata-se de uma ficção jurídica, por se cuidar de norma de ajuste de imposto sobre renda, artificialmente instituída, fundada numa provável falsidade; portanto, padece de inconstitucionalidade, exceto com relação ao PIC e aos métodos de *commodities*, em que os preços praticados são utilizados como referência.

31. O *safe harbour* é uma presunção da flexibilização dos métodos da OCDE. No Brasil, trata-se de ficção jurídica, dirigida a permitir que haja avaliação de índices de lucratividade mínimos nas exportações, quando há entrada de divisas e não saídas. Essa "flexibilização" é compreensível exatamente porque só existe na exportação. Não há "flexibilização" quando o assunto é saída de divisas de determinado país.

31.1. A nova legislação de preço de transferência foi regulamentada pela Instrução Normativa n. 1.312/2012, em substituição à Instrução Normativa n. 243/2002. Na regulamentação, as normas infralegais pertinentes ao *safe harbour* estão prescritas, da mesma forma que na legislação anterior, com as diferenças previstas na legislação já consideradas.

31.2. *Safe harbour*, portanto, é uma norma de fixação de níveis de lucratividade mínima para operações de exportação, visto que essa lucratividade é avaliada anualmente,

245

comparando-se, o contribuinte dentro das suas próprias operações.

32. Pela nova Lei n. 12.715/2012, acompanhada pela também nova instrução normativa sobre o tema (IN n. 1.312/2012), todas as *commodities* ficarão sujeitas, a partir de 2013, ao controle de preços em operações de importação e exportação. A norma determina que, na hipótese de transações com *commodities* sujeitas à cotação em bolsas de mercadorias e futuros internacionalmente reconhecidas, deverão ser usados os métodos de Preço sob Cotação na Importação – PCI ou Preço sob Cotação na Exportação – Pecex. Se não houver cotação em bolsa, a comparação se dará com preços obtidos em institutos de pesquisas idôneos ou agências reguladoras. Na prática, o preço praticado nessas transações poderá ser ajustado para o cálculo dos tributos.

32.1. Segundo a nova lei, os valores pagos a título de frete e seguro na importação de bens, desde que não contratados com pessoas vinculadas, localizadas em países ou dependências de tributação favorecida, ou que não estejam amparados por regimes fiscais privilegiados, não precisam ser computados como custo do produto importado, para fins de aplicação dos métodos. Não integram, também, o custo os demais valores aduaneiros bem como o valor imposto de importação.

33. Com respeito à elusão e evasão fiscal, se a conduta for lícita, temos a figura da elusão fiscal; se ilícita, trata-se de evasão fiscal.

33.1. A Lei n. 9.430/96, que disciplinou as regras concernentes aos preços de transferência, foi criada com o intuito de evitar a elusão fiscal pela prática de superfaturamento das importações e subfaturamento das exportações realizadas entre pessoas vinculadas; portanto, são normas antielusivas, pois têm como objetivo impedir a elusão fiscal.

34. A *holding* é utilizada para designar uma entidade que tem como objeto social principal o controle societário de outra ou outras empresas.

246

PREÇO DE TRANSFERÊNCIA COMO NORMA DE AJUSTE DO IMPOSTO
SOBRE A RENDA

34.1. Interessa-nos avaliar em que medida a *holding* produz impactos nas regras de preço de transferência. As empresas transnacionais brasileiras organizaram-se no exterior, fundando suas estruturas tributárias em *holdings*, como forma de consolidar investimentos. A consolidação de investimentos tem como parte de seu objetivo amenizar o impacto das regras de preço de transferência e, atualmente, de subcapitalização.

34.2. As *holdings* são utilizadas como forma de planejamento tributário em combinação com a estrutura de preço de transferência. A estrutura de *holdings* no exterior cuidará de consolidar lucros e prejuízos dos investimentos diretamente ligados a ela e, dessa forma, permitir uma tributação mais razoável, considerando que, nesse caso, há o oferecimento do lucro apurado na *holding*, após a compensação de lucros e prejuízos.

35. A respeito dos chamados "paraísos fiscais" e "regimes fiscais privilegiados", toda operação realizada com paraíso fiscal ou com uma pessoa jurídica que esteja em um regime fiscal privilegiado deve submeter-se aos cálculos matemáticos para que sejam fixados, artificialmente, seus valores para fins de cálculo do imposto sobre a renda; portanto, as normas de preço de transferência também se aplicam para transações realizadas com partes vinculadas ou não, desde que residentes em paraísos fiscais e regimes fiscais privilegiados.

36. Por fim, por ser o preço de transferência um preço artificialmente fixado para atender à legislação fiscal, ajudando no cálculo do imposto sobre a renda das pessoas jurídicas, ou seja, construída numa provável falsidade, trata-se de uma ficção legal na medida em que não prevê produção de prova em contrário.

36.1. Ao reconhecer o caráter ficcional das normas de preço de transferência não deixamos de reconhecer que em outros países do mundo, adeptos do modelo OCDE, essa busca por valores e condições de mercado exista de fato. O que há de inconstitucional no modelo brasileiro é a tributação de

247

um acréscimo patrimonial que não necessariamente ocorreu e, ainda, uma distorção completa do que seriam as eventuais condições de mercado como objetivo a ser buscado em um cálculo do preço de transferência.

36.2. O preço de transferência como ficção é inconstitucional, porque a legislação brasileira de preço de transferência em vigor não pesquisa a existência de certa realidade econômica. Ela afirma que existe certa realidade econômica e efetua a cobrança do tributo.

ANEXO 1

LEI Nº 9.430, DE 27 DE DEZEMBRO DE 1996

Dispõe sobre a legislação tributária federal, as contribuições para a seguridade social, o processo administrativo de consulta e dá outras providências.

O PRESIDENTE DA REPÚBLICA Faço saber que o Congresso Nacional decreta e eu sanciono a seguinte Lei:

Apuração da Base de Cálculo

Período de Apuração Trimestral

Art. 1º A partir do ano-calendário de 1997, o imposto de renda das pessoas jurídicas será determinado com base no lucro real, presumido, ou arbitrado, por períodos de apuração trimestrais, encerrados nos dias 31 de março, 30 de junho, 30 de setembro e 31 de dezembro de cada ano-calendário, observada a legislação vigente, com as alterações desta Lei.

§ 1º Nos casos de incorporação, fusão ou cisão, a apuração da base de cálculo e do imposto de renda devido será efetuada na data do evento, observado o disposto no art. 21 da Lei nº 9.249, de 26 de dezembro de 1995.

249

§ 2º Na extinção da pessoa jurídica, pelo encerramento da liquidação, a apuração da base de cálculo e do imposto devido será efetuada na data desse evento.

Pagamento por Estimativa

Art. 2º A pessoa jurídica sujeita a tributação com base no lucro real poderá optar pelo pagamento do imposto, em cada mês, determinado sobre base de cálculo estimada, mediante a aplicação dos percentuais de que trata o art. 15 da Lei nº 9.249, de 26 de dezembro de 1995, sobre a receita bruta definida pelo art. 12 do Decreto-Lei nº 1.598, de 26 de dezembro de 1977, auferida mensalmente, deduzida das devoluções, vendas canceladas e dos descontos incondicionais concedidos, observado o disposto nos §§ 1º e 2º do art. 29 e nos arts. 30, 32, 34 e 35 da Lei nº 8.981, de 20 de janeiro de 1995. *("Caput" do artigo com redação dada pela Medida Provisória nº 627, de 11/11/2013, convertida na Lei nº 12.973, de 13/5/2014, em vigor a partir de 1/1/2015.)*

§ 1º O imposto a ser pago mensalmente na forma deste artigo será determinado mediante a aplicação, sobre a base de cálculo, da alíquota de quinze por cento.

§ 2º A parcela da base de cálculo, apurada mensalmente, que exceder a R$20.000,00 (vinte mil reais) ficará sujeita à incidência de adicional de imposto de renda à alíquota de dez por cento.

§ 3º A pessoa jurídica que optar pelo pagamento do imposto na forma deste artigo deverá apurar o lucro real em 31 de dezembro de cada ano, exceto nas hipóteses de que tratam os §§ 1º e 2º do artigo anterior.

§ 4º Para efeito de determinação do saldo de imposto a pagar ou a ser compensado, a pessoa jurídica poderá deduzir do imposto devido o valor:

PREÇO DE TRANSFERÊNCIA COMO NORMA DE AJUSTE DO IMPOSTO SOBRE A RENDA

I - dos incentivos fiscais de dedução do imposto, observados os limites e prazos fixados na legislação vigente, bem como o disposto no § 4º do art. 3º da Lei nº 9.249, de 26 de dezembro de 1995;

II - dos incentivos fiscais de redução e isenção do imposto, calculados com base no lucro da exploração;

III - do imposto de renda pago ou retido na fonte, incidente sobre receitas computadas na determinação do lucro real;

IV - do imposto de renda pago na forma deste artigo.

Seção II

Pagamento do Imposto

Escolha da Forma de Pagamento

Art. 3º A adoção da forma de pagamento do imposto prevista no art. 1º, pelas pessoas jurídicas sujeitas ao regime do lucro real, ou a opção pela forma do art. 2º será irretratável para todo o ano-calendário.

Parágrafo único. A opção pela forma estabelecida no art. 2º será manifestada com o pagamento do imposto correspondente ao mês de janeiro ou de início de atividade.

Adicional do Imposto de Renda

Art. 4º Os §§ 1º e 2º do art. 3º da Lei nº 9.249, de 26 de dezembro de 1995, passam a vigorar com a seguinte redação:

VIVIAN DE FREITAS E RODRIGUES DE OLIVEIRA

"Art. 3º...

§ 1º A parcela do lucro real, presumido ou arbitrado, que exceder o valor resultante da multiplicação de R$20.000,00 (vinte mil reais) pelo número de meses do respectivo período de apuração, sujeita-se à incidência de adicional de imposto de renda à alíquota de dez por cento.

§ 2º O disposto no parágrafo anterior aplica-se, inclusive, nos casos de incorporação, fusão ou cisão e de extinção da pessoa jurídica pelo encerramento da liquidação.

...."

Imposto Correspondente a Período Trimestral

Art. 5º O imposto de renda devido, apurado na forma do art. 1º, será pago em quota única, até o último dia útil do mês subseqüente ao do encerramento do período de apuração.

§ 1º A opção da pessoa jurídica, o imposto devido poderá ser pago em até três quotas mensais, iguais e sucessivas, vencíveis no último dia útil dos três meses subseqüentes ao de encerramento do período de apuração a que corresponder.

§ 2º Nenhuma quota poderá ter valor inferior a R$1.000,00 (mil reais) e o imposto de valor inferior a R$2.000,00 (dois mil reais) será pago em quota única, até o último dia útil do mês subseqüente ao do encerramento do período de apuração.

§ 3º As quotas do imposto serão acrescidas de juros equivalentes à taxa referencial do Sistema Especial de Liquidação e Custódia - SELIC para títulos federais, acumulada mensalmente, calculados a partir do primeiro dia do segundo mês subseqüente ao do encerramento do período de apuração até o último dia do mês anterior ao do pagamento e de um por cento no mês do pagamento.

§ 4º Nos casos de incorporação, fusão ou cisão e de extinção da pessoa jurídica pelo encerramento da liquidação,

PREÇO DE TRANSFERÊNCIA COMO NORMA DE AJUSTE DO IMPOSTO
SOBRE A RENDA

o imposto devido deverá ser pago até o último dia útil do mês subseqüente ao do evento, não se lhes aplicando a opção prevista no § 1º.

Pagamento por Estimativa

Art. 6º O imposto devido, apurado na forma do art. 2º, deverá ser pago até o último dia útil do mês subseqüente àquele a que se referir.

§ 1º O saldo do imposto apurado em 31 de dezembro receberá o seguinte tratamento:

I - se positivo, será pago em quota única, até o último dia útil do mês de março do ano subsequente, observado o disposto no § 2º; ou

II - se negativo, poderá ser objeto de restituição ou de compensação nos termos do art. 74. *(Parágrafo com redação dada pela Lei nº 12.844, de 19/7/2013.)*

§ 2º o saldo do imposto a pagar de que trata o inciso I do parágrafo anterior será acrescido de juros calculados à taxa a que se refere o § 3º do art. 5º, a partir de 1º de fevereiro até o último dia do mês anterior ao do pagamento e de um por cento no mês do pagamento.

§ 3º O prazo a que se refere o inciso I do § 1º não se aplica ao imposto relativo ao mês de dezembro, que deverá ser pago até o último dia útil do mês de janeiro do ano subseqüente.

Disposições Transitórias

Art. 7º Alternativamente ao disposto no art. 40 da Lei nº 8.981, de 20 de janeiro de 1995, com as alterações da Lei nº 9.065, de 20 de junho de 1995, a pessoa jurídica tributada com base no lucro real ou presumido poderá efetuar o pagamento do saldo do imposto devido, apurado em 31 de dezembro de 1996, em até quatro quotas mensais, iguais e sucessivas, devendo a primeira ser paga até o último dia útil do mês de março de 1997 e as demais no último dia útil dos meses subseqüentes.

§ 1º Nenhuma quota poderá ter valor inferior a R$1.000,00 (mil reais) e o imposto de valor inferior a R$2.000,00 (dois mil reais) será pago em quota única, até o último dia útil do mês de março de 1997.

§ 2º As quotas do imposto serão acrescidas de juros calculados à taxa a que se refere o § 3º do art. 5º, a partir de 1º de abril de 1997 até o último dia do mês anterior ao do pagamento e de um por cento no mês do pagamento.

§ 3º Havendo saldo de imposto pago a maior, a pessoa jurídica poderá compensá-lo com o imposto devido, correspondente aos períodos de apuração subseqüentes, facultado o pedido de restituição.

Art. 8º As pessoas jurídicas, mesmo as que não tenham optado pela forma de pagamento do art. 2º, deverão calcular e pagar o imposto de renda relativo aos meses de janeiro e fevereiro de 1997 de conformidade com o referido dispositivo.

Parágrafo único. Para as empresas submetidas às normas do art. 1º o imposto pago com base na receita bruta auferida nos meses de janeiro e fevereiro de 1997 será deduzido do que for devido em relação ao período de apuração encerrado no dia 31 de março de 1997.

254

PREÇO DE TRANSFERÊNCIA COMO NORMA DE AJUSTE DO IMPOSTO
SOBRE A RENDA

Seção III

Perdas no Recebimento de Créditos

Dedução

Art. 9º As perdas no recebimento de créditos decorrentes das atividades da pessoa jurídica poderão ser deduzidas como despesas, para determinação do lucro real, observado o disposto neste artigo.

§ 1º Poderão ser registrados como perda os créditos:

I - em relação aos quais tenha havido a declaração de insolvência do devedor, em sentença emanada do Poder Judiciário;

II - sem garantia, de valor:

a) até R$5.000,00 (cinco mil reais), por operação, vencidos há mais de seis meses, independentemente de iniciados os procedimentos judiciais para o seu recebimento;

b) acima de R$5.000,00 (cinco mil reais) até R$30.000,00 (trinta mil reais), por operação, vencidos há mais de um ano, independentemente de iniciados os procedimentos judiciais para o seu recebimento, porém, mantida a cobrança administrativa;

c) superior a R$30.000,00 (trinta mil reais), vencidos há mais de um ano, desde que iniciados e mantidos os procedimentos judiciais para o seu recebimento;

III - com garantia, vencidos há mais de dois anos, desde que iniciados e mantidos os procedimentos judiciais para o seu recebimento ou o arresto das garantias;

IV - contra devedor declarado falido ou pessoa jurídica em concordata ou recuperação judicial, relativamente à

255

parcela que exceder o valor que esta tenha se comprometido a pagar, observado o disposto no § 5º. *(Inciso com redação dada pela Medida Provisória nº 656, de 7/10/2014 e convertida na Lei nº 13.097, de 19/1/2015.)*

§ 2º No caso de contrato de crédito em que o não pagamento de uma ou mais parcelas implique o vencimento automático de todas as demais parcelas vincendas, os limites a que se referem as alíneas «a» e «b» do inciso II do § 1º e as alíneas «a» e «b» do inciso II do § 7º serão considerados em relação ao total dos créditos, por operação, com o mesmo devedor. *(Parágrafo com redação dada pela Medida Provisória nº 656, de 7/10/2014 e convertida na Lei nº 13.097, de 19/1/2015.)*

§ 3º Para os fins desta Lei, considera-se crédito garantido o proveniente de vendas com reserva de domínio, de alienação fiduciária em garantia ou de operações com outras garantias reais.

§ 4º No caso de crédito com pessoa jurídica em processo falimentar, em concordata ou em recuperação judicial, a dedução da perda será admitida a partir da data da decretação da falência ou do deferimento do processamento da concordata ou recuperação judicial, desde que a credora tenha adotado os procedimentos judiciais necessários para o recebimento do crédito. *(Parágrafo com redação dada pela Medida Provisória nº 656, de 7/10/2014 e convertida na Lei nº 13.097, de 19/1/2015.)*

§ 5º A parcela do crédito cujo compromisso de pagar não houver sido honrado pela pessoa jurídica em concordata ou recuperação judicial poderá, também, ser deduzida como perda, observadas as condições previstas neste artigo. *(Parágrafo com redação dada pela Medida Provisória nº 656, de 7/10/2014 e convertida na Lei nº 13.097, de 19/1/2015.)*

§ 6º Não será admitida a dedução de perda no recebimento de créditos com pessoa jurídica que seja controladora, controlada, coligada ou interligada, bem como com pessoa física que seja acionista controlador, sócio, titular ou administrador da pessoa jurídica credora, ou parente até o terceiro grau dessas

PREÇO DE TRANSFERÊNCIA COMO NORMA DE AJUSTE DO IMPOSTO SOBRE A RENDA

pessoas físicas.

§ 7º Para os contratos inadimplidos a partir da data de publicação da Medida Provisória nº 656, de 7 de outubro de 2014, poderão ser registrados como perda os créditos:

I - em relação aos quais tenha havido a declaração de insolvência do devedor, em sentença emanada do Poder Judiciário;

II - sem garantia, de valor:

a) até R$ 15.000,00 (quinze mil reais), por operação, vencidos há mais de seis meses, independentemente de iniciados os procedimentos judiciais para o seu recebimento;

b) acima de R$ 15.000,00 (quinze mil reais) até R$ 100.000,00 (cem mil reais), por operação, vencidos há mais de um ano, independentemente de iniciados os procedimentos judiciais para o seu recebimento, mantida a cobrança administrativa; e

c) superior a R$ 100.000,00 (cem mil reais), vencidos há mais de um ano, desde que iniciados e mantidos os procedimentos judiciais para o seu recebimento;

III - com garantia, vencidos há mais de dois anos, de valor:

a) até R$ 50.000,00 (cinquenta mil reais), independentemente de iniciados os procedimentos judiciais para o seu recebimento ou o arresto das garantias; e

b) superior a R$ 50.000,00 (cinquenta mil reais), desde que iniciados e mantidos os procedimentos judiciais para o seu recebimento ou o arresto das garantias; e

IV - contra devedor declarado falido ou pessoa jurídica em concordata ou recuperação judicial, relativamente à parcela que exceder o valor que esta tenha se comprometido a pagar, observado o disposto no § 5º. (*Parágrafo acrescido pela Medida Provisória nº 656, de 7/10/2014 e convertida na Lei nº 13.097, de 19/1/2015.*)

Registro Contábil das Perdas

Art. 10. Os registros contábeis das perdas admitidas nesta Lei serão efetuados a débito de conta de resultado e a crédito:

I - da conta que registra o crédito de que trata a alínea "a" do inciso II do § 1º do art. 9º e a alínea "a" do inciso II do § 7º do art. 9º; *(Inciso com redação dada pela Medida Provisória nº 656, de 7/10/2014 e convertida na Lei nº 13.097, de 19/1/2015.)*

II - de conta redutora do crédito, nas demais hipóteses.

§ 1º Ocorrendo a desistência da cobrança pela via judicial, antes de decorridos cinco anos do vencimento do crédito, a perda eventualmente registrada deverá ser estornada ou adicionada ao lucro líquido, para determinação do lucro real correspondente ao período de apuração em que se der a desistência.

§ 2º Na hipótese do parágrafo anterior, o imposto será considerado como postergado desde o período de apuração em que tenha sido reconhecida a perda.

§ 3º Se a solução da cobrança se der em virtude de acordo homologado por sentença judicial, o valor da perda a ser estornado ou adicionado ao lucro líquido para determinação do lucro real será igual à soma da quantia recebida com o saldo a receber renegociado, não sendo aplicável o disposto no parágrafo anterior.

§ 4º Os valores registrados na conta redutora do crédito referida no inciso II do *caput* poderão ser baixados definitivamente em contrapartida à conta que registre o crédito, a partir do período de apuração em que se completar cinco anos do vencimento do crédito sem que o mesmo tenha sido liquidado pelo devedor.

PREÇO DE TRANSFERÊNCIA COMO NORMA DE AJUSTE DO IMPOSTO
SOBRE A RENDA

Encargos Financeiros de Créditos Vencidos

Art. 11. Após dois meses do vencimento do crédito, sem que tenha havido o seu recebimento, a pessoa jurídica credora poderá excluir do lucro líquido, para determinação do lucro real, o valor dos encargos financeiros incidentes sobre o crédito, contabilizado como receita auferido a partir do prazo definido neste artigo.

§ 1º Ressalvadas as hipóteses das alíneas «a» e «b» do inciso II do § 1º do art. 9º, das alíneas «a» e «b» do inciso II do § 7º do art. 9º e da alínea «a» do inciso III do § 7º do art. 9º, o disposto neste artigo somente se aplica quando a pessoa jurídica houver tomado as providências de caráter judicial necessárias ao recebimento do crédito. *(Parágrafo com redação dada pela Medida Provisória nº 656, de 7/10/2014 e convertida na Lei nº 13.097, de 19/1/2015.)*

§ 2º Os valores excluídos deverão ser adicionados no período de apuração em que, para os fins legais, se tornarem disponíveis para a pessoa jurídica credora ou em que reconhecida a respectiva perda.

§ 3º A partir da citação inicial para o pagamento do débito, a pessoa jurídica devedora deverá adicionar ao lucro líquido, para determinação do lucro real, os encargos incidentes sobre o débito vencido e não pago que tenham sido deduzidos como despesa ou custo, incorridos a partir daquela data.

§ 4º Os valores adicionados a que se refere o parágrafo anterior poderão ser excluídos do lucro líquido, para determinação do lucro real, no período de apuração em que ocorra a quitação do débito por qualquer forma.

Créditos Recuperados

Art. 12. Deverá ser computado na determinação do lucro real o montante dos créditos deduzidos que tenham sido recuperados, em qualquer época ou a qualquer título, inclusive nos casos de novação da dívida ou do arresto dos bens recebidos em garantia real.

§ 1º Os bens recebidos a título de quitação do débito serão escriturados pelo valor do crédito ou avaliados pelo valor definido na decisão judicial que tenha determinado sua incorporação ao patrimônio do credor. *(Parágrafo único transformado em § 1º pela Medida Provisória nº 517, de 30/12/2010, convertida na Lei nº 12.431, de 24/6/2011.)*

§ 2º Nas operações de crédito realizadas por instituições financeiras autorizadas a funcionar pelo Banco Central do Brasil, nos casos de renegociação de dívida, o reconhecimento da receita para fins de incidência de imposto sobre a renda e da Contribuição Social sobre o Lucro Líquido ocorrerá no momento do efetivo recebimento do crédito. *(Parágrafo acrescido pela Medida Provisória nº 517, de 30/12/2010, convertida na Lei nº 12.431, de 24/6/2011, com redação dada pela Lei nº 12.715, de 17/9/2012, em vigor a partir de 1-1-2013.)*

Disposição Transitória

Art. 13. No balanço levantado para determinação do lucro real em 31 de dezembro de 1996, a pessoa jurídica poderá optar pela constituição de provisão para créditos de liquidação duvidosa na forma do art. 43 da Lei nº 8.981, de 20 de janeiro de 1995, com as alterações da Lei nº 9.065, de 20 de junho de 1995, ou pelos critérios de perdas a que se referem os arts. 9º a 12.

PREÇO DE TRANSFERÊNCIA COMO NORMA DE AJUSTE DO IMPOSTO
SOBRE A RENDA

Saldo de Provisões Existente em 31.12.96

Art. 14. A partir do ano-calendário de 1997, ficam revogadas as normas previstas no art. 43 da Lei nº 8.981, de 20 de janeiro de 1995, com as alterações da Lei nº 9.065, de 20 de junho de 1995, bem como a autorização para a constituição de provisão nos termos dos artigos citados, contida no inciso I do art. 13 da Lei nº 9.249, de 26 de dezembro de 1995.

§ 1º A pessoa jurídica que, no balanço de 31 de dezembro de 1996, optar pelos critérios de dedução de perdas de que tratam os arts. 9º a 12 deverá, nesse mesmo balanço, reverter os saldos das provisões para créditos de liquidação duvidosa, constituídas na forma do art. 43 da Lei nº 8.981, de 20 de janeiro de 1995, com as alterações da Lei nº 9.065, de 20 de junho de 1995.

§ 2º Para a pessoa jurídica que, no balanço de 31 de dezembro de 1996, optar pela constituição de provisão na forma do art. 43 da Lei nº 8.981, de 20 de janeiro de 1995, com as alterações da Lei nº 9.065, de 20 de junho de 1995, a reversão a que se refere o parágrafo anterior será efetuada no balanço correspondente ao primeiro período de apuração encerrado em 1997, se houver adotado o regime de apuração trimestral, ou no balanço de 31 de dezembro de 1997 ou da data da extinção, se houver optado pelo pagamento mensal de que trata o art. 2º.

§ 3º Nos casos de incorporação, fusão ou cisão, a reversão de que trata o parágrafo anterior será efetuada no balanço que servir de base à apuração do lucro real correspondente.

Seção IV

Rendimentos do Exterior

Compensação de Imposto Pago

Art. 15. A pessoa jurídica domiciliada no Brasil que auferir, de fonte no exterior, receita decorrente da prestação de serviços efetuada diretamente poderá compensar o imposto pago no país de domicílio da pessoa física ou jurídica contratante, observado o disposto no art. 26 da Lei nº 9.249, de 26 de dezembro de 1995.

Lucros e Rendimentos

Art. 16. Sem prejuízo do disposto nos arts. 25, 26 e 27 da Lei nº 9.249, de 26 de dezembro de 1995, os lucros auferidos por filiais, sucursais, controladas e coligadas, no exterior, serão:

I - considerados de forma individualizada, por filial, sucursal, controlada ou coligada;

II - arbitrados, os lucros das filiais, sucursais e controladas, quando não for possível a determinação de seus resultados, com observância das mesmas normas aplicáveis às pessoas jurídicas domiciliadas no Brasil e computados na determinação do lucro real.

§ 1º Os resultados decorrentes de aplicações financeiras de renda variável no exterior, em um mesmo país, poderão ser consolidados para efeito de cômputo do ganho, na determinação do lucro real.

§ 2º Para efeito da compensação de imposto pago no exterior, a pessoa jurídica:

PREÇO DE TRANSFERÊNCIA COMO NORMA DE AJUSTE DO IMPOSTO
SOBRE A RENDA

I - com relação aos lucros, deverá apresentar as demonstrações financeiras correspondentes, exceto na hipótese do inciso II do *caput* deste artigo,

II - fica dispensada da obrigação a que se refere o § 2º do art. 26 da Lei nº 9.249, de 26 de dezembro de 1995, quando comprovar que a legislação do país de origem do lucro, rendimento ou ganho de capital prevê a incidência do imposto de renda que houver sido pago, por meio do documento de arrecadação apresentado.

§ 3º Na hipótese de arbitramento do lucro da pessoa jurídica domiciliada no Brasil, os lucros, rendimentos e ganhos de capital oriundos do exterior serão adicionados ao lucro arbitrado para determinação da base de cálculo do imposto.

§ 4º Do imposto devido correspondente a lucros, rendimentos ou ganhos de capital oriundos do exterior não será admitida qualquer destinação ou dedução a título de incentivo fiscal.

Operações de Cobertura em Bolsa do Exterior

Art. 17. Serão computados na determinação do lucro real os resultados líquidos, positivos ou negativos, obtidos em operações de cobertura (*hedge*) realizadas em mercados de liquidação futura, diretamente pela empresa brasileira, em bolsas no exterior.

Parágrafo único. A Secretaria da Receita Federal e o Banco Central do Brasil expedirão instruções para a apuração do resultado líquido, sobre a movimentação de divisas relacionadas com essas operações, e outras que se fizerem necessárias à execução do disposto neste artigo. *(Parágrafo único acrescido pela Lei nº 11.033, de 21/12/2004.)*

Seção V

Preços de Transferência

Bens, Serviços e Direitos Adquiridos no Exterior

Art. 18. Os custos, despesas e encargos relativos a bens, serviços e direitos, constantes dos documentos de importação ou de aquisição, nas operações efetuadas com pessoa vinculada, somente serão dedutíveis na determinação do lucro real até o valor que não exceda ao preço determinado por um dos seguintes métodos:

I - Método dos Preços Independentes Comparados - PIC: definido como a média aritmética ponderada dos preços de bens, serviços ou direitos, idênticos ou similares, apurados no mercado brasileiro ou de outros países, em operações de compra e venda empreendidas pela própria interessada ou por terceiros, em condições de pagamento semelhantes; *(Inciso com redação dada pela Medida Provisória nº 563, de 3/4/2012, convertida na Lei nº 12.715, de 17/9/2012, em vigor a partir de 1/1/2013.)*

II - Método do Preço de Revenda menos Lucro - PRL: definido como a média aritmética ponderada dos preços de venda, no País, dos bens, direitos ou serviços importados, em condições de pagamento semelhantes e calculados conforme a metodologia a seguir: *("Caput" do inciso com redação dada pela Medida Provisória nº 563, de 3/4/2012, convertida na Lei nº 12.715, de 17/9/2012, em vigor a partir de 1/1/2013.)*

a) preço líquido de venda: a média aritmética ponderada dos preços de venda do bem, direito ou serviço produzido, diminuídos dos descontos incondicionais concedidos, dos impostos e contribuições sobre as vendas e das comissões e corretagens pagas; *(Alínea com redação dada pela Medida Provisória nº 563, de 3/4/2012, convertida na Lei nº 12.715, de*

PREÇO DE TRANSFERÊNCIA COMO NORMA DE AJUSTE DO IMPOSTO
SOBRE A RENDA

17/9/2012, em vigor a partir de 1/1/2013.)

b) percentual de participação dos bens, direitos ou serviços importados no custo total do bem, direito ou serviço vendido: a relação percentual entre o custo médio ponderado do bem, direito ou serviço importado e o custo total médio ponderado do bem, direito ou serviço vendido, calculado em conformidade com a planilha de custos da empresa; *(Alínea com redação dada pela Medida Provisória n° 563, de 3/4/2012, convertida na Lei n° 12.715, de 17/9/2012, em vigor a partir de 1/1/2013.)*

c) participação dos bens, direitos ou serviços importados no preço de venda do bem, direito ou serviço vendido: aplicação do percentual de participação do bem, direito ou serviço importado no custo total, apurada conforme a alínea b, sobre o preço líquido de venda calculado de acordo com a alínea *a*; *(Alínea com redação dada pela Medida Provisória n° 563, de 3/4/2012, convertida na Lei n° 12.715, de 17/9/2012, em vigor a partir de 1/1/2013.)*

d) margem de lucro: a aplicação dos percentuais previstos no § 12, conforme setor econômico da pessoa jurídica sujeita ao controle de preços de transferência, sobre a participação do bem, direito ou serviço importado no preço de venda do bem, direito ou serviço vendido, calculado de acordo com a alínea c; e *(Alínea com redação dada pela Medida Provisória n° 563, de 3/4/2012, convertida na Lei n° 12.715, de 17/9/2012, em vigor a partir de 1/1/2013.)*

1. *(Revogado pela Medida Provisória n° 563, de 3/4/2012, convertida na Lei n° 12.715, de 17/9/2012, em vigor a partir de 1/1/2013.)*

2. *(Revogado pela Medida Provisória n° 563, de 3/4/2012, convertida na Lei n° 12.715, de 17/9/2012, em vigor a partir de 1/1/2013.)*

e) preço parâmetro: a diferença entre o valor da participação do bem, direito ou serviço importado no preço de venda do bem, direito ou serviço vendido, calculado conforme a alínea c; e a "margem de lucro", calculada de acordo com a alínea d; e *(Alínea com redação dada pela Medida Provisória nº 563, de 3/4/2012, convertida na Lei nº 12.715, de 17/9/2012, em vigor a partir de 1/1/2013.)*

III - Método do Custo de Produção mais Lucro - CPL: definido como o custo médio ponderado de produção de bens, serviços ou direitos, idênticos ou similares, acrescido dos impostos e taxas cobrados na exportação no país onde tiverem sido originariamente produzidos, e de margem de lucro de 20% (vinte por cento), calculada sobre o custo apurado. *(Inciso com redação dada pela Medida Provisória nº 563, de 3/4/2012, convertida na Lei nº 12.715, de 17/9/2012, em vigor a partir de 1/1/2013.)*

§ 1º As médias aritméticas ponderadas dos preços de que tratam os incisos I e II do *caput* e o custo médio ponderado de produção de que trata o inciso III do *caput* serão calculados considerando- se os preços praticados e os custos incorridos durante todo o período de apuração da base de cálculo do imposto sobre a renda a que se referirem os custos, despesas ou encargos. *(Parágrafo com redação dada pela Medida Provisória nº 563, de 3/4/2012, convertida na Lei nº 12.715, de 17/9/2012, em vigor a partir de 1/1/2013.)*

§ 2º Para efeito do disposto no inciso I, somente serão consideradas as operações de compra e venda praticadas entre compradores e vendedores não vinculados.

§ 3º Para efeito do disposto no inciso II, somente serão considerados os preços praticados pela empresa com compradores não vinculados.

§ 4º Na hipótese de utilização de mais de um método, será considerado dedutível o maior valor apurado, observado o disposto no parágrafo subseqüente.

§ 5º Se os valores apurados segundo os métodos mencionados neste artigo forem superiores ao de aquisição,

PREÇO DE TRANSFERÊNCIA COMO NORMA DE AJUSTE DO IMPOSTO
SOBRE A RENDA

constante dos respectivos documentos, a dedutibilidade fica limitada ao montante deste último.

§ 6º Não integram o custo, para efeito do cálculo disposto na alínea *b* do inciso II do *caput*, o valor do frete e do seguro, cujo ônus tenha sido do importador, desde que tenham sido contratados com pessoas: *("Caput" do parágrafo com redação dada pela Medida Provisória nº 563, de 3/4/2012, convertida na Lei nº 12.715, de 17/9/2012, em vigor a partir de 1/1/2013.)*

I - não vinculadas; e *(Inciso acrescido pela Medida Provisória nº 563, de 3/4/2012, convertida na Lei nº 12.715, de 17/9/2012, em vigor a partir de 1/1/2013.)*

II - que não sejam residentes ou domiciliadas em países ou dependências de tributação favorecida, ou que não estejam amparados por regimes fiscais privilegiados. *(Inciso acrescido pela Medida Provisória nº 563, de 3/4/2012, convertida na Lei nº 12.715, de 17/9/2012, em vigor a partir de 1/1/2013)*

§ 6º-A. Não integram o custo, para efeito do cálculo disposto na alínea *b* do inciso II do *caput*, os tributos incidentes na importação e os gastos no desembaraço aduaneiro. *(Parágrafo acrescido pela Medida Provisória nº 563, de 3/4/2012, convertida na Lei nº 12.715, de 17/9/2012, em vigor a partir de 1/1/2013.)*

§ 7º A parcela dos custos que exceder ao valor determinado de conformidade com este artigo deverá ser adicionada ao lucro líquido, para determinação do lucro real.

§ 8º A dedutibilidade dos encargos de depreciação ou amortização dos bens e direitos fica limitada, em cada período de apuração, ao montante calculado com base no preço determinado na forma deste artigo.

§ 9º O disposto neste artigo não se aplica aos casos de *royalties* e assistência técnica, científica, administrativa ou assemelhada, os quais permanecem subordinados às condições de dedutibilidade constantes da legislação vigente.

§ 10. Relativamente ao método previsto no inciso I do *caput*, as operações utilizadas para fins de cálculo devem:

I - representar, ao menos, 5% (cinco por cento) do valor das operações de importação sujeitas ao controle de preços de transferência, empreendidas pela pessoa jurídica, no período de apuração, quanto ao tipo de bem, direito ou serviço importado, na hipótese em que os dados utilizados para fins de cálculo digam respeito às suas próprias operações; e

II - corresponder a preços independentes realizados no mesmo ano-calendário das respectivas operações de importações sujeitas ao controle de preços de transferência. *(Parágrafo acrescido pela Medida Provisória nº 563, de 3/4/2012, convertida na Lei nº 12.715, de 17/9/2012, em vigor a partir de 1/1/2013.)*

§ 11. Na hipótese do inciso II do § 10, não havendo preço independente no ano-calendário da importação, poderá ser utilizado preço independente relativo à operação efetuada no ano-calendário imediatamente anterior ao da importação, ajustado pela variação cambial do período. *(Parágrafo acrescido pela Medida Provisória nº 563, de 3/4/2012, convertida na Lei nº 12.715, de 17/9/2012, em vigor a partir de 1/1/2013.)*

§ 12. As margens a que se refere a alínea *d* do inciso II do *caput* serão aplicadas de acordo com o setor da atividade econômica da pessoa jurídica brasileira sujeita aos controles de preços de transferência e incidirão, independentemente de submissão a processo produtivo ou não no Brasil, nos seguintes percentuais: *("Caput" do parágrafo acrescido pela Medida Provisória nº 563, de 3/4/2012, convertida na Lei nº 12.715, de 17/9/2012, em vigor a partir de 1/1/2013.)*

I - 40% (quarenta por cento), para os setores de: *("Caput" do inciso acrescido pela Medida Provisória nº 563, de 3/4/2012, convertida na Lei nº 12.715, de 17/9/2012, em vigor a partir de 1/1/2013.)*

a) produtos farmoquímicos e farmacêuticos; *(Alínea acrescida pela Medida Provisória nº 563, de 3/4/2012, com*

PREÇO DE TRANSFERÊNCIA COMO NORMA DE AJUSTE DO IMPOSTO
SOBRE A RENDA

redação dada pela Lei n° 12.715, de 17/9/2012, em vigor a partir de 1/1/2013.)

b) produtos do fumo; *(Alínea acrescida pela Medida Provisória n° 563, de 3/4/2012, com redação dada pela Lei n° 12.715, de 17/9/2012, em vigor a partir de 1/1/2013.)*

c) equipamentos e instrumentos ópticos, fotográficos e cinematográficos; *(Alínea acrescida pela Medida Provisória n° 563, de 3/4/2012, com redação dada pela Lei n° 12.715, de 17/9/2012, em vigor a partir de 1/1/2013.)*

d) máquinas, aparelhos e equipamentos para uso odonto-médico-hospitalar; *(Alínea acrescida pela Medida Provisória n° 563, de 3/4/2012, com redação dada pela Lei n° 12.715, de 17/9/2012, em vigor a partir de 1/1/2013.)*

e) extração de petróleo e gás natural; e *(Alínea acrescida pela Medida Provisória n° 563, de 3/4/2012, com redação dada pela Lei n° 12.715, de 17/9/2012, em vigor a partir de 1/1/2013.)*

f) produtos derivados do petróleo; *(Alínea acrescida pela Medida Provisória n° 563, de 3/4/2012, com redação dada pela Lei n° 12.715, de 17/9/2012, em vigor a partir de 1/1/2013.)*

II - 30% (trinta por cento) para os setores de: *("Caput" do inciso acrescido pela Medida Provisória n° 563, de 3/4/2012, convertida na Lei n° 12.715, de 17/9/2012, em vigor a partir de 1/1/2013.)*

a) produtos químicos; *(Alínea acrescida pela Medida Provisória n° 563, de 3/4/2012, com redação dada pela Lei n° 12.715, de 17/9/2012, em vigor a partir de 1/1/2013.)*

b) vidros e de produtos do vidro; *(Alínea acrescida pela Medida Provisória n° 563, de 3/4/2012, com redação dada pela Lei n° 12.715, de 17/9/2012, em vigor a partir de 1/1/2013.)*

c) celulose, papel e produtos de papel; e *(Alínea acrescida pela Medida Provisória n° 563, de 3/4/2012, com redação dada pela Lei n° 12.715, de 17/9/2012, em vigor a partir de 1/1/2013.)*

d) metalurgia; e *(Alínea acrescida pela Medida Provisória nº 563, de 3/4/2012, com redação dada pela Lei nº 12.715, de 17/9/2012, em vigor a partir de 1/1/2013.)*

III - 20% (vinte por cento) para os demais setores. *(Inciso acrescido pela Medida Provisória nº 563, de 3/4/2012, convertida na Lei nº 12.715, de 17/9/2012, em vigor a partir de 1/1/2013.)*

§ 13. Na hipótese em que a pessoa jurídica desenvolva atividades enquadradas em mais de um inciso do § 12, deverá ser adotada para fins de cálculo do PRL a margem correspondente ao setor da atividade para o qual o bem importado tenha sido destinado, observado o disposto no § 14. *(Parágrafo acrescido pela Medida Provisória nº 563, de 3/4/2012, convertida na Lei nº 12.715, de 17/9/2012, em vigor a partir de 1/1/2013.)*

§ 14. Na hipótese de um mesmo bem importado ser revendido e aplicado na produção de um ou mais produtos, ou na hipótese de o bem importado ser submetido a diferentes processos produtivos no Brasil, o preço parâmetro final será a média ponderada dos valores encontrados mediante a aplicação do método PRL, de acordo com suas respectivas destinações. *(Parágrafo acrescido pela Medida Provisória nº 563, de 3/4/2012, convertida na Lei nº 12.715, de 17/9/2012, em vigor a partir de 1/1/2013.)*

§ 15. No caso de ser utilizado o método PRL, o preço parâmetro deverá ser apurado considerando-se os preços de venda no período em que os produtos forem baixados dos estoques para resultado. *(Parágrafo acrescido pela Medida Provisória nº 563, de 3/4/2012, convertida na Lei nº 12.715, de 17/9/2012, em vigor a partir de 1/1/2013.)*

§ 16. Na hipótese de importação de *commodities* sujeitas à cotação em bolsas de mercadorias e futuros internacionalmente reconhecidas, deverá ser utilizado o Método do Preço sob Cotação na Importação - PCI definido no art. 18-A. *(Parágrafo acrescido pela Medida Provisória nº 563, de 3/4/2012, convertida na Lei nº 12.715, de 17/9/2012, em vigor a partir de 1/1/2013.)*

PREÇO DE TRANSFERÊNCIA COMO NORMA DE AJUSTE DO IMPOSTO
SOBRE A RENDA

§ 17. Na hipótese do inciso I do § 10, não havendo operações que representem 5% (cinco por cento) do valor das importações sujeitas ao controle de preços de transferência no período de apuração, o percentual poderá ser complementado com as importações efetuadas no ano-calendário imediatamente anterior, ajustado pela variação cambial do período. *(Parágrafo acrescido pela Lei nº 12.715, de 17/9/2012, em vigor a partir de 1/1/2013.)*

Art. 18-A. O Método do Preço sob Cotação na Importação - PCI é definido como os valores médios diários da cotação de bens ou direitos sujeitos a preços públicos em bolsas de mercadorias e futuros internacionalmente reconhecidas. *("Caput" do artigo acrescido pela Medida Provisória nº 563, de 3/4/2012, convertida na Lei nº 12.715, de 17/9/2012, em vigor a partir de 1/1/2013.)*

§ 1º Os preços dos bens importados e declarados por pessoas físicas ou jurídicas residentes ou domiciliadas no País serão comparados com os preços de cotação desses bens, constantes em bolsas de mercadorias e futuros internacionalmente reconhecidas, ajustados para mais ou para menos do prêmio médio de mercado, na data da transação, nos casos de importação de:

I - pessoas físicas ou jurídicas vinculadas;

II - residentes ou domiciliadas em países ou dependências com tributação favorecida; ou

III - pessoas físicas ou jurídicas beneficiadas por regimes fiscais privilegiados. *(Parágrafo acrescido pela Medida Provisória nº 563, de 3/4/2012, convertida na Lei nº 12.715, de 17/9/2012, em vigor a partir de 1/1/2013.)*

§ 2º Não havendo cotação disponível para o dia da transação, deverá ser utilizada a última cotação conhecida. *(Parágrafo acrescido pela Medida Provisória nº 563, de 3/4/2012, convertida na Lei nº 12.715, de 17/9/2012, em vigor a partir de 1/1/2013.)*

271

§ 3º Na hipótese de ausência de identificação da data da transação, a conversão será efetuada considerando-se a data do registro da declaração de importação de mercadoria. *(Parágrafo acrescido pela Medida Provisória nº 563, de 3/4/2012, convertida na Lei nº 12.715, de 17/9/2012, em vigor a partir de 1/1/2013.)*

§ 4º Na hipótese de não haver cotação dos bens em bolsas de mercadorias e futuros internacionalmente reconhecidas, os preços dos bens importados a que se refere o § 1º poderão ser comparados com os obtidos a partir de fontes de dados independentes fornecidas por instituições de pesquisa setoriais internacionalmente reconhecidas. *(Parágrafo acrescido pela Lei nº 12.715, de 17/9/2012, em vigor a partir de 1/1/2013.)*

§ 5º A Secretaria da Receita Federal do Brasil do Ministério da Fazenda disciplinará a aplicação do disposto neste artigo, inclusive a divulgação das bolsas de mercadorias e futuros e das instituições de pesquisas setoriais internacionalmente reconhecidas para cotação de preços. *(Primitivo § 4º acrescido pela Medida Provisória nº 563, de 3/4/2012, renumerado e com redação dada pela Lei nº 12.715, de 17/9/2012, em vigor a partir de 1/1/2013.)*

Receitas Oriundas de Exportações para o Exterior

Art. 19. As receitas auferidas nas operações efetuadas com pessoa vinculada ficam sujeitas a arbitramento quando o preço médio de venda dos bens, serviços ou direitos, nas exportações efetuadas durante o respectivo período de apuração da base de cálculo do imposto de renda, for inferior a noventa por cento do preço médio praticado na venda dos mesmos bens, serviços ou direitos, no mercado brasileiro, durante o mesmo período, em condições de pagamento semelhantes.

PREÇO DE TRANSFERÊNCIA COMO NORMA DE AJUSTE DO IMPOSTO SOBRE A RENDA

§ 1º Caso a pessoa jurídica não efetue operações de venda no mercado interno, a determinação dos preços médios a que se refere o *caput* será efetuada com dados de outras empresas que pratiquem a venda de bens, serviços ou direitos, idênticos ou similares, no mercado brasileiro.

§ 2º Para efeito de comparação, o preço de venda:

I - no mercado brasileiro, deverá ser considerado líquido dos descontos incondicionais concedidos, do imposto sobre a circulação de mercadorias e serviços, do imposto sobre serviços e das contribuições para a seguridade social - COFINS e para o PIS/PASEP;

II - nas exportações, será tomado pelo valor depois de diminuído dos encargos de frete e seguro, cujo ônus tenha sido da empresa exportadora.

§ 3º Verificado que o preço de venda nas exportações é inferior ao limite de que trata este artigo, as receitas das vendas nas exportações serão determinadas tomando-se por base o valor apurado segundo um dos seguintes métodos:

I - Método do Preço de Venda nas Exportações - PVEx: definido como a média aritmética dos preços de venda nas exportações efetuadas pela própria empresa, para outros clientes, ou por outra exportadora nacional de bens, serviços ou direitos, idênticos ou similares, durante o mesmo período de apuração da base de cálculo do imposto de renda e em condições de pagamento semelhantes;

II - Método do Preço de Venda por Atacado no País de Destino, Diminuído do Lucro - PVA: definido como a média aritmética dos preços de venda de bens, idênticos ou similares, praticados no mercado atacadista do país de destino, em condições de pagamento semelhantes, diminuídos dos tributos incluídos no preço, cobrados no referido país, e de margem de lucro de quinze por cento sobre o preço de venda no atacado;

III - Método do Preço de Venda a Varejo no País de Destino, Diminuído do Lucro - PVV: definido como a média aritmética dos preços de venda de bens, idênticos ou similares, praticados no mercado varejista do país de destino, em condições de pagamento semelhantes, diminuídos dos tributos incluídos no preço, cobrados no referido país, e de margem de lucro de trinta por cento sobre o preço de venda no varejo;

IV - Método do Custo de Aquisição ou de Produção mais Tributos e Lucro - CAP: definido como a média aritmética dos custos de aquisição ou de produção dos bens, serviços ou direitos, exportados, acrescidos dos impostos e contribuições cobrados no Brasil e de margem de lucro de quinze por cento sobre a soma dos custos mais impostos e contribuições.

§ 4º As médias aritméticas de que trata o parágrafo anterior serão calculadas em relação ao período de apuração da respectiva base de cálculo do imposto de renda da empresa brasileira.

§ 5º Na hipótese de utilização de mais de um método, será considerado o menor dos valores apurados, observado o disposto no parágrafo subseqüente.

§ 6º Se o valor apurado segundo os métodos mencionados no § 3º for inferior aos preços de venda constantes dos documentos de exportação, prevalecerá o montante da receita reconhecida conforme os referidos documentos.

§ 7º A parcela das receitas, apurada segundo o disposto neste artigo, que exceder ao valor já apropriado na escrituração da empresa deverá ser adicionada ao lucro líquido, para determinação do lucro real, bem como ser computada na determinação do lucro presumido e do lucro arbitrado.

§ 8º Para efeito do disposto no § 3º, somente serão consideradas as operações de compra e venda praticadas entre compradores e vendedores não vinculados.

§ 9º Na hipótese de exportação de *commodities* sujeitas à cotação em bolsas de mercadorias e futuros internacionalmente

PREÇO DE TRANSFERÊNCIA COMO NORMA DE AJUSTE DO IMPOSTO
SOBRE A RENDA

reconhecidas, deverá ser utilizado o Método do Preço sob Cotação na Exportação - PECEX, definido no art. 19-A. *(Parágrafo acrescido pela Medida Provisória nº 563, de 3/4/2012, convertida na Lei nº 12.715, de 17/9/2012, em vigor a partir de 1/1/2013.)*

Art. 19-A. O Método do Preço sob Cotação na Exportação - PECEX é definido como os valores médios diários da cotação de bens ou direitos sujeitos a preços públicos em bolsas de mercadorias e futuros internacionalmente reconhecidas. *("Caput" do artigo acrescido pela Medida Provisória nº 563, de 3/4/2012, convertida na Lei nº 12.715, de 17/9/2012, em vigor a partir de 1/1/2013.)*

§ 1º Os preços dos bens exportados e declarados por pessoas físicas ou jurídicas residentes ou domiciliadas no País serão comparados com os preços de cotação dos bens, constantes em bolsas de mercadorias e futuros internacionalmente reconhecidas, ajustados para mais ou para menos do prêmio médio de mercado, na data da transação, nos casos de exportação para:

I - pessoas físicas ou jurídicas vinculadas;

II - residentes ou domiciliadas em países ou dependências com tributação favorecida; ou

III - pessoas físicas ou jurídicas beneficiadas por regimes fiscais privilegiados. *(Parágrafo acrescido pela Medida Provisória nº 563, de 3/4/2012, convertida na Lei nº 12.715, de 17/9/2012, em vigor a partir de 1/1/2013.)*

§ 2º Não havendo cotação disponível para o dia da transação, deverá ser utilizada a última cotação conhecida. *(Parágrafo acrescido pela Medida Provisória nº 563, de 3/4/2012, convertida na Lei nº 12.715, de 17/9/2012, em vigor a partir de 1/1/2013.)*

§ 3º Na hipótese de ausência de identificação da data da transação, a conversão será efetuada considerando-se a data de embarque dos bens exportados. *(Parágrafo acrescido pela*

Medida Provisória nº 563, de 3/4/2012, convertida na Lei nº 12.715, de 17/9/2012, em vigor a partir de 1/1/2013.)

§ 4º As receitas auferidas nas operações de que trata o *caput* ficam sujeitas ao arbitramento de preços de transferência, não se aplicando o percentual de 90% (noventa por cento) previsto no *caput* do art. 19. *(Parágrafo acrescido pela Medida Provisória nº 563, de 3/4/2012, convertida na Lei nº 12.715, de 17/9/2012, em vigor a partir de 1/1/2013.)*

§ 5º Na hipótese de não haver cotação dos bens em bolsas de mercadorias e futuros internacionalmente reconhecidas, os preços dos bens exportados a que se refere o § 1º poderão ser comparados:

I - com os obtidos a partir de fontes de dados independentes fornecidas por instituições de pesquisa setoriais internacionalmente reconhecidas; ou

II - com os preços definidos por agências ou órgãos reguladores e publicados no Diário Oficial da União. *(Parágrafo acrescido pela Lei nº 12.715, de 17/9/2012, em vigor a partir de 1/1/2013.)*

§ 6º A Secretaria da Receita Federal do Brasil do Ministério da Fazenda disciplinará o disposto neste artigo, inclusive a divulgação das bolsas de mercadorias e futuros e das instituições de pesquisas setoriais internacionalmente reconhecidas para cotação de preços. *(Primitivo § 5º acrescido pela Medida Provisória nº 563, de 3/4/2012, renumerado e com redação dada pela Lei nº 12.715, de 17/9/2012, em vigor a partir de 1/1/2013.)*

§ 7º *(VETADO na Lei nº 12.715, de 17/9/2012.)*

Art. 20. O Ministro de Estado da Fazenda poderá, em circunstâncias justificadas, alterar os percentuais de que tratam os arts. 18 e 19, de ofício ou mediante requerimento conforme o § 2º do art. 21. *(Artigo com redação dada pela Medida Provisória nº 563, de 3/4/2012, convertida na Lei nº 12.715, de 17/9/2012.)*

PREÇO DE TRANSFERÊNCIA COMO NORMA DE AJUSTE DO IMPOSTO
SOBRE A RENDA

Art. 20-A. A partir do ano-calendário de 2012, a opção por um dos métodos previstos nos arts. 18 e 19 será efetuada para o ano-calendário e não poderá ser alterada pelo contribuinte uma vez iniciado o procedimento fiscal, salvo quando, em seu curso, o método ou algum de seus critérios de cálculo venha a ser desqualificado pela fiscalização, situação esta em que deverá ser intimado o sujeito passivo para, no prazo de 30 (trinta) dias, apresentar novo cálculo de acordo com qualquer outro método previsto na legislação.

§ 1º A fiscalização deverá motivar o ato caso desqualifique o método eleito pela pessoa jurídica.

§ 2º A autoridade fiscal responsável pela verificação poderá determinar o preço parâmetro, com base nos documentos de que dispuser, e aplicar um dos métodos previstos nos arts. 18 e 19, quando o sujeito passivo, após decorrido o prazo de que trata o *caput*:

I - não apresentar os documentos que deem suporte à determinação do preço praticado nem às respectivas memórias de cálculo para apuração do preço parâmetro, segundo o método escolhido;

II - apresentar documentos imprestáveis ou insuficientes para demonstrar a correção do cálculo do preço parâmetro pelo método escolhido; ou

III - deixar de oferecer quaisquer elementos úteis à verificação dos cálculos para apuração do preço parâmetro, pelo método escolhido, quando solicitados pela autoridade fiscal.

§ 3º A Secretaria da Receita Federal do Brasil do Ministério da Fazenda definirá o prazo e a forma de opção de que trata o *caput*. *(Artigo acrescido pela Medida Provisória nº 563, de 3/4/2012, convertida na Lei nº 12.715, de 17/9/2012.)*

Art. 20-B. A utilização do método de cálculo de preço parâmetro, de que tratam os arts. 18 e 19, deve ser consistente por bem, serviço ou direito, para todo o ano-calendário. *(Artigo acrescido pela Medida Provisória nº 563, de 3/4/2012, convertida na Lei nº 12.715, de 17/9/2012.)*

VIVIAN DE FREITAS E RODRIGUES DE OLIVEIRA

Apuração dos Preços Médios

Art. 21. Os custos e preços médios a que se referem os arts. 18 e 19 deverão ser apurados com base em:

I - publicações ou relatórios oficiais do governo do país do comprador ou vendedor ou declaração dá autoridade fiscal desse mesmo país, quando com ele o Brasil mantiver acordo para evitar a bitributação ou para intercâmbio de informações;

II - pesquisas efetuadas por empresa ou instituição de notório conhecimento técnico ou publicações técnicas, em que se especifiquem o setor, o período, as empresas pesquisadas e a margem encontrada, bem como identifiquem, por empresa, os dados coletados e trabalhados.

§ 1º As publicações, as pesquisas e os relatórios oficiais a que se refere este artigo somente serão admitidos como prova se houverem sido realizados com observância de métodos de avaliação internacionalmente adotados e se referirem a período contemporâneo com o de apuração da base de cálculo da imposto de renda da empresa brasileira.

§ 2º Admitir-se-ão margens de lucro diversas das estabelecidas nos arts. 18 e 19, desde que o contribuinte as comprove, com base em publicações, pesquisas ou relatórios elaborados de conformidade com o disposto neste artigo.

§ 3º As publicações técnicas, as pesquisas e os relatórios a que se refere este artigo poderão ser desqualificados mediante ato do Secretário da Receita Federal, quando considerados inidôneos ou inconsistentes.

PREÇO DE TRANSFERÊNCIA COMO NORMA DE AJUSTE DO IMPOSTO
SOBRE A RENDA

Juros

Art. 22. Os juros pagos ou creditados a pessoa vinculada somente serão dedutíveis para fins de determinação do lucro real até o montante que não exceda ao valor calculado com base em taxa determinada conforme este artigo acrescida de margem percentual a título de spread , a ser definida por ato do Ministro de Estado da Fazenda com base na média de mercado, proporcionalizados em função do período a que se referirem os juros. *("Caput" do artigo com redação dada pela Lei nº 12.766, de 27/12/2012, publicado no DOU de 28/12/2012, em vigor a partir de 1/1/2013.)*

§ 1º No caso de mútuo com pessoa vinculada, a pessoa jurídica mutuante domiciliada no Brasil, deverá reconhecer, como receita financeira correspondente à operação, no mínimo o valor apurado segundo o disposto neste artigo.

§ 2º Para efeito do limite a que se refere este artigo, os juros serão calculados com base no valor da obrigação ou do direito, expresso na moeda objeto do contrato e convertida em reais pela taxa de câmbio, divulgada pelo Banco Central do Brasil, para a data do termo final do cálculo dos juros.

§ 3º O valor dos encargos que exceder o limite referido no *caput* e a diferença de receita apurada na forma do parágrafo anterior serão adicionados à base de cálculo do imposto de renda devido pela empresa no Brasil, inclusive ao lucro presumido ou arbitrado.

§ 4º *(Revogado pela Medida Provisória nº 563, de 3/4/2012, convertida na Lei nº 12.715, de 17/9/2012.)*

§ 5º *(Revogada pela Lei nº 12.766, de 27/12/2012.)*

§ 6º A taxa de que trata o *caput* será a taxa:

I - de mercado dos títulos soberanos da República Federativa do Brasil emitidos no mercado externo em dólares dos Estados Unidos da América, na hipótese de operações em dólares dos Estados Unidos da América com taxa prefixada;

II - de mercado dos títulos soberanos da República Federativa do Brasil emitidos no mercado externo em reais, na hipótese de operações em reais no exterior com taxa prefixada; e III - London Interbank Offered Rate - LIBOR pelo prazo de 6 (seis) meses, nos demais casos. *(Parágrafo acrescido pela Lei n° 12.766, de 27/12/2012, publicado no DOU de 28/12/2012, em vigor a partir de 1/1/2013.)*

§ 7º O Ministro de Estado da Fazenda poderá fixar a taxa de que trata o *caput* na hipótese de operações em reais no exterior com taxa flutuante. *(Parágrafo acrescido pela Lei n° 12.766, de 27/12/2012, publicado no DOU de 28/12/2012, em vigor a partir de 1/1/2013.)*

§ 8º Na hipótese do inciso III do § 6o, para as operações efetuadas em outras moedas nas quais não seja divulgada taxa Libor própria, deverá ser utilizado o valor da taxa Libor para depósitos em dólares dos Estados Unidos da América. *(Parágrafo acrescido pela Lei n° 12.766, de 27/12/2012, publicado no DOU de 28/12/2012, em vigor a partir de 1/1/2013.)*

§ 9º A verificação de que trata este artigo deve ser efetuada na data da contratação da operação e será aplicada aos contratos celebrados a partir de 1o de janeiro de 2013. *(Parágrafo acrescido pela Lei n° 12.766, de 27/12/2012, publicado no DOU de 28/12/2012, em vigor a partir de 1/1/2013.)*

§ 10. Para fins do disposto no § 9o, a novação e a repactuação são consideradas novos contratos. *(Parágrafo acrescido pela Lei n° 12.766, de 27/12/2012, publicado no DOU de 28/12/2012, em vigor a partir de 1/1/2013.)*

§ 11. O disposto neste artigo será disciplinado pela Secretaria da Receita Federal do Brasil, inclusive quanto às especificações e condições de utilização das taxas previstas no *caput* e no § 6º. *(Parágrafo acrescido pela Lei n° 12.766, de*

PREÇO DE TRANSFERÊNCIA COMO NORMA DE AJUSTE DO IMPOSTO
SOBRE A RENDA

27/12/2012, publicado no DOU de 28/12/2012, em vigor a partir de 1/1/2013.)

§ 12. *(VETADO na Lei nº 13.097, de 19/1/2015.)*

Pessoa Vinculada - Conceito

Art. 23. Para efeito dos arts. 18 a 22, será considerada vinculada à pessoa jurídica domiciliada no Brasil:

I - a matriz desta, quando domiciliada no exterior;

II - a sua filial ou sucursal, domiciliada no exterior;

III - a pessoa física ou jurídica, residente ou domiciliada no exterior, cuja participação societária no seu capital social a caracterize como sua controladora ou coligada, na forma definida nos §§ 1º e 2º do art. 243 da Lei nº 6.404, de 15 de dezembro de 1976;

IV - a pessoa jurídica domiciliada no exterior que seja caracterizada como sua controlada ou coligada, na forma definida nos §§ 1º e 2º do art. 243 da Lei nº 6.404, de 15 de dezembro de 1976;

V - a pessoa jurídica domiciliada no exterior, quando esta e a empresa domiciliada no Brasil estiverem sob controle societário ou administrativo comum ou quando pelo menos dez por cento do capital social de cada uma pertencer a uma mesma pessoa física ou jurídica;

VI - a pessoa física ou jurídica, residente ou domiciliada no exterior, que, em conjunto com a pessoa jurídica domiciliada no Brasil, tiver participação societária no capital social de uma terceira pessoa jurídica, cuja soma as caracterizem como controladoras ou coligadas desta, na forma definida nos §§ 1º e 2º do art. 243 da Lei nº 6.404, de 15 de dezembro de 1976;

VII - a pessoa física ou jurídica, residente ou domiciliada no exterior, que seja sua associada, na forma de consórcio ou condomínio, conforme definido na legislação brasileira, em qualquer empreendimento;

VIII - a pessoa física residente no exterior que for parente ou afim até o terceiro grau, cônjuge ou companheiro de qualquer de seus diretores ou de seu sócio ou acionista controlador em participação direta ou indireta;

IX - a pessoa física ou jurídica, residente ou domiciliada no exterior, que goze de exclusividade, como seu agente, distribuidor ou concessionário, para a compra e venda de bens, serviços ou direitos;

X - a pessoa física ou jurídica, residente ou domiciliada no exterior, em relação à qual a pessoa jurídica domiciliada no Brasil goze de exclusividade, como agente, distribuidora ou concessionária, para a compra e venda de bens, serviços ou direitos.

Países com Tributação Favorecida

Art. 24. As disposições relativas a preços, custos e taxas de juros, constantes dos arts. 18 a 22, aplicam-se, também, às operações efetuadas por pessoa física ou jurídica residente ou domiciliada no Brasil, com qualquer pessoa física ou jurídica, ainda que não vinculada, residente ou domiciliada em país que não tribute a renda ou que a tribute a alíquota máxima inferior a vinte por cento. *(Vide § 5º do art. 9º da Medida Provisória nº 2.159-70, de 24/8/2001.)*

§1º Para efeito do disposto na parte final deste artigo, será considerada a legislação tributária do referido país, aplicável

PREÇO DE TRANSFERÊNCIA COMO NORMA DE AJUSTE DO IMPOSTO SOBRE A RENDA

às pessoas físicas ou às pessoas jurídicas, conforme a natureza do ente com o qual houver sido praticada a operação.

§ 2º No caso de pessoa física residente no Brasil:

I - o valor apurado segundo os métodos de que trata o art. 18 será considerado como custo de aquisição para efeito de apuração de ganho de capital na alienação do bem ou direito;

II - o preço relativo ao bem ou direito alienado, para efeito de apuração de ganho de capital, será o apurado de conformidade com o disposto no art. 19;

III - será considerado como rendimento tributável o preço dos serviços prestados apurado de conformidade com o disposto no art. 19;

IV - serão considerados como rendimento tributável os juros determinados de conformidade com o art. 22.

§ 3º Para os fins do disposto neste artigo, considerar-se-á separadamente a tributação do trabalho e do capital, bem como as dependências do país de residência ou domicílio. *(Parágrafo acrescido pela Lei nº 10.451, de 10/5/2002.)*

§ 4º Considera-se também país ou dependência com tributação favorecida aquele cuja legislação não permita o acesso a informações relativas à composição societária de pessoas jurídicas, à sua titularidade ou à identificação do beneficiário efetivo de rendimentos atribuídos a não residentes. *(Parágrafo acrescido pela Lei nº 11.727, de 23/6/2008, publicada no DOU de 24/6/2008, produzindo efeitos a partir do 1º dia do ano seguinte ao da publicação.)*

Art. 24-A. Aplicam-se às operações realizadas em regime fiscal privilegiado as disposições relativas a preços, custos e taxas de juros constantes dos arts. 18 a 22 desta Lei, nas transações entre pessoas físicas ou jurídicas residentes e domiciliadas no País com qualquer pessoa física ou jurídica, ainda que não vinculada, residente ou domiciliada no exterior. *("Caput" do artigo acrescido pela Lei nº 11.727, de 23/6/2008, publicada no DOU de 24/6/2008, produzindo efeitos a partir do 1º dia do ano seguinte ao da publicação.)*

Parágrafo único. Para os efeitos deste artigo, considera-se regime fiscal privilegiado aquele que apresentar uma ou mais das seguintes características: *("Caput" do parágrafo único acrescido pela Lei nº 11.727, de 23/6/2008* e *com nova redação dada pela Lei nº 11.941, de 27/5/2009.)*

I - não tribute a renda ou a tribute à alíquota máxima inferior a 20% (vinte por cento); *(Inciso acrescido pela Lei nº 11.727, de 23/6/2008, publicada no DOU de 24/6/2008, produzindo efeitos a partir do 1º dia do ano seguinte ao da publicação.)*

II - conceda vantagem de natureza fiscal a pessoa física ou jurídica não residente:

a) sem exigência de realização de atividade econômica substantiva no país ou dependência;

b) condicionada ao não exercício de atividade econômica substantiva no país ou dependência; *(Inciso acrescido pela Lei nº 11.727, de 23/6/2008, publicada no DOU de 24/6/2008, produzindo efeitos a partir do 1º dia do ano seguinte ao da publicação.)*

III - não tribute, ou o faça em alíquota máxima inferior a 20% (vinte por cento), os rendimentos auferidos fora de seu território; *(Inciso acrescido pela Lei nº 11.727, de 23/6/2008, publicada no DOU de 24/6/2008, produzindo efeitos a partir do 1º dia do ano seguinte ao da publicação.)*

IV - não permita o acesso a informações relativas à composição societária, titularidade de bens ou direitos ou às operações econômicas realizadas. *(Inciso acrescido pela Lei nº 11.727, de 23/6/2008, publicada no DOU de 24/6/2008, produzindo efeitos a partir do 1º dia do ano seguinte ao da publicação.)*

Art. 24-B. O Poder Executivo poderá reduzir ou restabelecer os percentuais de que tratam o *caput* do art. 24 e os incisos I e III do parágrafo único do art. 24-A, ambos desta Lei.

PREÇO DE TRANSFERÊNCIA COMO NORMA DE AJUSTE DO IMPOSTO
SOBRE A RENDA

Parágrafo único. O uso da faculdade prevista no *caput* deste artigo poderá também ser aplicado, de forma excepcional e restrita, a países que componham blocos econômicos dos quais o País participe. *(Artigo acrescido pela Lei nº 11.727, de 23/6/2008, publicada no DOU de 24/6/2008, produzindo efeitos a partir do 1º dia do ano seguinte ao da publicação.)*

Seção VI

Lucro Presumido

Determinação

Art. 25. O lucro presumido será o montante determinado pela soma das seguintes parcelas:

I - o valor resultante da aplicação dos percentuais de que trata o art. 15 da Lei nº 9.249, de 26 de dezembro de 1995, sobre a receita bruta definida pelo art. 12 do Decreto-Lei nº 1.598, de 26 de dezembro de 1977, auferida no período de apuração de que trata o art. 1º, deduzida das devoluções e vendas canceladas e dos descontos incondicionais concedidos; e *(Inciso com redação dada pela Medida Provisória nº 627, de 11/11/2013, convertida na Lei nº 12.973, de 13/5/2014, em vigor a partir de 1/1/2015.)*

II - os ganhos de capital, os rendimentos e ganhos líquidos auferidos em aplicações financeiras, as demais receitas, os resultados positivos decorrentes de receitas não abrangidas pelo inciso I, com os respectivos valores decorrentes do ajuste a valor presente de que trata o inciso VIII do *caput* do art. 183 da Lei nº 6.404, de 15 de dezembro de 1976, e demais valores determinados nesta Lei, auferidos naquele mesmo período. *(Inciso com redação dada pela Lei nº 12.973, de 13/5/2014, em vigor a partir de 1/1/2015.)*

§ 1º O ganho de capital nas alienações de investimentos, imobilizados e intangíveis corresponderá à diferença positiva entre o valor da alienação e o respectivo valor contábil. *(Parágrafo acrescido pela Medida Provisória nº 627, de 11/11/2013, convertida na Lei nº 12.973, de 13/5/2014, em vigor a partir de 1/1/2015.)*

§ 2º Para fins do disposto no § 1º, poderão ser considerados no valor contábil, e na proporção deste, os respectivos valores decorrentes dos efeitos do ajuste a valor presente de que trata o inciso III do *caput* do art. 184 da Lei nº 6.404, de 15 de dezembro de 1976. *(Parágrafo acrescido pela Medida Provisória nº 627, de 11/11/2013, convertida na Lei nº 12.973, de 13/5/2014, em vigor a partir de 1/1/2015.)*

§ 3º Os ganhos decorrentes de avaliação de ativo ou passivo com base no valor justo não integrarão a base de cálculo do imposto, no momento em que forem apurados. *(Parágrafo acrescido pela Medida Provisória nº 627, de 11/11/2013, convertida na Lei nº 12.973, de 13/5/2014, em vigor a partir de 1/1/2015.)*

§ 4º Para fins do disposto no inciso II do *caput*, os ganhos e perdas decorrentes de avaliação do ativo com base em valor justo não serão considerados como parte integrante do valor contábil. *(Parágrafo acrescido pela Medida Provisória nº 627, de 11/11/2013, convertida na Lei nº 12.973, de 13/5/2014, em vigor a partir de 1/1/2015.)*

§ 5º O disposto no § 4º não se aplica aos ganhos que tenham sido anteriormente computados na base de cálculo do imposto. *(Parágrafo acrescido pela Medida Provisória nº 627, de 11/11/2013, convertida na Lei nº 12.973, de 13/5/2014, em vigor a partir de 1/1/2015.)*

PREÇO DE TRANSFERÊNCIA COMO NORMA DE AJUSTE DO IMPOSTO
SOBRE A RENDA

Opção

Art. 26. A opção pela tributação com base no lucro presumido será aplicada em relação a todo o período de atividade da empresa em cada ano-calendário.

§ 1º A opção de que trata este artigo será manifestada com o pagamento da primeira ou única quota do imposto devido correspondente ao primeiro período de apuração de cada ano-calendário.

§ 2º A pessoa jurídica que houver iniciado atividade a partir do segundo trimestre manifestará a opção de que trata este artigo com o pagamento da primeira ou única quota do imposto devido relativa ao período de apuração do início de atividade.

§ 3º A pessoa jurídica que houver pago o imposto com base no lucro presumido e que, em relação ao mesmo ano-calendário, alterar a opção, passando a ser tributada com base no lucro real, ficará sujeita ao pagamento de multa e juros moratórios sobre a diferença de imposto paga a menor.

§ 4º A mudança de opção a que se refere o parágrafo anterior somente será admitida quando formalizada até a entrega da correspondente declaração de rendimentos e antes de iniciado procedimento de ofício relativo a qualquer dos períodos de apuração do respectivo ano-calendário.

Seção VII

Lucro Arbitrado

Determinação

VIVIAN DE FREITAS E RODRIGUES DE OLIVEIRA

Art. 27. O lucro arbitrado será o montante determinado pela soma das seguintes parcelas:

I - o valor resultante da aplicação dos percentuais de que trata o art. 16 da Lei n° 9.249, de 26 de dezembro de 1995, sobre a receita bruta definida pelo art. 12 do Decreto-Lei n° 1.598, de 26 de dezembro de 1977, auferida no período de apuração de que trata o art. 1°, deduzida das devoluções e vendas canceladas e dos descontos incondicionais concedidos; e *(Inciso com redação dada pela Medida Provisória n° 627, de 11/11/2013, convertida na Lei n° 12.973, de 13/5/2014, em vigor a partir de 1/1/2015.)*

II - os ganhos de capital, os rendimentos e ganhos líquidos auferidos em aplicações financeiras, as demais receitas, os resultados positivos decorrentes de receitas não abrangidas pelo inciso I do *caput*, com os respectivos valores decorrentes do ajuste a valor presente de que trata o inciso VIII do *caput* do art. 183 da Lei n° 6.404, de 15 de dezembro de 1976, e demais valores determinados nesta Lei, auferidos naquele mesmo período. *(Inciso com redação dada pela Medida Provisória n° 627, de 11/11/2013, convertida na Lei n° 12.973, de 13/5/2014, em vigor a partir de 1/1/2015.)*

§ 1° Na apuração do lucro arbitrado, quando não conhecida a receita bruta, os coeficientes de que tratam os incisos II, III e IV do art. 51 da Lei n° 8.981, de 20 de janeiro de 1995, deverão ser multiplicados pelo número de meses do período de apuração.

§ 2° Na hipótese de utilização das alternativas de cálculo previstas nos incisos V a VIII do art. 51 da Lei n° 8.981, de 20 de janeiro de 1995, o lucro arbitrado será o valor resultante da soma dos valores apurados para cada mês do período de apuração.

§ 3° O ganho de capital nas alienações de investimentos, imobilizados e intangíveis corresponderá à diferença positiva entre o valor da alienação e o respectivo valor contábil. *(Parágrafo acrescido pela Medida Provisória n° 627, de*

PREÇO DE TRANSFERÊNCIA COMO NORMA DE AJUSTE DO IMPOSTO SOBRE A RENDA

11/11/2013, convertida na Lei nº 12.973, de 13/5/2014, em vigor a partir de 1/1/2015.)

§ 4º Para fins do disposto no § 3º, poderão ser considerados no valor contábil, e na proporção deste, os respectivos valores decorrentes dos efeitos do ajuste a valor presente de que trata o inciso III do *caput* do art. 184 da Lei nº 6.404, de 15 de dezembro de 1976. *(Parágrafo acrescido pela Medida Provisória nº 627, de 11/11/2013, convertida na Lei nº 12.973, de 13/5/2014, em vigor a partir de 1/1/2015.)*

§ 5º Os ganhos decorrentes de avaliação de ativo ou passivo com base no valor justo não integrarão a base de cálculo do imposto, no momento em que forem apurados. *(Parágrafo acrescido pela Medida Provisória nº 627, de 11/11/2013, convertida na Lei nº 12.973, de 13/5/2014, em vigor a partir de 1/1/2015.)*

§ 6º Para fins do disposto no inciso II do *caput*, os ganhos e perdas decorrentes de avaliação do ativo com base em valor justo não serão considerados como parte integrante do valor contábil. *(Parágrafo acrescido pela Medida Provisória nº 627, de 11/11/2013, convertida na Lei nº 12.973, de 13/5/2014, em vigor a partir de 1/1/2015.)*

§ 7º O disposto no § 6º não se aplica aos ganhos que tenham sido anteriormente computados na base de cálculo do imposto. *(Parágrafo acrescido pela Medida Provisória nº 627, de 11/11/2013, convertida na Lei nº 12.973, de 13/5/2014, em vigor a partir de 1/1/2015.)*

VIVIAN DE FREITAS E RODRIGUES DE OLIVEIRA

CAPÍTULO II
CONTRIBUIÇÃO SOCIAL SOBRE O LUCRO LÍQUIDO

Seção I
Apuração da Base de Cálculo e Pagamento

Normas Aplicáveis

Art. 28. Aplicam-se à apuração da base de cálculo e ao pagamento da contribuição social sobre o lucro líquido as normas da legislação vigente e as correspondentes aos arts. 1º a 3º, 5º a 14, 17 a 24-B, 26, 55 e 71. *(Artigo com redação dada pela Medida Provisória nº 563, de 3/4/2012, convertida na Lei nº 12.715, de 17/9/2012.)*

Empresas sem Escrituração Contábil

Art. 29. A base de cálculo da contribuição social sobre o lucro líquido, devida pelas pessoas jurídicas tributadas com base no lucro presumido ou arbitrado e pelas demais empresas dispensadas de escrituração contábil, corresponderá à soma dos valores:

I - de que trata o art. 20 da Lei nº 9.249, de 26 de dezembro de 1995;

II - os ganhos de capital, os rendimentos e ganhos líquidos auferidos em aplicações financeiras, as demais receitas, os resultados positivos decorrentes de receitas não abrangidas pelo inciso I do *caput*, com os respectivos valores decorrentes do ajuste a valor presente de que trata o inciso VIII do

290

PREÇO DE TRANSFERÊNCIA COMO NORMA DE AJUSTE DO IMPOSTO SOBRE A RENDA

caput do art. 183 da Lei nº 6.404, de 15 de dezembro de 1976, e demais valores determinados nesta Lei, auferidos naquele mesmo período. *(Inciso com redação dada pela Lei nº 12.973, de 13/5/2014, em vigor a partir de 1/1/2015.)*

Pagamento Mensal Estimado

Art. 30. A pessoa jurídica que houver optado pelo pagamento do imposto de renda na forma do art. 2º fica, também, sujeita ao pagamento mensal da contribuição social sobre o lucro líquido, determinada mediante a aplicação da alíquota a que estiver sujeita sobre a base de cálculo apurada na forma dos incisos I e II do artigo anterior.

CAPÍTULO III

IMPOSTO SOBRE PRODUTOS INDUSTRIALIZADOS

Contribuinte Substituto

Art. 31. O art. 35 da Lei nº 4.502, de 30 de novembro de 1964, passa a vigorar com a seguinte redação:

"Art. 35. ....
....
....
....

II - como contribuinte substituto:

291

VIVIAN DE FREITAS E RODRIGUES DE OLIVEIRA

....

....

c) o industrial ou equiparado, mediante requerimento, nas operações anteriores, concomitantes ou posteriores às saídas que promover, nas hipóteses e condições estabelecidas pela Secretaria da Receita Federal.

§ 1º Nos casos das alíneas *a* e *b* do inciso II deste artigo, o pagamento do imposto não exclui a responsabilidade por infração do contribuinte originário quando este for identificado, e será considerado como efetuado fora do prazo, para todos os efeitos legais.

§ 2º Para implementar o disposto na alínea *c* do inciso II, a Secretaria da Receita Federal poderá instituir regime especial de suspensão do imposto."

CAPÍTULO IV

PROCEDIMENTOS DE FISCALIZAÇÃO

Seção I

Suspensão da Imunidade e da Isenção

Art. 32. A suspensão da imunidade tributária, em virtude de falta de observância de requisitos legais, deve ser procedida de conformidade com o disposto neste artigo.

§ 1º Constatado que entidade beneficiária de imunidade de tributos federais de que trata a alínea *c* do inciso VI do art. 150 da Constituição Federal não está observando requisito ou condição previsto nos arts. 9º, § 1º, e 14, da Lei nº 5.172, de 25 de outubro de 1966 - Código Tributário Nacional, a fiscalização tributária expedirá notificação fiscal, na qual relatará os fatos que determinam a suspensão do benefício, indicando

292

PREÇO DE TRANSFERÊNCIA COMO NORMA DE AJUSTE DO IMPOSTO
SOBRE A RENDA

inclusive a data da ocorrência da infração.

§ 2º A entidade poderá, no prazo de trinta dias da ciência da notificação, apresentar as alegações e provas que entender necessárias.

§ 3º O Delegado ou Inspetor da Receita Federal decidirá sobre a procedência das alegações, expedindo o ato declaratório suspensivo do benefício, no caso de improcedência, dando, de sua decisão, ciência à entidade.

§ 4º Será igualmente expedido o ato suspensivo se decorrido o prazo previsto no § 2º sem qualquer manifestação da parte interessada.

§ 5º A suspensão da imunidade terá como termo inicial a data da prática da infração.

§ 6º Efetivada a suspensão da imunidade:

I - a entidade interessada poderá, no prazo de trinta dias da ciência, apresentar impugnação ao ato declaratório, a qual será objeto de decisão pela Delegacia da Receita Federal de julgamento competente:

II - a fiscalização de tributos federais lavrará auto de infração, se for o caso.

§ 7º A impugnação relativa à suspensão da imunidade obedecerá às demais normas reguladoras do processo administrativo fiscal.

§ 8º A impugnação e o recurso apresentados pela entidade não terão efeito suspensivo em relação ao ato declaratório contestado.

§ 9º Caso seja lavrado auto de infração, as impugnações contra o ato declaratório e contra a exigência de crédito tributário serão reunidas em um único processo, para serem decididas simultaneamente.

§ 10. Os procedimentos estabelecidos neste artigo aplicam-se, também, às hipóteses de suspensão de isenções condicionadas, quando a entidade beneficiária estiver descumprindo as condições ou requisitos impostos pela legislação de regência.

§ 11. Somente se inicia o procedimento que visa à suspensão da imunidade tributária dos partidos políticos após trânsito em julgado de decisão do Tribunal Superior Eleitoral que julgar irregulares ou não prestadas, nos termos da Lei, as devidas contas à Justiça Eleitoral. *(Parágrafo acrescido pela Medida Provisória nº 449, de 3/12/2008, convertida na Lei nº 11.941, de 27/5/2009.)*

§ 12. A entidade interessada disporá de todos os meios legais para impugnar os fatos que determinam a suspensão do benefício. *(Parágrafo acrescido pela Medida Provisória nº 449, de 3/12/2008, convertida na Lei nº 11.941, de 27/5/2009.)*

Seção II

Regimes Especiais de Fiscalização

Art. 33. A Secretaria da Receita Federal pode determinar regime especial para cumprimento de obrigações, pelo sujeito passivo, nas seguintes hipóteses:

I - embaraço à fiscalização, caracterizado pela negativa não justificada de exibição de livros e documentos em que se assente a escrituração das atividades do sujeito passivo, bem como pelo não fornecimento de informações sobre bens, movimentação financeira, negócio ou atividade, próprios ou de terceiros, quando intimado, e demais hipóteses que autorizam a requisição do auxílio da força pública, nos termos do art. 200 da Lei nº 5.172, de 25 de outubro de 1966;

II - resistência à fiscalização caracterizada pela negativa de acesso ao estabelecimento, ao domicílio fiscal ou a qualquer outro local onde se desenvolvam as atividades do sujeito

PREÇO DE TRANSFERÊNCIA COMO NORMA DE AJUSTE DO IMPOSTO SOBRE A RENDA

passivo, ou se encontrem bens de sua posse ou propriedade;

III - evidências de que a pessoa jurídica esteja constituída por interpostas pessoas que não sejam os verdadeiros sócios ou acionistas, ou o titular, no caso de firma individual;

IV - realização de operações sujeitas à incidência tributária, sem a devida inscrição no cadastro de contribuintes apropriado;

V - prática reiterada de infração da legislação tributária;

VI - comercialização de mercadorias com evidências de contrabando ou descaminho;

VII - incidência em conduta que enseje representação criminal, nos termos da legislação que rege os crimes contra a ordem tributária.

§ 1º O regime especial de fiscalização será aplicado em virtude de ato do Secretário da Receita Federal.

§ 2º O regime especial pode consistir, inclusive, em:

I - manutenção de fiscalização ininterrupta no estabelecimento do sujeito passivo;

II - redução, à metade, dos períodos de apuração e dos prazos de recolhimento dos tributos;

III - utilização compulsória de controle eletrônico das operações realizadas e recolhimento diário dos respectivos tributos;

IV - exigência de comprovação sistemática do cumprimento das obrigações tributárias;

V - controle especial da impressão e emissão de documentos comerciais e fiscais e da movimentação financeira.

§ 3º As medidas previstas neste artigo poderão ser aplicadas isolada ou cumulativamente, por tempo suficiente à normalização do cumprimento das obrigações tributárias.

§ 4º A imposição do regime especial não elide a aplicação

VIVIAN DE FREITAS E RODRIGUES DE OLIVEIRA

de penalidades previstas na legislação tributária.

§ 5º Às infrações cometidas pelo contribuinte durante o período em que estiver submetido a regime especial de fiscalização será aplicada a multa de que trata o inciso I do *caput* do art. 44 desta Lei, duplicando-se o seu percentual. *(Parágrafo com redação dada pela Lei nº 11.488, de 15/6/2007.)*

Seção III

Documentação Fiscal

Acesso à Documentação

Art. 34. São também passíveis de exame os documentos do sujeito passivo, mantidos em arquivos magnéticos ou assemelhados, encontrados no local da verificação, que tenham relação direta ou indireta com a atividade por ele exercida.

Retenção de Livros e Documentos

Art. 35. Os livros e documentos poderão ser examinados fora do estabelecimento do sujeito passivo, desde que lavrado termo escrito de retenção pela autoridade fiscal, em que se especifiquem a quantidade, espécie, natureza e condições dos livros e documentos retidos.

§ 1º Constituindo os livros ou documentos prova da prática de ilícito penal ou tributário, os originais retidos não serão devolvidos, extraindo-se cópia para entrega ao interessado.

§ 2º Excetuado o disposto no parágrafo anterior, devem ser devolvidos os originais dos documentos retidos para exame, mediante recibo.

PREÇO DE TRANSFERÊNCIA COMO NORMA DE AJUSTE DO IMPOSTO
SOBRE A RENDA

Lacração de Arquivos

Art. 36. A autoridade fiscal encarregada de diligência ou fiscalização poderá promover a lacração de móveis, caixas, cofres ou depósitos onde se encontram arquivos e documentos, toda vez que ficar caracterizada a resistência ou o embaraço à fiscalização, ou ainda quando as circunstâncias ou a quantidade de documentos não permitirem sua identificação e conferência no local ou no momento em que foram encontrados.

Parágrafo único. O sujeito passivo e demais responsáveis serão previamente notificados para acompanharem o procedimento de rompimento do lacre e identificação dos elementos de interesse da fiscalização.

Guarda de Documentos

Art. 37. Os comprovantes da escrituração da pessoa jurídica, relativos a fatos que repercutam em lançamentos contábeis de exercícios futuros, serão conservados até que se opere a decadência do direito de a Fazenda Pública constituir os créditos tributários relativos a esses exercícios.

Arquivos Magnéticos

Art. 38. O sujeito passivo usuário de sistema de processamento de dados deverá manter documentação técnica completa e atualizada do sistema, suficiente para possibilitar a sua auditoria, facultada a manutenção em meio magnético, sem prejuízo da sua emissão gráfica, quando solicitada.

Extravio de Livros e Documentos

Art. 39. *(Revogado pela Lei nº 9.532, de 10/12/1997.)*

Seção IV
Omissão de Receita

Falta de Escrituração de Pagamentos

Art. 40. A falta de escrituração de pagamentos efetuados pela pessoa jurídica, assim como a manutenção, no passivo, de obrigações cuja exigibilidade não seja comprovada, caracterizam, também, omissão de receita.

Levantamento Quantitativo por Espécie

Art. 41. A omissão de receita poderá, também, ser determinada a partir de levantamento por espécie das quantidades de matérias-primas e produtos intermediários utilizados no processo produtivo da pessoa jurídica.

§ 1º Para os fins deste artigo, apurar-se-á a diferença, positiva ou negativa, entre a soma das quantidades de produtos em estoque no início do período com a quantidade de produtos fabricados com as matérias-primas e produtos intermediários utilizados e a soma das quantidades de produtos cuja venda houver sido registrada na escrituração contábil da empresa com as quantidades em estoque, no final do período de

PREÇO DE TRANSFERÊNCIA COMO NORMA DE AJUSTE DO IMPOSTO SOBRE A RENDA

apuração, constantes do livro de Inventário.

§ 2º Considera-se receita omitida, nesse caso, o valor resultante da multiplicação das diferenças de quantidades de produtos ou de matérias-primas e produtos intermediários pelos respectivos preços médios de venda ou de compra, conforme o caso, em cada período de apuração abrangido pelo levantamento.

§ 3º Os critérios de apuração de receita omitida de que trata este artigo aplicam-se, também, às empresas comerciais, relativamente às mercadorias adquiridas para revenda.

Depósitos Bancários

Art. 42. Caracterizam-se também omissão de receita ou de rendimento os valores creditados em conta de depósito ou de investimento mantida junto a instituição financeira, em relação aos quais o titular, pessoa física ou jurídica, regularmente intimado, não comprove, mediante documentação hábil e idônea, a origem dos recursos utilizados nessas operações.

§ 1º O valor das receitas ou dos rendimentos omitido será considerado auferido ou recebido no mês do crédito efetuado pela instituição financeira.

§ 2º Os valores cuja origem houver sido comprovada, que não houverem sido computados na base de cálculo dos impostos e contribuições a que estiverem sujeitos, submeter-se-ão às normas de tributação específicas, previstas na legislação vigente à época em que auferidos ou recebidos.

§ 3º Para efeito de determinação da receita omitida, os créditos serão analisados individualizadamente, observado que não serão considerados:

I - os decorrentes de transferências de outras contas da própria pessoa física ou jurídica;

VIVIAN DE FREITAS E RODRIGUES DE OLIVEIRA

II - no caso de pessoa física, sem prejuízo do disposto no inciso anterior, os de valor individual igual ou inferior a R$1.000,00 (mil reais), desde que o seu somatório, dentro do ano-calendário, não ultrapasse o valor de R$12.000,00 (doze mil reais). *(Valores alterados para R$12.000,00 (doze mil reais) e R$80.000,00 (oitenta mil reais), respectivamente, de acordo com o art. 4º da Lei nº 9.481, de 13/8/1997.)*

§ 4º Tratando-se de pessoa física, os rendimentos omitidos serão tributados no mês em que considerados recebidos, com base na tabela progressiva vigente à época em que tenha sido efetuado o crédito pela instituição financeira.

§ 5º Quando provado que os valores creditados na conta de depósito ou de investimento pertencem a terceiro, evidenciando interposição de pessoa, a determinação dos rendimentos ou receitas será efetuada em relação ao terceiro, na condição de efetivo titular da conta de depósito ou de investimento. *(Parágrafo acrescido pela Lei nº 10.637, de 30/12/2002, produzindo efeitos a partir de 1/10/2002.)*

§ 6º Na hipótese de contas de depósito ou de investimento mantidas em conjunto, cuja declaração de rendimentos ou de informações dos titulares tenham sido apresentadas em separado, e não havendo comprovação da origem dos recursos nos termos deste artigo, o valor dos rendimentos ou receitas será imputado a cada titular mediante divisão entre o total dos rendimentos ou receitas pela quantidade de titulares. *(Parágrafo acrescido pela Lei nº 10.637, de 30/12/2002, produzindo efeitos a partir de 1/10/2002.)*

Seção V

Normas sobre o Lançamento de Tributos e Contribuições

Auto de Infração sem Tributo

PREÇO DE TRANSFERÊNCIA COMO NORMA DE AJUSTE DO IMPOSTO
SOBRE A RENDA

Art. 43. Poderá ser formalizada exigência de crédito tributário correspondente exclusivamente a multa ou a juros de mora, isolada ou conjuntamente.

Parágrafo único. Sobre o crédito constituído na forma deste artigo, não pago no respectivo vencimento, incidirão juros de mora, calculados à taxa a que se refere o § 3º do art. 5º, a partir do primeiro dia do mês subseqüente ao vencimento do prazo até o mês anterior ao do pagamento e de um por cento no mês de pagamento.

Multas de Lançamento de Ofício

Art. 44. Nos casos de lançamento de ofício, serão aplicadas as seguintes multas: *("Caput" do artigo com redação pela Lei nº 11.488, de 15/6/2007.)*

I - de 75% (setenta e cinco por cento) sobre a totalidade ou diferença de imposto ou contribuição nos casos de falta de pagamento ou recolhimento, de falta de declaração e nos de declaração inexata; *(Inciso com redação pela Lei nº 11.488, de 15/6/2007.)*

II - de 50% (cinqüenta por cento), exigida isoladamente, sobre o valor do pagamento mensal: *(Iinciso com redação pela Lei nº 11.488, de 15/6/2007.)*

a) na forma do art. 8º da Lei nº 7.713, de 22 de dezembro de 1988, que deixar de ser efetuado, ainda que não tenha sido apurado imposto a pagar na declaração de ajuste, no caso de pessoa física; *(Alínea acrescida pela Lei nº 11.488, de 15/6/2007.)*

b) na forma do art. 2º desta Lei, que deixar de ser efetuado, ainda que tenha sido apurado prejuízo fiscal ou base de cálculo negativa para a contribuição social sobre o lucro líquido, no ano-calendário correspondente, no caso de pessoa jurídica. *(Alínea acrescida pela Lei nº 11.488, de 15/6/2007.)*

301

§ 1º O percentual de multa de que trata o inciso I do *caput* deste artigo será duplicado nos casos previstos nos arts. 71, 72 e 73 da Lei nº 4.502, de 30 de novembro de 1964, independentemente de outras penalidades administrativas ou criminais cabíveis. *("Caput" do parágrafo com redação pela Lei nº 11.488, de 15/6/2007.)*

I - *(Inciso revogado pela Lei nº 11.488, de 15/6/2007.)*;

II - *(Inciso revogado pela Lei nº 11.488, de 15/6/2007.)*;

III- *(Inciso revogado pela Lei nº 11.488, de 15/6/2007.)*;

IV - *(Inciso revogado pela Lei nº 11.488, de 15/6/2007.)*;

V - *(Inciso revogado pela Lei nº 9.716, de 26/11/1998.)*.

§ 2º Os percentuais de multa a que se referem o inciso I do *caput* e o § 1º deste artigo serão aumentados de metade, nos casos de não atendimento pelo sujeito passivo, no prazo marcado, de intimação para:

I - prestar esclarecimentos;

II - apresentar os arquivos ou sistemas de que tratam os arts. 11 a 13 da Lei nº 8.218, de 29 de agosto de 1991;

III - apresentar a documentação técnica de que trata o art. 38 desta Lei. *(Parágrafo com redação pela Lei nº 11.488, de 15/6/2007.)*

§ 3º Aplicam-se às multas de que trata este artigo as reduções previstas no art. 6º da Lei nº 8.218, de 29 de agosto de 1991, e no art. 60 da Lei nº 8.383, de 30 de dezembro de 1991.

§ 4º As disposições deste artigo aplicam-se, inclusive, aos contribuintes que derem causa a ressarcimento indevido de tributo ou contribuição decorrente de qualquer incentivo ou benefício fiscal.

§ 5º Aplica-se também, no caso de que seja comprovadamente constatado dolo ou má-fé do contribuinte, a multa de que trata o inciso I do *caput* sobre:

PREÇO DE TRANSFERÊNCIA COMO NORMA DE AJUSTE DO IMPOSTO
SOBRE A RENDA

I - a parcela do imposto a restituir informado pelo contribuinte pessoa física, na Declaração de Ajuste Anual, que deixar de ser restituída por infração à legislação tributária; e

II - (VETADO). *(Parágrafo acrescido pela Lei nº 12.249, de 11/6/2010.)*

Art. 45. *(Revogado pela Lei nº 11.488, de 15/6/2007.)*

Art. 46. *(Revogado pela Lei nº 11.488, de 15/6/2007.)*

Seção VI

Aplicação de Acréscimos de Procedimento Espontâneo

Art. 47. A pessoa física ou jurídica submetida a ação fiscal por parte da Secretaria da Receita Federal poderá pagar, até o vigésimo dia subseqüente à data de recebimento do termo de inicio de fiscalização, os tributos e contribuições já declarados, de que for sujeito passivo como contribuinte ou responsável, com os acréscimos legais aplicáveis nos casos de procedimento espontâneo. *(Artigo com redação dada pela Lei nº 9.532, de 10/12/1997.)*

CAPÍTULO V

DISPOSIÇÕES GERAIS

Seção I

Processo Administrativo de Consulta

VIVIAN DE FREITAS E RODRIGUES DE OLIVEIRA

Art. 48. No âmbito da Secretaria da Receita Federal, os processos administrativos de consulta serão solucionados em instância única.

§ 1º A competência para solucionar a consulta ou declarar sua ineficácia, na forma disciplinada pela Secretaria da Receita Federal do Brasil, poderá ser atribuída:

I - a unidade central; ou

II - a unidade descentralizada. *(Parágrafo com redação dada pela Lei nº 12.788, de 14/1/2013.)*

§ 2º Os atos normativos expedidos pelas autoridades competentes serão observados quando da solução da consulta.

§ 3º Não cabe recurso nem pedido de reconsideração da solução da consulta ou do despacho que declarar sua ineficácia.

§ 4º As soluções das consultas serão publicadas pela imprensa oficial, na forma disposta em ato normativo emitido pela Secretaria da Receita Federal.

§ 5º Havendo diferença de conclusões entre soluções de consultas relativas a uma mesma matéria, fundada em idêntica norma jurídica, cabe recurso especial, sem efeito suspensivo, para o órgão de que trata o inciso I do § 1º.

§ 6º O recurso de que trata o parágrafo anterior pode ser interposto pelo destinatário da solução divergente, no prazo de trinta dias, contados da ciência da solução.

§ 7º Cabe a quem interpuser o recurso comprovar a existência das soluções divergentes sobre idênticas situações.

§ 8º O juízo de admissibilidade do recurso será realizado na forma disciplinada pela Secretaria da Receita Federal do Brasil. *(Parágrafo com redação dada pela Lei nº 12.788, de 14/1/2013.)*

§ 9º Qualquer servidor da administração tributária deverá, a qualquer tempo, formular representação ao

PREÇO DE TRANSFERÊNCIA COMO NORMA DE AJUSTE DO IMPOSTO
SOBRE A RENDA

órgão que houver proferido a decisão, encaminhando as soluções divergentes sobre a mesma matéria, de que tenha conhecimento.

§ 10. O sujeito passivo que tiver conhecimento de solução divergente daquela que esteja observando em decorrência de resposta a consulta anteriormente formulada, sobre idêntica matéria, poderá adotar o procedimento previsto no § 5º, no prazo de trinta dias contados da respectiva publicação.

§ 11. A solução da divergência acarretará, em qualquer hipótese, a edição de ato específico, uniformizando o entendimento, com imediata ciência ao destinatário da solução reformada, aplicando-se seus efeitos a partir da data da ciência.

§ 12. Se, após a resposta à consulta, a administração alterar o entendimento nela expresso, a nova orientação atingirá, apenas, os fatos geradores que ocorram após dado ciência ao consulente ou após a sua publicação pela imprensa oficial.

§ 13. A partir de 1º de janeiro de 1997, cessarão todos os efeitos decorrentes de consultas não solucionadas definitivamente, ficando assegurado aos consulentes, até 31 de janeiro de 1997:

I - a não instauração de procedimento de fiscalização em relação à matéria consultada;

II - a renovação da consulta anteriormente formulada, à qual serão aplicadas as normas previstas nesta Lei.

§ 14. A consulta poderá ser formulada por meio eletrônico, na forma disciplinada pela Secretaria da Receita Federal do Brasil. *(Parágrafo acrescido pela Lei nº 12.788, de 14/1/2013.)*

§ 15. O Poder Executivo regulamentará prazo para solução das consultas de que trata este artigo. *(Parágrafo acrescido pela Lei nº 12.788, de 14/1/2013.)*

VIVIAN DE FREITAS E RODRIGUES DE OLIVEIRA

Art. 49. Não se aplicam aos processos de consulta no âmbito da Secretaria da Receita Federal as disposições dos arts. 54 a 58 do Decreto nº 70.235, de 6 de março de 1972.

Art. 50. Aplicam-se aos processos de consulta relativos à classificação de mercadorias as disposições dos arts. 46 a 53 do Decreto nº 70.235, de 6 de março de 1972 e do art. 48 desta Lei.

§ 1º O órgão de que trata o inciso I do § 1º do art. 48 poderá alterar ou reformar, de ofício, as decisões proferidas nos processos relativos à classificação de mercadorias.

§ 2º Da alteração ou reforma mencionada no parágrafo anterior, deverá ser dada ciência ao consulente.

§ 3º Em relação aos atos praticados até a data da ciência ao consulente, nos casos de que trata o § 1º deste artigo, aplicam-se as conclusões da decisão proferida pelo órgão regional da Secretaria da Receita Federal.

§ 4º O envio de conclusões decorrentes de decisões proferidas em processos de consulta sobre classificação de mercadorias, para órgãos do Mercado Comum do Sul - MERCOSUL, será efetuado exclusivamente pelo órgão de que trata o inciso I do § 1º do art. 48.

Seção II

Normas sobre o Lucro Presumido e Arbitrado

Art. 51. Os juros de que trata o art. 9º da Lei nº 9.249, de 26 de dezembro de 1995, bem como os rendimentos e ganhos líquidos decorrentes de quaisquer operações financeiras, serão adicionados ao lucro presumido ou arbitrado, para efeito de determinação do imposto de renda devido.

PREÇO DE TRANSFERÊNCIA COMO NORMA DE AJUSTE DO IMPOSTO
SOBRE A RENDA

Parágrafo único. O imposto de renda incidente na fonte sobre os rendimentos de que trata este artigo será considerado como antecipação do devido na declaração de rendimentos.

Art. 52. Na apuração de ganho de capital de pessoa jurídica tributada pelo lucro presumido ou arbitrado, os valores acrescidos em virtude de reavaliação somente poderão ser computados como parte integrante dos custos de aquisição dos bens e direitos se a empresa comprovar que os valores acrescidos foram computados na determinação da base de cálculo do imposto de renda.

Art. 53. Os valores recuperados, correspondentes a custos e despesas, inclusive com perdas no recebimento de créditos, deverão ser adicionados ao lucro presumido ou arbitrado para determinação do imposto de renda, salvo se o contribuinte comprovar não os ter deduzido em período anterior no qual tenha se submetido ao regime de tributação com base no lucro real ou que se refiram a período no qual tenha se submetido ao regime de tributação com base no lucro presumido ou arbitrado.

Art. 54. A pessoa jurídica que, até o ano-calendário anterior, houver sido tributada com base no lucro real deverá adicionar à base de cálculo do imposto de renda, correspondente ao primeiro período de apuração no qual houver optado pela tributação com base no lucro presumido ou for tributada com base no lucro arbitrado, os saldos dos valores cuja tributação havia diferido, independentemente da necessidade de controle no livro de que trata o inciso I do *caput* do art. 8º do Decreto-Lei nº 1.598, de 26 de dezembro de 1977. *(Artigo com redação dada pela Medida Provisória nº 627, de 11/11/2013, convertida na Lei nº 12.973, de 13/5/2014, em vigor a partir de 1/1/2015.)*

Seção III

Normas Aplicáveis a Atividades Especiais

Sociedades Civis

Art. 55. As sociedades civis de prestação de serviços profissionais relativos ao exercício de profissão legalmente regulamentada de que trata o art. 1º do Decreto-Lei nº 2.397, de 21 de dezembro de 1987, passam, em relação aos resultados auferidos a partir de 1º de janeiro de 1997, a ser tributadas pelo imposto de renda de conformidade com as normas aplicáveis às demais pessoas jurídicas.

Art. 56. As sociedades civis de prestação de serviços de profissão legalmente regulamentada passam a contribuir para a seguridade social com base na receita bruta da prestação de serviços, observadas as normas da Lei Complementar nº 70, de 30 de dezembro de 1991.

Parágrafo único. Para efeito da incidência da contribuição de que trata este artigo, serão consideradas as receitas auferidas a partir do mês de abril de 1997.

Art. 56-A. A entidade privada de abrangência nacional e sem fins lucrativos, constituída pelo conjunto das cooperativas de crédito e dos bancos cooperativos, na forma da legislação e regulamentação próprias, destinada a administrar mecanismo de proteção a titulares de créditos contra essas instituições e a contribuir para a manutenção da estabilidade e a prevenção de insolvência e de outros riscos dessas instituições, é isenta do imposto de renda, inclusive do incidente sobre ganhos líquidos mensais e do retido na fonte sobre os rendimentos de aplicação financeira de renda fixa e de

PREÇO DE TRANSFERÊNCIA COMO NORMA DE AJUSTE DO IMPOSTO
SOBRE A RENDA

renda variável, bem como da contribuição social sobre o lucro líquido.

§ 1º Para efeito de gozo da isenção, a referida entidade deverá ter seu estatuto e seu regulamento aprovados pelo Conselho Monetário Nacional.

§ 2º Ficam autorizadas as transferências, para a entidade mencionada no *caput*, de recursos oriundos de recolhimentos realizados pelas cooperativas de crédito e bancos cooperativos, de forma direta ou indireta, ao Fundo Garantidor de Crédito de que trata o art. 4º da Lei nº 9.710, de 19 de novembro de 1998.

§ 3º As transferências dos recursos de que trata o § 2º não serão tributadas, nos termos deste artigo.

§ 4º Em caso de dissolução, por qualquer motivo, da entidade de que trata o *caput*, os recursos eventualmente devolvidos às associadas estarão sujeitos à tributação na instituição recebedora, na forma da legislação vigente.

§ 5º O disposto neste artigo entra em vigor no dia seguinte ao da aprovação pelo Conselho Monetário Nacional do estatuto e do regulamento da entidade de que trata o *caput*. *(Artigo acrescido pela Lei nº 12.873, de 24/10/2013.)*

Associações de Poupança e Empréstimo

Art. 57. As Associações de Poupança e Empréstimo pagarão o imposto de renda correspondente aos rendimentos e ganhos líquidos, auferidos em aplicações financeiras, à alíquota de quinze por cento, calculado sobre vinte e oito por cento do valor dos referidos rendimentos e ganhos líquidos.

Parágrafo único. O imposto incidente na forma deste artigo será considerado tributação definitiva.

Empresas de Factoring

Art. 58. Fica incluído no art. 36 da Lei nº 8.981, de 20 de janeiro de 1995, com as alterações da Lei nº 9.065, de 20 de junho de 1995, o seguinte inciso XV:

"Art. 36. ....
....

....
....

XV - que explorem as atividades de prestação cumulativa e contínua de serviços de assessoria creditícia, mercadológica, gestão de crédito, seleção e riscos, administração de contas a pagar e a receber, compras de direitos creditórios resultantes de vendas mercantis a prazo ou de prestação de serviços (*factoring*)."

Atividade Florestal

Art. 59. Considera-se, também, como atividade rural o cultivo de florestas que se destinem ao corte para comercialização, consumo ou industrialização.

Liquidação Extrajudicial e Falência

Art. 60. As entidades submetidas aos regimes de liquidação extrajudicial e de falência sujeitam-se às normas de incidência dos impostos e contribuições de competência da União

PREÇO DE TRANSFERÊNCIA COMO NORMA DE AJUSTE DO IMPOSTO
SOBRE A RENDA

aplicáveis às pessoas jurídicas, em relação às operações praticadas durante o período em que perdurarem os procedimentos para a realização de seu ativo e o pagamento do passivo.

Seção IV

Acréscimos Moratórios

Multas e Juros

Art. 61. Os débitos para com a União, decorrentes de tributos e contribuições administrados pela Secretaria da Receita Federal, cujos fatos geradores ocorrerem a partir de 1º de janeiro de 1997, não pagos nos prazos previstos na legislação específica, serão acrescidos de multa de mora, calculada à taxa de trinta e três centésimos por cento, por dia de atraso.

§ 1º A multa de que trata este artigo será calculada a partir do primeiro dia subseqüente ao do vencimento do prazo previsto para o pagamento do tributo ou da contribuição até o dia em que ocorrer o seu pagamento.

§ 2º O percentual de multa a ser aplicado fica limitado a vinte por cento.

§ 3º Sobre os débitos a que se refere este artigo incidirão juros de mora calculados à taxa a que se refere o § 3º do art. 5º, a partir do primeiro dia do mês subseqüente ao vencimento do prazo até o mês anterior ao do pagamento e de um por cento no mês de pagamento. *(Vide art. 4º da Lei nº 9.716, de 26/11/1998.)*

Pagamento em Quotas-Juros

Art. 62. Os juros a que se referem o inciso III do art. 14 e o art. 16, ambos da Lei nº 9.250, de 26 de dezembro de 1995, serão calculados à taxa a que se refere o § 3º do art. 5º, a partir do primeiro dia do mês subseqüente ao previsto para a entrega tempestiva da declaração de rendimentos.

Parágrafo único. As quotas do imposto sobre a propriedade territorial rural a que se refere a alínea c do parágrafo único do art. 14 da Lei nº 8.847, de 28 de janeiro de 1994, serão acrescidas de juros calculados à taxa a que se refere o § 3º do art. 5º, a partir do primeiro dia do mês subseqüente àquele em que o contribuinte for notificado até o último dia do mês anterior ao do pagamento e de um por cento no mês do pagamento.

Débitos com Exigibilidade Suspensa

Art. 63. Na constituição de crédito tributário destinada a prevenir a decadência, relativo a tributo de competência da União, cuja exigibilidade houver sido suspensa na forma dos incisos IV e V do art. 151 da Lei nº 5.172, de 25 de outubro de 1966, não caberá lançamento de multa de ofício. *("Caput" do artigo com redação dada pela Medida Provisória nº 2.158-35, de 24/8/2001.)*

§ 1º O disposto neste artigo aplica-se, exclusivamente, aos casos em que a suspensão da exigibilidade do débito tenha ocorrido antes do início de qualquer procedimento de ofício a ele relativo.

§ 2º A interposição da ação judicial favorecida com a medida liminar interrompe a incidência da multa de mora, desde a concessão da medida judicial, até 30 dias após a data

PREÇO DE TRANSFERÊNCIA COMO NORMA DE AJUSTE DO IMPOSTO
SOBRE A RENDA

da publicação da decisão judicial que considerar devido o tributo ou contribuição.

Seção V

Arrecadação de Tributos e Contribuições

Retenção de Tributos e Contribuições

Art. 64. Os pagamentos efetuados por órgãos, autarquias e fundações da administração pública federal a pessoas jurídicas, pelo fornecimento de bens ou prestação de serviços, estão sujeitos à incidência, na fonte, do imposto sobre a renda, da contribuição social sobre o lucro líquido, da contribuição para seguridade social - COFINS e da contribuição para o PIS/PASEP.

§ 1º A obrigação pela retenção é do órgão ou entidade que efetuar o pagamento.

§ 2º O valor retido, correspondente a cada tributo ou contribuição, será levado a crédito da respectiva conta de receita da União.

§ 3º O valor do imposto e das contribuições sociais retido será considerado como antecipação do que for devido pelo contribuinte em relação ao mesmo imposto e às mesmas contribuições.

§ 4º O valor retido correspondente ao imposto de renda e a cada contribuição social somente poderá ser compensado com o que for devido em relação à mesma espécie de imposto ou contribuição.

§ 5º O imposto de renda a ser retido será determinado mediante a aplicação da alíquota de quinze por cento sobre o resultado da multiplicação do valor a ser pago pelo percentual de que trata o art. 15 da Lei nº 9.249, de 26 de dezembro de 1995, aplicável à espécie de receita correspondente ao tipo de bem fornecido ou de serviço prestado.

§ 6º O valor da contribuição social sobre o lucro líquido, a ser retido, será determinado mediante a aplicação da alíquota de um por cento, sobre o montante a ser pago.

§ 7º O valor da contribuição para a seguridade social - COFINS, a ser retido, será determinado mediante a aplicação da alíquota respectiva sobre o montante a ser pago.

§ 8º O valor da contribuição para o PIS/PASEP, a ser retido, será determinado mediante a aplicação da alíquota respectiva sobre o montante a ser pago.

§ 9º Até 31 de dezembro de 2017, fica dispensada a retenção dos tributos na fonte de que trata o *caput* sobre os pagamentos efetuados por órgãos ou entidades da administração pública federal, mediante a utilização do Cartão de Pagamento do Governo Federal - CPGF, no caso de compra de passagens aéreas diretamente das companhias aéreas prestadoras de serviços de transporte aéreo. *(Parágrafo acrescido pela Medida Provisória nº 651, de 9/7/2014, com redação dada pela Lei nº 13.043, de 13/11/2014.)*

Art. 65. O Banco do Brasil S.A. deverá reter, no ato do pagamento ou crédito, a contribuição para o PIS/PASEP incidente nas transferências voluntárias da União para suas autarquias e fundações e para os Estados, Distrito Federal e Municípios, suas autarquias e fundações.

Art. 66. As cooperativas que se dedicam a vendas em comum, referidas no art. 82 da Lei nº 5.764, de 16 de dezembro de 1971, que recebam para comercialização a produção de suas associadas, são responsáveis pelo recolhimento da Contribuição para Financiamento da Seguridade Social - COFINS, instituída pela Lei Complementar nº 70, de 30 de dezembro de 1991 e da Contribuição para o Programa de Integração Social - PIS, criada pela Lei Complementar nº 7,

PREÇO DE TRANSFERÊNCIA COMO NORMA DE AJUSTE DO IMPOSTO
SOBRE A RENDA

de 7 de setembro de 1970, com suas posteriores modificações.

§ 1º O valor das contribuições recolhidas pelas cooperativas mencionadas no *caput* deste artigo, deverá ser por elas informado, individualizadamente, às suas filiadas, juntamente com o montante do faturamento relativo às vendas dos produtos de cada uma delas, com vistas a atender aos procedimentos contábeis exigidos pela legislação.

§ 2º O disposto neste artigo aplica-se a procedimento idêntico que, eventualmente, tenha sido anteriormente adotado pelas cooperativas centralizadoras de vendas, inclusive quanto ao recolhimento da Contribuição para o Fundo de Investimento Social - FINSOCIAL, criada pelo Decreto-Lei nº 1.940, de 25 de maio de 1982, com suas posteriores modificações.

§ 3º A Secretaria da Receita Federal poderá baixar as normas necessárias ao cumprimento e controle das disposições contidas neste artigo.

Dispensa de Retenção de Imposto de Renda

Art. 67. Fica dispensada a retenção de imposto de renda, de valor igual ou inferior a R$10,00 (dez reais), incidente na fonte sobre rendimentos que devam integrar a base de cálculo do imposto devido na declaração de ajuste anual.

Utilização de DARF

Art. 68. É vedada a utilização de Documento de Arrecadação de Receitas Federais para o pagamento de tributos e contribuições de valor inferior a R$10,00 (dez reais).

§ 1º O imposto ou contribuição administrado pela Secretaria da Receita Federal, arrecadado sob um determinado código de receita, que, no período de apuração, resultar inferior a R$10,00 (dez reais), deverá ser adicionado ao imposto ou contribuição de mesmo código, correspondente aos períodos subseqüentes, até que o total seja igual ou superior a R$10,00 (dez reais), quando, então, será pago ou recolhido no prazo estabelecido na legislação para este último período de apuração.

§ 2º O critério a que se refere o parágrafo anterior aplica-se, também, ao imposto sobre operações de crédito, câmbio e seguro e sobre operações relativas a títulos e valores mobiliários - IOF.

Art. 68-A. O Poder Executivo poderá elevar para até R$ 100,00 (cem reais) os limites e valores de que tratam os arts. 67 e 68 desta Lei, inclusive de forma diferenciada por tributo, regime de tributação ou de incidência, relativos à utilização do Documento de Arrecadação de Receitas Federais, podendo reduzir ou restabelecer os limites e valores que vier a fixar. *(Artigo acrescido pela Medida Provisória nº 449, de 3/12/2008, convertida na Lei nº 11.941, de 27/5/2009.)*

Imposto Retido na Fonte - Responsabilidade

Art. 69. É responsável pela retenção e recolhimento do imposto de renda na fonte, incidente sobre os rendimentos auferidos pelos fundos, sociedades de investimentos e carteiras de que trata o art. 81 da Lei nº 8.981, de 20 de janeiro de 1995, a pessoa jurídica que efetuar o pagamento dos rendimentos.

PREÇO DE TRANSFERÊNCIA COMO NORMA DE AJUSTE DO IMPOSTO
SOBRE A RENDA

Seção VI

Casos Especiais de Tributação

Multas por Rescisão de Contrato

Art. 70. A multa ou qualquer outra vantagem paga ou creditada por pessoa jurídica, ainda que a título de indenização, a beneficiária pessoa física ou jurídica, inclusive isenta, em virtude de rescisão de contrato, sujeitam-se à incidência do imposto de renda na fonte à alíquota de quinze por cento.

§ 1º A responsabilidade pela retenção e recolhimento do imposto de renda é da pessoa jurídica que efetuar o pagamento ou crédito da multa ou vantagem.

§ 2º O imposto será retido na data do pagamento ou crédito da multa ou vantagem. *(Parágrafo com redação dada pela Lei nº 11.196, de 21/11/2005.)*

§ 3º O valor da multa ou vantagem será:

I - computado na apuração da base de cálculo do imposto devido na declaração de ajuste anual da pessoa física;

II - computado como receita, na determinação do lucro real;

III - acrescido ao lucro presumido ou arbitrado, para determinação da base de cálculo do imposto devido pela pessoa jurídica.

§ 4º O imposto retido na fonte, na forma deste artigo, será considerado como antecipação do devido em cada período de apuração, nas hipóteses referidas no parágrafo anterior, ou como tributação definitiva, no caso de pessoa jurídica isenta.

§ 5º O disposto neste artigo não se aplica às indenizações pagas ou creditadas em conformidade com a legislação trabalhista e àquelas destinadas a reparar danos patrimoniais.

317

Ganhos em Mercado de Balcão

Art. 71. Sem prejuízo do disposto no art. 74 da Lei nº 8.981, de 20 de janeiro de 1995, os ganhos auferidos por qualquer beneficiário, inclusive pessoa jurídica isenta, nas demais operações realizadas em mercados de liquidação futura, fora de bolsa, serão tributados de acordo com as normas aplicáveis aos ganhos líquidos auferidos em operações de natureza semelhante realizadas em bolsa.

§ 1º Não se aplica aos ganhos auferidos nas operações de que trata este artigo o disposto no § 1º do art. 81 da Lei nº 8.981, de 20 de janeiro de 1995.

§ 2º Somente será admitido o reconhecimento de perdas nas operações registradas nos termos da legislação vigente. *(Parágrafo com redação dada pela Lei nº 10.833, de 29/12/2003.)*

Remuneração de Direitos

Art. 72. Estão sujeitas à incidência do imposto na fonte, à alíquota de quinze por cento, as importâncias pagas, creditadas, entregues, empregadas ou remetidas para o exterior pela aquisição ou pela remuneração, a qualquer título, de qualquer forma de direito, inclusive à transmissão, por meio de rádio ou televisão ou por qualquer outro meio, de quaisquer filmes ou eventos, mesmo os de competições desportivas das quais faça parte representação brasileira.

PREÇO DE TRANSFERÊNCIA COMO NORMA DE AJUSTE DO IMPOSTO
SOBRE A RENDA

Seção VII

Restituição e Compensação de Tributos e Contribuições

Art. 73. A restituição e o ressarcimento de tributos administrados pela Secretaria da Receita Federal do Brasil ou a restituição de pagamentos efetuados mediante DARF e GPS cuja receita não seja administrada pela Secretaria da Receita Federal do Brasil será efetuada depois de verificada a ausência de débitos em nome do sujeito passivo credor perante a Fazenda Nacional. *("Caput" do artigo com redação dada pela Lei nº 12.844, de 19/7/2013.)*

I - *(Revogado pela Lei 12.844, de 19/7/2013.)*;

II - *(Revogado pela Lei 12.844, de 19/7/2013.)*

Parágrafo único. Existindo débitos, não parcelados ou parcelados sem garantia, inclusive inscritos em Dívida Ativa da União, os créditos serão utilizados para quitação desses débitos, observado o seguinte:

I - o valor bruto da restituição ou do ressarcimento será debitado à conta do tributo a que se referir;

II - a parcela utilizada para a quitação de débitos do contribuinte ou responsável será creditada à conta do respectivo tributo. *(Parágrafo único acrescido pela Lei nº 12.844, de 19/7/2013.)*

Art. 74. O sujeito passivo que apurar crédito, inclusive os judiciais com trânsito em julgado, relativo a tributo ou contribuição administrado pela Secretaria da Receita Federal, passível de restituição ou de ressarcimento, poderá utilizá-lo na compensação de débitos próprios relativos a quaisquer tributos e contribuições administrados por aquele Órgão. *("Caput" do artigo com redação dada pela Lei nº 10.637, de 30/12/2002, produzindo efeitos a partir de 1/10/2002.)*

319

VIVIAN DE FREITAS E RODRIGUES DE OLIVEIRA

§ 1º A compensação de que trata o *caput* será efetuada mediante a entrega, pelo sujeito passivo, de declaração na qual constarão informações relativas aos créditos utilizados e aos respectivos débitos compensados. *(Parágrafo acrescido pela Lei nº 10.637, de 30/12/2002, produzindo efeitos a partir de 1/10/2002.)*

§ 2º A compensação declarada à Secretaria da Receita Federal extingue o crédito tributário, sob condição resolutória de sua ulterior homologação. *(Parágrafo acrescido pela Lei nº 10.637, de 30/12/2002, produzindo efeitos a partir de 1/10/2002.)*

§ 3º Além das hipóteses previstas nas leis específicas de cada tributo ou contribuição, não poderão ser objeto de compensação mediante entrega, pelo sujeito passivo, da declaração referida no § 1º: *(Parágrafo acrescido pela Lei nº 10.637, de 30/12/2002 e "caput" do parágrafo com redação dada pela Lei nº 10.833, de 29/12/2003.)*

I - o saldo a restituir apurado na Declaração de Ajuste Anual do Imposto de Renda da Pessoa Física; *(Inciso acrescido pela Lei nº 10.637, de 30/12/2002, produzindo efeitos a partir de 1/10/2002.)*

II - os débitos relativos a tributos e contribuições devidos no registro da Declaração de Importação. *(Inciso acrescido pela Lei nº 10.637, de 30/12/2002, produzindo efeitos a partir de 1/10/2002.)*

III - os débitos relativos a tributos e contribuições administrados pela Secretaria da Receita Federal que já tenham sido encaminhados à Procuradoria-Geral da Fazenda Nacional para inscrição em Dívida Ativa da União; *(Inciso acrescido pela Lei nº 10.833, de 29/12/2003.)*

IV - o débito consolidado em qualquer modalidade de parcelamento concedido pela Secretaria da Receita Federal - SRF; *(Inciso acrescido pela Lei nº 10.833, de 29/12/2003 e com nova redação dada pela Lei nº 11.051, de 29/12/2004.)*

320

PREÇO DE TRANSFERÊNCIA COMO NORMA DE AJUSTE DO IMPOSTO
SOBRE A RENDA

V - o débito que já tenha sido objeto de compensação não homologada, ainda que a compensação se encontre pendente de decisão definitiva na esfera administrativa; e *(Inciso acrescido pela Lei nº 10.833, de 29/12/2003 e com nova redação dada pela Lei nº 11.051, de 29/12/2004.)*

VI - o valor objeto de pedido de restituição ou de ressarcimento já indeferido pela autoridade competente da Secretaria da Receita Federal - SRF, ainda que o pedido se encontre pendente de decisão definitiva na esfera administrativa. *(Inciso acrescido pela Lei nº 11.051, de 29/12/2004.)*

§ 4º Os pedidos de compensação pendentes de apreciação pela autoridade administrativa serão considerados declaração de compensação, desde o seu protocolo, para os efeitos previstos neste artigo. *(Parágrafo acrescido pela Lei nº 10.637, de 30/12/2002, produzindo efeitos a partir de 1/10/2002.)*

§ 5º O prazo para homologação da compensação declarada pelo sujeito passivo será de 5 (cinco) anos, contado da data da entrega da declaração de compensação. *(Parágrafo acrescido pela Lei nº 10.637, de 30/12/2002 e com nova redação dada pela Lei nº 10.833, de 29/12/2003.)*

§ 6º A declaração de compensação constitui confissão de dívida e instrumento hábil e suficiente para a exigência dos débitos indevidamente compensados. *(Parágrafo acrescido pela Lei nº 10.833, de 29/12/2003.)*

§ 7º Não homologada a compensação, a autoridade administrativa deverá cientificar o sujeito passivo e intimá-lo a efetuar, no prazo de 30 (trinta) dias, contado da ciência do ato que não a homologou, o pagamento dos débitos indevidamente compensados. *(Parágrafo acrescido pela Lei nº 10.833, de 29/12/2003.)*

§ 8º Não efetuado o pagamento no prazo previsto no § 7º, o débito será encaminhado à Procuradoria-Geral da Fazenda Nacional para inscrição em Dívida Ativa da União, ressalvado o disposto no § 9º. *(Parágrafo acrescido pela Lei nº 10.833, de*

29/12/2003.)

§ 9º É facultado ao sujeito passivo, no prazo referido no § 7º, apresentar manifestação de inconformidade contra a não-homologação da compensação. *(Parágrafo acrescido pela Lei nº 10.833, de 29/12/2003.)*

§ 10. Da decisão que julgar improcedente a manifestação de inconformidade caberá recurso ao Conselho de Contribuintes. *(Parágrafo acrescido pela Lei nº 10.833, de 29/12/2003.)*

§ 11. A manifestação de inconformidade e o recurso de que tratam os §§ 9º e 10 obedecerão ao rito processual do Decreto nº 70.235, de 6 de março de 1972, e enquadram-se no disposto no inciso III do art. 151 da Lei nº 5.172, de 25 de outubro de 1966 - Código Tributário Nacional, relativamente ao débito objeto da compensação. *(Parágrafo acrescido pela Lei nº 10.833, de 29/12/2003.)*

§ 12. Será considerada não declarada a compensação nas hipóteses: *(Parágrafo acrescido pela Lei nº 10.833, de 29/12/2003 e "caput" com nova redação dada pela Lei nº 11.051, de 29/12/2004.)*ÿÿÿÿ/Cz7

I - previstas no § 3º deste artigo; *(Inciso acrescido pela Lei nº 11.051, de 29/12/2004.)*

II - em que o crédito: *("Caput" do inciso acrescido pela Lei nº 11.051, de 29/12/2004.)*

a) seja de terceiros; *(Alínea acrescida pela Lei nº 11.051, de 29/12/2004.)*

b) refira-se a "crédito-prêmio" instituído pelo art. 1º do Decreto-Lei nº 491, de 5 de março de 1969; *(Alínea acrescida pela Lei nº 11.051, de 29/12/2004.)*

c) refira-se a título público; *(Alínea acrescida pela Lei nº 11.051, de 29/12/2004.)*

d) seja decorrente de decisão judicial não transitada em julgado; ou *(Alínea acrescida pela Lei nº 11.051, de 29/12/2004.)*

PREÇO DE TRANSFERÊNCIA COMO NORMA DE AJUSTE DO IMPOSTO
SOBRE A RENDA

e) não se refira a tributos e contribuições administrados pela Secretaria da Receita Federal - SRF; *(Alínea acrescida pela Lei nº 11.051, de 29/12/2004.)*

f) tiver como fundamento a alegação de inconstitucionalidade de lei, exceto nos casos em que a lei:

1 - tenha sido declarada inconstitucional pelo Supremo Tribunal Federal em ação direta de inconstitucionalidade ou em ação declaratória de constitucionalidade;

2 - tenha tido sua execução suspensa pelo Senado Federal;

3 - tenha sido julgada inconstitucional em sentença judicial transitada em julgado a favor do contribuinte; ou

4 - seja objeto de súmula vinculante aprovada pelo Supremo Tribunal Federal nos termos do art. 103-A da Constituição Federal. *(Alínea acrescida pela Medida Provisória nº 449, de 3/12/2008, convertida na Lei nº 11.941, de 27/5/2009.)*

§ 13. O disposto nos §§ 2º e 5º a 11 deste artigo não se aplica às hipóteses previstas no § 12 deste artigo. *(Parágrafo acrescido pela Lei nº 11.051, de 29/12/2004.)*

§ 14. A Secretaria da Receita Federal - SRF disciplinará o disposto neste artigo, inclusive quanto à fixação de critérios de prioridade para apreciação de processos de restituição, de ressarcimento e de compensação. *(Parágrafo acrescido pela Lei nº 11.051, de 29/12/2004.)*

§ 15. *(Revogado pela Medida Provisória nº 668, de 30/1/2015.)*

§ 16. *(Revogado pela Medida Provisória nº 668, de 30/1/2015.)*

§ 17. Será aplicada multa isolada de 50% (cinquenta por cento) sobre o valor do débito objeto de declaração de compensação não homologada, salvo no caso de falsidade da declaração apresentada pelo sujeito passivo. *(Parágrafo acrescido pela Lei nº 12.249, de 11/6/2010, com redação dada pela Medida Provisória nº 656, de 7/10/2014 e convertida na Lei nº 13.097, de 19/1/2015.)*

VIVIAN DE FREITAS E RODRIGUES DE OLIVEIRA

§ 18. No caso de apresentação de manifestação de inconformidade contra a não homologação da compensação, fica suspensa a exigibilidade da multa de ofício de que trata o § 17, ainda que não impugnada essa exigência, enquadrando-se no disposto no inciso III do art. 151 da Lei nº 5.172, de 25 de outubro de 1966 - Código Tributário Nacional. *(Parágrafo acrescido pela Lei nº 12.844, de 19/7/2013.)*

Seção VIII

UFIR

Art. 75. A partir de 1º de janeiro de 1997, a atualização do valor da Unidade Fiscal de Referência - UFIR, de que trata o art. 1º da Lei nº 8.383, de 30 de dezembro de 1991, com as alterações posteriores, será efetuada por períodos anuais, em 1º de janeiro.

Parágrafo único. No âmbito da legislação tributária federal, a UFIR será utilizada exclusivamente para a atualização dos créditos tributários da União, objeto de parcelamento concedido até 31 de dezembro de 1994.

Seção IX

Competências dos Conselhos de Contribuintes

Art. 76. Fica o Poder Executivo autorizado a alterar as competências relativas às matérias objeto de julgamento pelos Conselhos de Contribuintes do Ministério da Fazenda.

PREÇO DE TRANSFERÊNCIA COMO NORMA DE AJUSTE DO IMPOSTO
SOBRE A RENDA

Seção X

Dispositivo Declarado Inconstitucional

Art. 77. Fica o Poder Executivo autorizado a disciplinar as hipóteses em que a administração tributária federal, relativamente aos créditos tributários baseados em dispositivo declarado inconstitucional por decisão definitiva do Supremo Tribunal Federal, possa:

I - abster-se de constituí-los;

II - retificar o seu valor ou declará-los extintos, de ofício, quando houverem sido constituídos anteriormente, ainda que inscritos em dívida ativa;

III - formular desistência de ações de execução fiscal já ajuizadas, bem como deixar de interpor recursos de decisões judiciais.

Seção XI

Juros sobre o Capital Próprio

Art. 78. O § 1º do art. 9º da Lei nº 9.249, de 26 de dezembro de 1995, passa a vigorar com a seguinte redação:

"Art. 9º ....
....

§ 1º O efetivo pagamento ou crédito dos juros fica condicionado à existência de lucros, computados antes da dedução dos juros, ou de lucros acumulados e reservas de lucros, em montante igual ou superior ao valor de duas vezes os juros a serem pagos ou creditados.

....

......................."

Seção XII
Admissão Temporária

Art. 79. Os bens admitidos temporariamente no País, para utilização econômica, ficam sujeitos ao pagamento dos impostos incidentes na importação proporcionalmente ao tempo de sua permanência em território nacional, nos termos e condições estabelecidos em regulamento.

Parágrafo único. O Poder Executivo poderá excepcionar, em caráter temporário, a aplicação do disposto neste artigo em relação a determinados bens. *(Parágrafo único acrescido pela Medida Provisória nº 2.189-49, de 23/8/2001.)*

CAPÍTULO VI
DISPOSIÇÕES FINAIS

Empresa Inidônea

Art. 80. As pessoas jurídicas que, estando obrigadas, deixarem de apresentar declarações e demonstrativos por 5 (cinco) ou mais exercícios poderão ter sua inscrição no Cadastro Nacional da Pessoa Jurídica - CNPJ baixada, nos termos e condições definidos pela Secretaria da Receita Federal do Brasil, se, intimadas por edital, não regularizarem sua situação no prazo de 60 (sessenta) dias, contado da data da publicação da

PREÇO DE TRANSFERÊNCIA COMO NORMA DE AJUSTE DO IMPOSTO SOBRE A RENDA

intimação. *("Caput" do artigo com redação dada pela Lei nº 11.941, de 27/5/2009.)*

§ 1º Poderão ainda ter a inscrição no CNPJ baixada, nos termos e condições definidos pela Secretaria da Receita Federal do Brasil, as pessoas jurídicas:

I - que não existam de fato; ou

II - que, declaradas inaptas, nos termos do art. 81 desta Lei, não tenham regularizado sua situação nos 5 (cinco) exercícios subsequentes. *(Parágrafo com redação dada pela Lei nº 11.941, de 27/5/2009.)*

§ 2º No edital de intimação, que será publicado no Diário Oficial da União, as pessoas jurídicas serão identificadas pelos respectivos números de inscrição no CNPJ. *(Parágrafo com redação dada pela Lei nº 11.941, de 27/5/2009.)*

§ 3º Decorridos 90 (noventa) dias da publicação do edital de intimação, a Secretaria da Receita Federal do Brasil publicará no Diário Oficial da União a relação de CNPJ das pessoas jurídicas que houverem regularizado sua situação, tornando-se automaticamente baixadas, nessa data, as inscrições das pessoas jurídicas que não tenham providenciado a regularização. *(Parágrafo com redação dada pela Lei nº 11.941, de 27/5/2009.)*

§ 4º A Secretaria da Receita Federal do Brasil manterá, para consulta, em seu sítio na internet, informação sobre a situação cadastral das pessoas jurídicas inscritas no CNPJ. *(Parágrafo acrescido pela Medida Provisória nº 449, de 3/12/2008, convertida na Lei nº 11.941, de 27/5/2009.)*

Art. 80-A. Poderão ter sua inscrição no CNPJ baixada, nos termos e condições definidos pela Secretaria da Receita Federal do Brasil, as pessoas jurídicas que estejam extintas, canceladas ou baixadas nos respectivos órgãos de registro. *(Artigo acrescido pela Medida Provisória nº 449, de 3/12/2008, convertida na Lei nº 11.941, de 27/5/2009.)*

Art. 80-B. O ato de baixa da inscrição no CNPJ não impede que, posteriormente, sejam lançados ou cobrados os débitos de natureza tributária da pessoa jurídica. *(Artigo acrescido pela Medida Provisória nº 449, de 3/12/2008, convertida na Lei nº 11.941, de 27/5/2009.)*

Art. 80-C. Mediante solicitação da pessoa jurídica, poderá ser restabelecida a inscrição no CNPJ, observados os termos e condições definidos pela Secretaria da Receita Federal do Brasil. *(Artigo acrescido pela Medida Provisória nº 449, de 3/12/2008, convertida na Lei nº 11.941, de 27/5/2009.)*

Art. 81. Poderá ser declarada inapta, nos termos e condições definidos pela Secretaria da Receita Federal do Brasil, a inscrição no CNPJ da pessoa jurídica que, estando obrigada, deixar de apresentar declarações e demonstrativos em 2 (dois) exercícios consecutivos. *("Caput" do artigo com redação dada pela Lei nº 11.941, de 27/5/2009.)*

§ 1º Será também declarada inapta a inscrição da pessoa jurídica que não comprove a origem, a disponibilidade e a efetiva transferência, se for o caso, dos recursos empregados em operações de comércio exterior. *(Parágrafo acrescido pela Lei nº 10.637, de 30/12/2002, produzindo efeitos a partir de 1/10/2002.)*

§ 2º Para fins do disposto no § 1º, a comprovação da origem de recursos provenientes do exterior dar-se-á mediante, cumulativamente:

I - prova do regular fechamento da operação de câmbio, inclusive com a identificação da instituição financeira no exterior encarregada da remessa dos recursos para o País;

II - identificação do remetente dos recursos, assim entendido como a pessoa física ou jurídica titular dos

PREÇO DE TRANSFERÊNCIA COMO NORMA DE AJUSTE DO IMPOSTO
SOBRE A RENDA

recursos remetidos. *(Parágrafo acrescido pela Lei nº 10.637, de 30/12/2002, produzindo efeitos a partir de 1/10/2002.)*

§ 3º No caso de o remetente referido no inciso II do § 2º ser pessoa jurídica deverão ser também identificados os integrantes de seus quadros societário e gerencial. *(Parágrafo acrescido pela Lei nº 10.637, de 30/12/2002, produzindo efeitos a partir de 1/10/2002.)*

§ 4º O disposto nos §§ 2º e 3º aplica-se, também, na hipótese de que trata o § 2º do art. 23 do Decreto-Lei nº 1.455, de 7 de abril de 1976. *(Parágrafo acrescido pela Lei nº 10.637, de 30/12/2002, produzindo efeitos a partir de 1/10/2002.)*

§ 5º Poderá também ser declarada inapta a inscrição no CNPJ da pessoa jurídica que não for localizada no endereço informado ao CNPJ, nos termos e condições definidos pela Secretaria da Receita Federal do Brasil. *(Parágrafo acrescido pela Medida Provisória nº 449, de 3/12/2008, convertida na Lei nº 11.941, de 27/5/2009.)*

Art. 82. Além das demais hipóteses de inidoneidade de documentos previstos na legislação, não produzirá efeitos tributários em favor de terceiros interessados, o documento emitido por pessoa jurídica cuja inscrição no Cadastro Geral de Contribuintes tenha sido considerada ou declarada inapta.

Parágrafo único. O disposto neste artigo não se aplica aos casos em que o adquirente de bens, direitos e mercadorias ou o tomador de serviços comprovarem a efetivação do pagamento do preço respectivo e o recebimento dos bens, direitos e mercadorias ou utilização dos serviços.

Crime Contra a Ordem Tributária

Art. 83. A representação fiscal para fins penais relativa aos crimes contra a ordem tributária previstos nos arts. 1º e

VIVIAN DE FREITAS E RODRIGUES DE OLIVEIRA

2º da Lei nº 8.137, de 27 de dezembro de 1990, e aos crimes contra a Previdência Social, previstos nos arts. 168-A e 337-A do Decreto- Lei nº 2.848, de 7 de dezembro de 1940 (Código Penal), será encaminhada ao Ministério Público depois de proferida a decisão final, na esfera administrativa, sobre a exigência fiscal do crédito tributário correspondente. *("Caput" do artigo com redação dada pela Lei nº 12.350, de 20/12/2010.)*

§ 1º Na hipótese de concessão de parcelamento do crédito tributário, a representação fiscal para fins penais somente será encaminhada ao Ministério Público após a exclusão da pessoa física ou jurídica do parcelamento. *(Parágrafo acrescido pela Lei nº 12.382, de 25/2/2011.)*

§ 2º É suspensa a pretensão punitiva do Estado referente aos crimes previstos no *caput*, durante o período em que a pessoa física ou a pessoa jurídica relacionada com o agente dos aludidos crimes estiver incluída no parcelamento, desde que o pedido de parcelamento tenha sido formalizado antes do recebimento da denúncia criminal. *(Parágrafo acrescido pela Lei nº 12.382, de 25/2/2011.)*

§ 3º A prescrição criminal não corre durante o período de suspensão da pretensão punitiva. *(Parágrafo acrescido pela Lei nº 12.382, de 25/2/2011.)*

§ 4º Extingue-se a punibilidade dos crimes referidos no *caput* quando a pessoa física ou a pessoa jurídica relacionada com o agente efetuar o pagamento integral dos débitos oriundos de tributos, inclusive acessórios, que tiverem sido objeto de concessão de parcelamento. *(Parágrafo acrescido pela Lei nº 12.382, de 25/2/2011.)*

§ 5º O disposto nos §§ 1º a 4º não se aplica nas hipóteses de vedação legal de parcelamento. *(Parágrafo acrescido pela Lei nº 12.382, de 25/2/2011.)*

§ 6º As disposições contidas no *caput* do art. 34 da Lei nº 9.249, de 26 de dezembro de 1995, aplicam-se aos processos administrativos e aos inquéritos e processos em curso, desde

PREÇO DE TRANSFERÊNCIA COMO NORMA DE AJUSTE DO IMPOSTO
SOBRE A RENDA

que não recebida a denúncia pelo juiz. *(Primitivo parágrafo único renumerado pela Lei nº 12.382, de 25/2/2011.)*

Art. 84. Nos casos de incorporação, fusão ou cisão de empresa incluída no Programa Nacional de Desestatização, bem como nos programas de desestatização das Unidades Federadas e dos Municípios, não ocorrerá a realização do lucro inflacionário acumulado relativamente à parcela do ativo sujeito a correção monetária até 31 de dezembro de 1995, que houver sido vertida.

§ 1º O lucro inflacionário acumulado da empresa sucedida, correspondente aos ativos vertidos sujeitos a correção monetária até 31 de dezembro de 1995, será integralmente transferido para a sucessora, nos casos de incorporação e fusão.

§ 2º No caso de cisão, o lucro inflacionário acumulado será transferido, para a pessoa jurídica que absorver o patrimônio da empresa cindida, na proporção das contas do ativo, sujeitas a correção monetária até 31 de dezembro de 1995, que houverem sido vertidas.

§ 3º O lucro inflacionário transferido na forma deste artigo será realizado e submetido a tributação, na pessoa jurídica sucessora, com observância do disposto na legislação vigente.

Fretes Internacionais

Art. 85. Ficam sujeitos ao imposto de renda na fonte, à alíquota de quinze por cento, os rendimentos recebidos por companhias de navegação aérea e marítima, domiciliadas no exterior, de pessoas físicas ou jurídicas residentes ou domiciliadas no Brasil.

Parágrafo único. O imposto de que trata este artigo não será exigido das companhias aéreas e marítimas domiciliadas em países que não tributam, em decorrência da legislação interna ou de acordos internacionais, os rendimentos auferidos por empresas brasileiras que exercem o mesmo tipo de atividade.

Art. 86. Nos casos de pagamento de contraprestação de arrendamento mercantil, do tipo financeiro, a beneficiária pessoa jurídica domiciliada no exterior, a Secretaria da Receita Federal expedirá normas para excluir da base de cálculo do imposto de renda incidente na fonte a parcela remetida que corresponder ao valor do bem arrendado.

Vigência

Art. 87. Esta Lei entra em vigor na data da sua publicação, produzindo efeitos financeiros a partir de 1º de janeiro de 1997.

Revogação

Art. 88. Revogam-se:

I - o § 2º do art. 97 do Decreto-Lei nº 5.844, de 23 de setembro de 1943, o Decreto-Lei nº 7.885, de 21 de agosto de 1945, o art. 46 da Lei nº 4.862, de 29 de novembro de 1965 e o art. 56 da Lei nº 7.713, de 22 de dezembro de 1988;

II - o Decreto-Lei nº 165, de 13 de fevereiro de 1967;

III - o § 3º do art. 21 do Decreto-Lei nº 401, de 30 de dezembro de 1968;

IV - o Decreto-Lei nº 716, de 30 de julho de 1969;

V - o Decreto-Lei nº 815, de 4 de setembro de 1969, o Decreto-Lei nº 1.139, de 21 de dezembro de 1970, o art. 87 da Lei nº 7.450, de 23 de dezembro de 1985 e os arts. 11 e 12 do Decreto-Lei nº 2.303, de 21 de novembro de 1986;

VI - o art. 3º do Decreto-Lei nº 1.118, de 10 de agosto de

PREÇO DE TRANSFERÊNCIA COMO NORMA DE AJUSTE DO IMPOSTO
SOBRE A RENDA

1970, o art. 6º do Decreto-Lei nº 1.189, de 24 de setembro de 1971 e o inciso IX do art. 1º da Lei nº 8.402, de 8 de janeiro de 1992;

VII - o art. 9º do Decreto-Lei nº 1.351, de 24 de outubro de 1974, o Decreto-Lei nº 1.411, de 31 de julho de 1975 e o Decreto-Lei nº 1.725, de 7 de dezembro de 1979;

VIII - o art. 9º do Decreto-Lei nº 1.633, de 9 de agosto de 1978;

IX - o número 4 da alínea b do § 1º do art. 35 do Decreto-Lei nº 1.598, de 26 de dezembro de 1977, com a redação dada pelo inciso VI do art. 1º do Decreto-Lei nº 1.730, de 17 de dezembro de 1979;

X - o Decreto-Lei nº 1.811, de 27 de outubro de 1980, e o art. 3º da Lei nº 7.132, de 26 de outubro de 1983;

XI - o art. 7º do Decreto-Lei nº 1.814, de 28 de novembro de 1980;

XII - o Decreto-Lei nº 2.227, de 16 de janeiro de 1985;

XIII - os arts. 29 e 30 do Decreto-Lei nº 2.341, de 29 de junho de 1987;

XIV - os arts. 1º e 2º do Decreto-Lei nº 2.397, de 21 de dezembro de 1987;

XV - o art. 8º do Decreto-Lei nº 2.429, de 14 de abril de 1988;

XVI – *(Revogado pela Lei nº 11.508, de 20/7/2007.)*

XVII - o art. 40 da Lei nº 7.799, de 10 de julho de 1989;

XVIII - o § 5º do art. 6º da Lei nº 8.021, de 1990;

XIX - o art. 22 da Lei nº 8.218, de 29 de agosto de 1991;

XX - o art. 92 da Lei nº 8.383, de 30 de dezembro de 1991;

XXI - o art. 6º da Lei nº 8.661, de 2 de junho de 1993;

XXII - o art. 1º da Lei nº 8.696, de 26 de agosto de 1993;

VIVIAN DE FREITAS E RODRIGUES DE OLIVEIRA

XXIII - o parágrafo único do art. 3º da Lei nº 8.846, de 21 de janeiro de 1994;

XXIV - o art. 33, o § 4º do art. 37 e os arts. 38, 50, 52 e 53, o § 1º do art. 82 e art. 98, todos da Lei nº 8.981, de 20 de janeiro de 1995;

XXV - o art. 89 da Lei nº 8.981, de 20 de janeiro de 1995, com a redação dada pela Lei nº 9.065, de 20 de junho de 1995;

XXVI - os §§ 4º, 9º e 10 do art. 9º, o § 2º do art. 11, e o § 3º do art. 24, todos da Lei nº 9.249, de 26 de dezembro de 1995;

XXVII - a partir de 1º de abril de 1997, o art. 40 da Lei nº 8.981, de 1995, com as alterações introduzidas pela Lei nº 9.065, de 20 de junho de 1995.

Brasília, 27 de dezembro de 1996; 175º da Independência e 108º da República.

FERNANDO HENRIQUE CARDOSO

Pedro Malan

REFERÊNCIAS BIBLIOGRÁFICAS

ALVES, Alaôr Caffé. *Lógica*: pensamento formal e argumentação – elementos para o discurso jurídico. São Paulo: Edipro, 2000.

ARRUDA ALVIM. *Manual de direito processual civil*. São Paulo: Revista dos Tribunais, 2000.

AMARAL, Gilberto Luiz do. A aplicação da norma geral antielisão no Brasil. In: *Planejamento tributário & a norma geral antielisão*. Curitiba: Juruá, 2002.

AMARO, Luciano. *Direito tributário brasileiro*. São Paulo: Saraiva, 2008.

ANDRADE FILHO, Edmar Oliveira. *Planejamento tributário*. São Paulo: Saraiva Jurídico, 2009.

ARRAIS, Patrícia de Aragão. *Fundamentos jurídicos do planejamento tributário*. 2010. Dissertação (Mestrado em Direito) – Pontifícia Universidade Católica de São Paulo. São Paulo, 2010.

ATALIBA, Geraldo. *Elementos do direito tributário*. São Paulo: Revista dos Tribunais, 1978.

_____. *Hipótese de incidência tributária*. 6. ed. São Paulo: Malheiros, 2007.

_____. *Sistema constitucional tributário brasileiro*. São Paulo: Revista dos Tribunais, 1968.

BALEEIRO, Aliomar. *Direito tributário brasileiro*. Rio de Janeiro: Forense, 2007.

BARRETO, Aires F. *Base de cálculo, alíquota e princípios constitucionais*. São Paulo: Max Limonad, 1998.

BARRETO, Paulo Ayres. *Imposto sobre a renda e preços de transferência*. São Paulo: Dialética, 2001.

_____. Preços de transferência. *Revista de Direito Tributário*, v. 81, p. 132-136, 2001.

BECKER, Alfredo Augusto. *Teoria geral do direito tributário*. 4. ed. São Paulo: Noeses, 2007.

BITENCOURT, Cezar Roberto. *Manual de direito penal*: parte geral. São Paulo: Revista dos Tribunais, 1997.

CANTO, Gilberto de Ulhôa. Elisão e evasão fiscal. *Caderno de Pesquisas Tributárias*, São Paulo: Resenha Tributária, n. 13, 1988.

CARRAZZA, Roque Antonio. *Curso de direito constitucional tributário*. 24. ed. rev. ampl. e atual. até a Emenda Constitucional n. 56/2007. São Paulo: Malheiros, 2008.

_____. *Imposto sobre a renda*: perfil constitucional e temas específicos. 4. ed. São Paulo: Malheiros, 2010.

CARVALHO, Aurora Tomazini de. *Curso de teoria geral do direito*: o constructivismo lógico-semântico. 2. ed. São Paulo: Noeses, 2011.

CARVALHO, Cristiano. *Ficções jurídicas no direito tributário*. São Paulo: Noeses, 2008.

CARVALHO, Paulo de Barros. A prova no procedimento administrativo tributário. *Revista Dialética de Direito Tributário*, São Paulo, n. 34, p. 104-116, jul. 1998.

_____. *Apostila de filosofia do direito I*: lógica jurídica. São Paulo: PUC-SP, 2007.

_____. *Curso de direito tributário*. 19. ed. São Paulo: Saraiva, 2008.

PREÇO DE TRANSFERÊNCIA COMO NORMA DE AJUSTE DO IMPOSTO
SOBRE A RENDA

_____. *Direito tributário*: linguagem e método. 4. ed. São Paulo: Noeses, 2011.

_____. *Direito tributário*: fundamentos jurídicos da incidência. 7. ed. São Paulo: Saraiva, 2009.

_____. Entre a forma e o conteúdo na desconstituição dos negócios jurídicos simulados. *Revista de Direito Tributário*, São Paulo: Malheiros, n. 114, p. 7-24, 2011.

_____. O princípio da territorialidade no regime de tributação da renda mundial (universalidade). *Revista de Direito Tributário*, São Paulo: Malheiros, p. 76-79, [s.d.].

_____. *Parecer da Associação Brasileira de Franchising*, 2005.

_____. Preço de transferência no direito tributário brasileiro. In: PEIXOTO, Marcelo Magalhães; FERNANDES, Edison Carlos (coord.). *Tributação, justiça e liberdade*: homenagem a Ives Gandra da Silva Martins. Curitiba: Juruá, 2005. p. 5-14.

COÊLHO, Sacha Calmon Navarro. *Teoria geral do tributo, da interpretação e da exoneração tributária*. 3. ed. São Paulo: Dialética, 2003.

COSTA, José Guilherme Ferraz da. Distribuição disfarçada de lucros e preços de transferência: uma análise comparativa e evolutiva. *Revista Tributária e de Finanças Públicas*, n. 63, p. 194, 2005.

DOMINGO, Fernando Vicente-Arche. In: BUJANDA, Fernando Sainz de (org.). *Seminario de derecho financiero de la Universidad Complutense*. Madrid: Universidad Complutense, 1967.

DÓRIA, Antônio Roberto Sampaio. *Elisão e evasão fiscal*. 2. ed. São Paulo: Bushatsky, 1977.

_____. *Distribuição disfarçada de lucros e imposto de renda*. São Paulo: Resenha Tributária, 1974.

VIVIAN DE FREITAS E RODRIGUES DE OLIVEIRA

DUARTE, Sérgio Ilidio. OCDE: as normas de preços de transferência. São Paulo: Saint Paul, 2007.

FALCÃO, Amílcar de Araújo. *Uma introdução ao direito tributário*. Atualização de Flávio Bauer Novelli. Rio de Janeiro: Forense, 1993.

FERRAGUT, Maria Rita. *Presunções no direito tributário*. São Paulo: Dialética, 2001.

FERRAZ JR., Tercio Sampaio. Equiparação – CTN, art. 151. *Cadernos de Direito Tributário e Finanças Públicas*, São Paulo: Revista dos Tribunais, ano 7, v. 28, p. 10-14, jul./set. 1999.

_____. *Introdução ao estudo do direito*: técnica, decisão, dominação. 4. ed. São Paulo: Atlas, 2006.

FIGUEIREDO, Lúcia Valle. *Curso de direito administrativo*. 9. ed. São Paulo: Malheiros, 2008.

HART, Florence. *Teoria e prática das presunções no direito tributário*. São Paulo: Noeses, 2010.

FLUSSER, Vilém. Língua e realidade. 3. ed. São Paulo: Annablume, 2007.

GAMA, Tácio Lacerda. *Competência tributária*: fundamentos para uma teoria da nulidade. São Paulo: Noeses, 2009.

_____. *Contribuição de intervenção no domínio econômico*. São Paulo: Quartier Latin, 2003.

GONÇALVES, José Artur Lima. *Imposto sobre a renda*: pressupostos constitucionais. São Paulo: Malheiros, 2002.

GORDILLO, Agustín. *Tratado de derecho administrativo*: parte geral. 4. ed. Buenos Aires: FDA, 1997. t. 1.

GRECO, Marco Aurélio. Multa agravada em duplicidade. *Revista Dialética de Direito Tributário*. São Paulo: Dialética, n. 76, p. 148-161, jan. 2001.

GRECO, Rogério. *Curso de direito penal*: parte geral. 13. ed. Niterói: Impetus, 2011.

PREÇO DE TRANSFERÊNCIA COMO NORMA DE AJUSTE DO IMPOSTO SOBRE A RENDA

HART, Herbert Lionel Adolphus. *El concepto de derecho*. 2. ed. Buenos Aires: Abeledo-Perrot, 1995.

KELSEN, Hans. *Teoria pura do direito*. 7. ed. São Paulo: Martins Fontes, 2006.

LOPES, Alexandro Broedel. O novo regime jurídico das demonstrações financeiras das companhias abertas brasileiras – algumas implicações para o direito societário. In: KUYVEN, Luiz Fernando Martins. *Temas essenciais de direito tributário*: estudos em homenagem a Modesto Carvalhosa. São Paulo: Saraiva, 2012. p. 437-449.

LOPES, Alexandro Broedel; QUIROGA, Roberto. *Sinopses jurídicas*. São Paulo: Impressão Régia, 2010.

MACHADO, Brandão. Distribuição disfarçada de lucros no direito comparado. In: NOGUEIRA, Ruy Barbosa (coord.). *Estudos tributários*. São Paulo: Resenha Tributária, 1995.

MACHADO, Hugo de Brito. *Curso de direito tributário*. 30. ed. São Paulo: Quartier Latin, 2009.

MADEIRA, Ronaldo Tanus. *A estrutura jurídica da culpabilidade*. Rio de Janeiro: Lumen Juris, 1999.

MARINS, James. *Elisão tributária e sua regulação*. São Paulo: Dialética, 2002.

MELLO, Celso Antônio Bandeira de. *Curso de direito administrativo*. 27. ed. São Paulo: Malheiros, 2010.

_____. *O conteúdo jurídico do princípio da igualdade*. 3. ed. 20. tir. São Paulo: Malheiros, 2011.

MONTEIRO, Washington de Barros. *Curso de direito civil*: parte geral. São Paulo: Saraiva, 2006.

MORAES, Bernardo Ribeiro de. *Compêndio de direito tributário*. 6. ed. Rio de Janeiro: Forense, 1997.

MORCHÓN, Gregorio Robles. *O direito como texto*: quatro estudos da teoria comunicacional do direito. São Paulo: Manole, 2005.

VIVIAN DE FREITAS E RODRIGUES DE OLIVEIRA

_____. *Teoría del derecho*: fundamentos de teoría comunicacional del derecho. Madrid: Civitas, 1998.

MOSQUERA, Roberto Quiroga. *Renda e proventos de qualquer natureza*: o imposto e o conceito constitucional. São Paulo: Dialética, 1996.

MOUSSALLEM, Tárek Moysés. *Fontes do direito tributário*. 2. ed. São Paulo: Noeses, 2006.

_____. *Revogação em matéria tributária*. São Paulo: Noeses, 2005.

OECD. *Transfer pricing guidelines for multinational enterprises and tax administrations*. Niagara-on-the-Lake, Canada: International Tax Institute, Aug. 2010.

OLIVEIRA, Ricardo Mariz de. *Fundamentos do imposto de renda*. São Paulo: Quartier Latin, 2008.

_____. Lucro societário e lucro tributável – alterações da Lei n.º 6.404 – uma encruzilhada para o contábil e o fiscal. In: KUYVEN, Luiz Fernando Martins. *Temas essenciais de direito tributário*: estudos em homenagem a Modesto Carvalhosa. São Paulo: Saraiva, 2012. p. 261-284.

OLIVEIRA, Vivian de Freitas e Rodrigues. *Lançamento tributário como ato administrativo*: procedimento e controle. São Paulo: Quartier Latin, 2009.

PACHECO, Ângela Maria. *Ficções tributárias*: identificação e controle. São Paulo: Noeses, 2009.

PEDREIRA, José Luiz Bulhões. *Imposto sobre a renda*: pessoa jurídica. Rio de Janeiro: Justec, 1979.

REALE, Miguel. *Introdução à filosofia*. 4. ed. São Paulo: Saraiva, 2007.

SANTI, Eurico Marcos Diniz de. *Lançamento tributário*. São Paulo: Max Limonad, 2001.

SCAVINO, Dardo. *La filosofía actual*: pensar sin certezas. Buenos Aires: Paidós, 1999.

PREÇO DE TRANSFERÊNCIA COMO NORMA DE AJUSTE DO IMPOSTO SOBRE A RENDA

SCHOUERI, Luís Eduardo. *Preços de transferência no direito tributário brasileiro.* 2. ed. São Paulo: Dialética, 2006.

_____. *Distribuição disfarçada de lucros no direito brasileiro e comparado: alcance e natureza.* Tese apresentada à Faculdade de Direito da USP em curso de livre-docência, São Paulo: USP, 1996, p. 116.

SILVA, Lourivaldo Lopes da. *Preço de transferência no Brasil e os impactos nas demonstrações financeiras.* 2008. Dissertação (Mestrado em Ciências Contábeis e Atuariais) – Pontifícia Universidade Católica de São Paulo, São Paulo, 2008.

TAVARES, Juarez. *Teoria do injusto penal.* Belo Horizonte: Del Rey, 2000.

TAVOLARO, Agostinho Toffoli. Precios de transferencia. Consejo profesional de ciencias económicas de la capital federal. *Sexto Congreso Tributario.* Trabajos de investigación. Buenos Aires, 1998.

_____. Tributos e preços de transferência. In: SHOUERI, Luís Eduardo; ROCHA, Valdir de Oliveira (coord.). *Tributo e preços de transferência.* São Paulo: Dialética, 1999. 2. v.

TOMÉ, Fabiana Del Padre. *A prova no direito tributário.* São Paulo: Noeses, 2005.

TORRES, Ricardo Lobo. O princípio arm's length, os preços de transferência e a teoria da interpretação do direito tributário. *Revista Dialética de Direito Tributário,* São Paulo: Dialética, n. 48, p. 122-135, set. 1999.

TÔRRES, Heleno Taveira. *Direito tributário e direito privado:* autonomia privada, simulação, elusão tributária. São Paulo: Revista dos Tribunais, 2003.

_____. *Pluritributação internacional sobre as rendas das empresas.* 2. ed. São Paulo: Revista dos Tribunais, 2001.

_____. *Direito tributário internacional:* planejamento

tributário e operações transnacionais. São Paulo: Revista Tributária, 2001.

VICENTE, Marcelo Alvares. *Controle fiscal dos preços de transferência*. São Paulo: PUC, 2007.

VILANOVA, Lourival. *As estruturas lógicas e o sistema do direito positivo*. 3. ed. São Paulo: Noeses, 2005.

_____. *Sobre o conceito do direito*. Recife: Imprenta Oficial, 1947.

XAVIER, Alberto. *Direito tributário do Brasil*: tributação das operações internacionais. São Paulo: Forense, 1998.

_____. *Os princípios da legalidade e da tipicidade da tributação*. São Paulo: Revista dos Tribunais, 1978.

_____. *Tipicidade da tributação, simulação e norma antielisiva*. São Paulo: Dialética, 2001.

ZAFFARONI, Eugenio Raúl. *Da tentativa*. São Paulo: Revista dos Tribunais, 2001.